證悟的流浪者

巴楚仁波切之生平與言教

Enlightened Vagabond:

The Life and Teachings of Patrul Rinpoche

馬修・李卡德（Matthieu Ricard）著

普賢法譯小組　譯

本書關於巴楚仁波切之悲智故事，口述自以下師長

頂果欽哲仁波切、多智・丹貝尼瑪

噶千仁波切、堪布蔣巴多傑

堪布昆秋孟藍、堪布袞巴、堪布巴嘎

堪布阿旺巴桑、堪布貝瑪旺嘉

堪布雄日、堪布次仁貢波

昆努仁波切・丹增堅贊、紐修堪仁波切

紐修・龍多・丹貝尼瑪、措噶瓦仁波切

措尼仁波切、祖古烏金督佳

祖古貝瑪旺嘉、祖古東杜

祖古烏金千秋、祖古烏金仁波切

揚唐仁波切

蒐集與藏英譯者

馬修・李卡德

釋迦牟尼佛

蓮花生大士

龍欽巴尊者
（龍欽巴，1308–1364）

吉美林巴
（1729–1798）

此尊巴楚仁波切塑像，高約三十公分，由仁波切親近弟子文波．丹嘎與穆日祖古所做，據說與巴楚仁波切極為相似，目前裝臟於格孟寺一尊佛像內，已不復可見。（攝影：堪布東宜，約 1997）

目次

• 修行至要 98

THE DALAI LAMA

達賴喇嘛序

巴楚仁波切・烏金吉美確吉旺波（Patrul Rinpoche, Orgyen Jigme Chökyi Wangpo）爲十九世紀最具影響力的西藏上師之一，他因簡單樸實的生活方式、致力修持佛法的精神，以及對藏傳佛教四大教派採取不分宗派的態度而聞名於世。仁波切出生於康區雜曲卡，世人稱爲「雜巴楚仁波切」。他效仿佛陀及其弟子的化緣遊方，過著流浪瑜伽士居無定所而常於靜處隱修的生活。

仁波切尤以親身實踐寂天菩薩《入菩薩行論》的言教而著名，一生當中亦廣博教授此部論典。相傳每當他在教授此論時，周遭均會盛開一種名爲「色千」的花朵，且其花瓣比平時還多了好幾重，人們因而稱呼該花爲「入行論花」，雜巴楚仁波切則稱爲「入行論上師」。

巴楚謙沖的態度、淵博的學識和高深的瑜伽證量，受到世人一致的喜愛與尊崇，吸引藏傳佛教四大教派的弟子前來求法。儘管目前尚無雜巴楚仁波切詳盡的書面傳記，他的傳奇故事仍存在於許多口傳軼事當中。馬修・李卡德法師（Ven. Matthieu Ricard）蒐集了諸多相關資料並寫成本書，讓更多讀者得以了解仁波切的生平。爲此，我讚揚他所做的辛勤努力！

傳統上，傑出心靈導師的傳記並非純粹爲了消遣所寫，而是要啓迪後世加以學習追隨，因此，我祈禱這本關於雜巴楚仁波切的新書，能實現此賢善價值且影響深遠。

西元二〇一七年二月十八日

阿拉森噶・士登尼瑪仁波切序

無窮無盡福佑光輝照耀者，
慧日慈月璀璨眩目放光者，
釋迦王者威能聖賢蓮生師，
以及三傳承諸持明導師眾，
祈請汝等賜予勝慧與善德！

舊譯密教之主、有學成就者之尊、無上皈依之處、金剛持蔥色達瓦・頂果欽哲仁波切，其名諱我鮮少有福直呼，而仁波切之侍者釋迦比丘昆秋丹增，或者另一個更爲人熟知的名字——馬修・李卡德——這位天賦之子，因對偉大聖哲之無上功德抱持深切的虔敬，在其精勤努力與堅持不懈之下，廣泛蒐集了被視爲寂天菩薩於此末法時代爲世人再現人身的雜巴給珠古・烏金吉美確吉旺波（雜巴珠或雜巴楚仁波切）這位博學了證之主的生平與圓滿解脫故事。經過長久的編排與翻譯，最後再透過與著名編輯康斯坦斯・威爾金森（達瓦曲措）合作，經由香巴拉出版社推出了這本書。對此，我發自內心深處感到由衷的隨喜，基於他們的努力，本書始得以提供給英文讀者。

事實上，本書是以多智・丹貝尼瑪和堪布袞桑巴滇所編纂的巴楚仁波切傳記爲主軸，輔以紐修・龍多・丹貝尼瑪所傳下的軼事（收編於堪布阿旺巴桑自傳）、安章・竹巴和多欽哲・益西多傑的傳記，以及十八位令人景仰的上師之口述——分別是：怙主頂果欽哲仁波切、多芒揚唐仁波切、噶千仁波切、堪布蔣巴多傑、堪布昆秋孟藍、堪布巴嘎、堪布貝瑪旺嘉、堪布雄日、堪布次仁貢波、昆努喇嘛仁波切丹增堅贊、紐修堪仁波切、措噶瓦仁波切、措尼仁波切、祖古烏金督佳、祖古貝瑪旺嘉、東杜祖古、祖古烏金千秋和祖古烏金仁波切。

本書的確是一件了不起的成就，所帶來的廣大利益必定會在我們這個時代照射出善德與勝慧的光芒，而我這群表達讚頌的蜜蜂，則日復一日地持續在此令人愉悅的花朵間悠揚嗡鳴，而其花瓣將永保綻放。

願此圓滿善行輝，
摧毀世間痛苦暗！
口耳傳承甘露流，
由此聖眾匯聚生，
圓覺月光輕撒落，
預示吉祥春日臨，
佛法白蓮齊盛放。
昆秋丹增之仁善，
願爲智悲明月者（欽哲蔥色達瓦），
證悟事業之助緣，

綿延直至虛空盡。
願此利他之行誼，
澤被世間無餘處！

藏曆火猴年西元二〇一六年十二月二十日，卑微僕人土登尼瑪（阿拉森噶）以歡喜、讚嘆、禮敬之心，書於美國紐約市近郊，並以十指爲花瓣將此置頂而供養。

吉美欽哲仁波切序

閱讀本書，讓我回想起小時候經常聽父親甘珠爾仁波切講述其上師杰仲仁波切等大德的故事。在我與怙主頂果欽哲仁波切相處的珍貴時光裡，以及年少時與紐修堪仁波切共度的日子中，也聽過類似的故事。本書的確讓我想起那些故事且彷彿身歷其境，我的所有上師身上都帶有一點巴楚仁波切的味道，一股毫不妥協的剛毅正直。

我於童年就在大吉嶺認識了馬修，當時他初次來見家父甘珠爾仁波切。後來，當我們共同在怙主頂果欽哲仁波切座下學習時，我記得他總是帶著一台錄音機不停地蒐集故事，有些故事甚至是遠從東藏偏遠地區那些游牧上師口中所取得的，他們的鄉音很重，即使是藏人也很難聽得懂。

經由如此的堅持不懈，馬修彙整並校勘了這些珍貴故事，爲的就是讓世人得以一窺巴楚仁波切的眞實樣貌。儘管我們透過閱讀《普賢上師言教》而略知巴楚仁波切的風範，然而，本書所記載的故事，卻更能讓我們深入探究這位大師的不凡人生。從某個角度而言，馬修這位來自巴黎的生物學家，在遇到甘珠爾仁波切後將自己原本常人的人生棄之度外，全心投入而遵循與他蒐集之故事所闡述的相同道路——針對這一點，馬修的人生也非常符合巴楚仁波切的精神。

甘珠爾仁波切

巴楚仁波切既是典範，也是啓發。我經常會自問：「在這種情況下，巴楚仁波切會怎麼做？」或者「他會怎麼想？」即使他已不在人世，卻仍能令我們這些弟子（對自身行爲）感到不自在，進而斷除虛僞和不安，如此便能轉變我們的生命。儘管我們的無明如此厚重，縱使我們企圖忽視這股不自在的感受，仁波切的慈悲事業仍舊持續在我們心頭縈繞。此外，我認爲本書對那些正在學習《普賢上師言教》等巴楚仁波切法教的人來說乃是無價之寶，它能讓我們更加了解仁波切所欲傳達的訊息。

並非所有傳記都能體現藏文「傳記」一詞的眞實涵義，藏文「南塔」（namthar，成道傳記）的意思爲「徹底解脫」。而我認爲本傳記確實有此特質，也就是說，當我們閱讀本書時，它能夠引領我們從困惑中解脫。

作者序言

本書所記載的故事均根據口頭及書面資料寫成。我自七〇年代起便開始紀錄從上師那裡聽到一切關於巴楚仁波切（1808–1887）的故事，也開始閱讀一些巴楚仁波切的修行建言，並翻譯成英文。

有關巴楚仁波切生平的書面資料，主要來自兩本由仁波切弟子所寫的短篇傳統式成道傳記。第一本爲第三世多智欽仁波切．多智．丹貝尼瑪所寫的《甘露朝露》，其中記載了巴楚仁波切一生的主要事蹟和學習、傳法與修行的地方，再加上一些傳聞軼事。此作對巴楚仁波切的獨特品德，有鮮活的描述。第二本傳記爲《信心妙藥》，由格貢寺堪布袞桑巴滇（簡稱堪布袞巴）所作，堪布根據蔣揚欽哲旺波爲紀念巴楚生平主要事蹟所寫的祈願文加以闡述，並融入多智．丹貝尼瑪所寫傳記的大部分內容和其他補充資料，尤其是索南次仁的日記。索南次仁是一位來自安多，謙卑又忠心的侍者，他於這位偉大聖哲晚年的大多歲月裡都隨侍在側①。

儘管我們缺乏詳盡的書面資料，但以口傳方式講述巴楚仁波切生平與法教的這種傳統，則依然非常活躍與豐富。有一些近代上師便延續了這個口述傳統，其中包括怙主頂果欽哲仁波切（其由巴楚親傳弟子喇嘛米滂、堪布袞巴、佐欽寺堪布賢嘎、吉美嘉威紐固的轉世祖古扎瑪昆桑德千等人獲得直接口傳），以及格孟寺的貝瑪旺嘉堪布，後者爲堪布袞巴和紐修堪仁波切的弟子。其他軼事的來源則由巴楚的心子紐修．龍多傳給其弟子堪布阿瓊（堪布阿旺巴桑），再傳給後來的弟子，其中仍在世者可說是碩果僅存②。另外，由於大伏藏師秋吉德千林巴的三名子女都是巴楚的親傳弟子，我們亦得以經由其後代血脈而獲得第一手的見證資料。

由於巴楚仁波切的故事在整個康區、果洛及西藏各地仍受到廣泛推崇且持續為人津津樂道，當地人民的大量口耳相傳為本書提供了更多的軼事。

有關書名頁所列人物的簡傳，請見「資料來源」的內容。

正如當代大師前一世紐修堪仁波切所言，雖然我們無法針對故事內容一一確認細節，然而這些珍貴故事若不保存下來，總有一天會消失殆盡。例如，當今我在康區等地，聽到年輕一代在轉述這些故事時，有許多細節和要素已漸漸模糊不清。因此，本書的主要目的並非在於提供詳盡的書面傳記翻譯，而是將傳記資料作為延續口述傳統的架構。

為了盡量按時間順序編排故事，我根據故事細節做了一些推論，首先是推論事件發生時巴楚仁波切的年紀，其次是發生地點，其中有些地點距離雜曲卡相當遙遠（雜曲卡為巴楚仁波切的出生地，他曾在此待了很長一段時間，最後亦於此圓寂）。好在多數情況下，諸如時間、地點等，我們都可以根據（巴楚及其他上師傳記等）書面資料略估得知。在推敲出事件地點後，我們也試圖釐清巴楚仁波切的雲遊路線。另外，若故事中提到其他的上師或弟子，也是時間序的線索之一，因為多數與他們有關的日期與年份細節，都可以在這些上師的傳記裡印證得知。

本書也收錄了一些巴楚仁波切所寫的珍貴修行建言（於目錄中以圓點標示標題）。它們大多是仁波切給弟子的建言，或是自身對悟道的油然表述，也就是所謂的「金剛道歌」，取材自仁波切的作品總集③。這些豐富多彩、經常猶如樂曲的美麗作品，充分展露巴楚獨特的教學風格，也就是：嚴詞厲色中帶著諷刺的幽默、源於實修的甚深樸質與洞見，以及對一切眾生的不凡悲心。

八〇年代，我和幾位朋友分享了我所翻譯的初稿，其中有部分已經出版。最近，我在《邁向證悟：藏密大師的心要建言》（*On the Path to Enlightenment: Heart Advicefrom the Great Tibetan Masters*，雪謙文化，二〇一七）一書中，將我從紐修堪仁波切那裡所聽到的幾個故事以略爲不同的型態放入。而我所蒐集到的大部分故事，則都是第一次出現在本書裡。

爲了補充說明巴楚的生平與年代，本書另外列出了巴楚仁波切的上師和弟子簡傳，以及在巴楚仁波切一生中扮演重要角色的多位大德介紹。此外，本書也收錄了相關照片、傳承法脈表與家族血脈表，以及一份東藏地圖，好讓這本《證悟的流浪者》更具特色，並盡我們所能爲讀者提供一個完整的巴楚仁波切傳記❶。

編按：○為原註；●為譯註。

① 索南次仁（Sönam Tsering）自巴楚仁波切七十一歲後，便一直陪伴在他身邊。參見本書簡傳關於堪布袞巴（Khenpo Kunpel）之介紹。

② 堪布阿瓊（Khenpo Ngakchung）最出色的弟子之一甲扎桑給多傑（Chatral Sangye Dorje / bya bral sangs rgyas rdo rje，1913–2015），以一百零二歲高齡圓寂。另外，當馬修於一九八五年造訪西藏時，曾得見堪布阿瓊的親近弟子祖古烏金千秋（Tulku Urgyen Chemchog）；於二〇〇四年造訪時，另一位堪布阿瓊的弟子依然在世並於康區新龍（Nyarong）山區閉關處傳法。

③ 巴楚仁波切所作的道歌與修行建言，由堪布賢嘎丹嘎（Khenpo Shenga Tenga）事後彙集成冊，書名略可譯為《相應之竅訣．金剛縱歌離戲音韻》（*Authentic Pith Instructions, Spontaneous Vajra Songs, Melodies Free from Elaborations*，依藏文書目翻譯），其中收錄了巴楚仁波切給予或寄予學生的建言與教示、詩詞，以及關於了悟的道歌（vajra songs，金剛道歌）。這類題材常見於西藏文學中，本書所選譯的作品並非名副其實的歌曲，而巴楚仁波切本人也不是（像密勒日巴和夏嘎巴等人那樣）因實際唱出這類「歌曲」而聞名。

❶ 本書包含大量梵文、藏文、英文的譯名，以下稍作說明。地名、寺名：參考各寺官網並以當地官方用字為主，唯雪謙寺（協慶寺）與八蚌寺（八邦寺）、佐欽寺（竹慶寺）仍採台灣慣用語詞。藏文人名：以官網為主，若無官網則採常見用字，寧瑪人物則參考龍欽寧體百科。

蔣揚欽哲旺波
（1820–1892）

蔣貢工珠羅卓泰耶
（1813–1899）

秋吉德千林巴與手足印
（1829–1870）

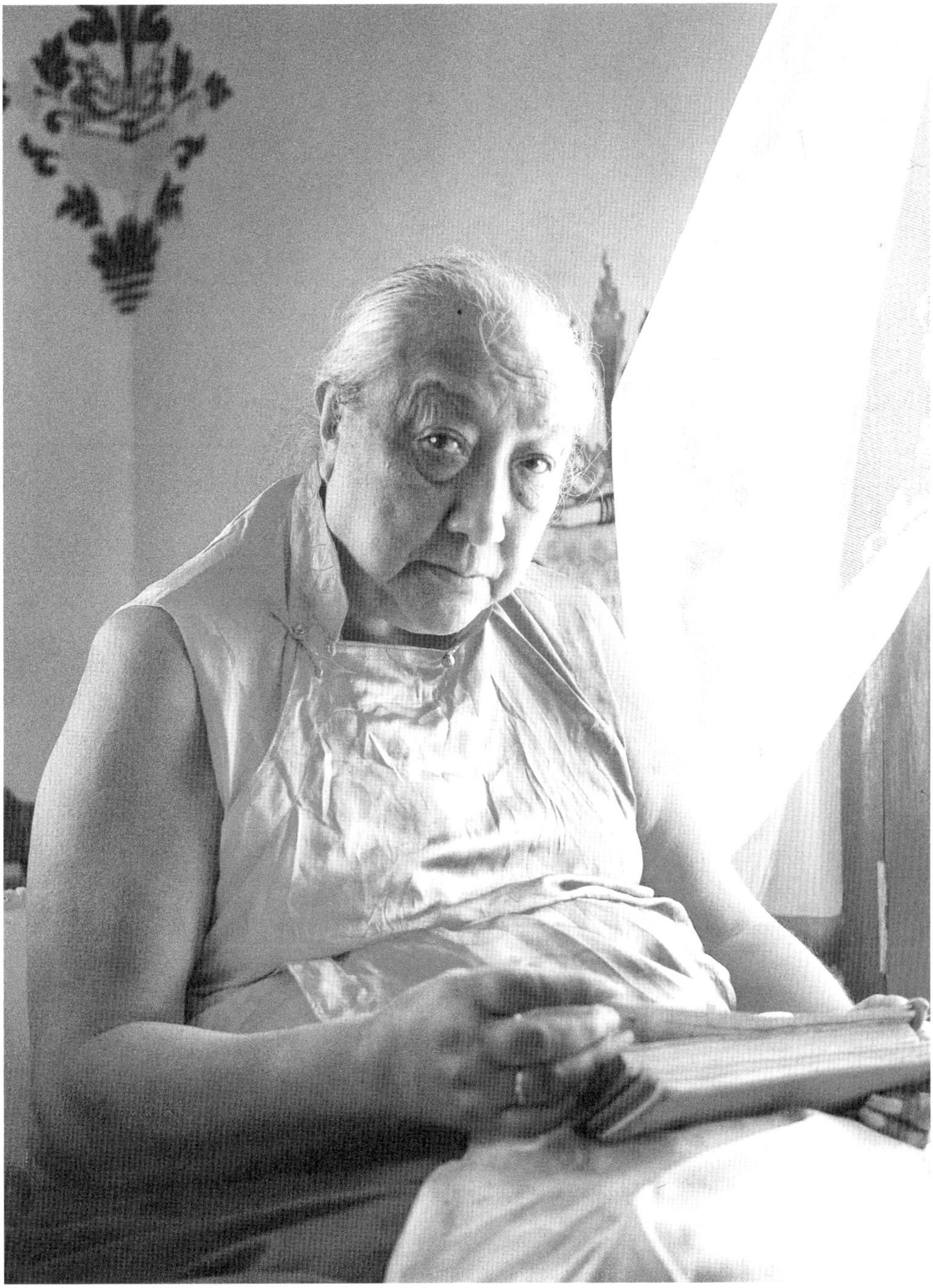

頂果欽哲仁波切
（1975）

堪布阿旺巴桑，或堪布阿瓊
（1930，雪謙寺收藏）

祖古烏金千秋
（1988）

紐修堪仁波切
（1975）

昆努仁波切・丹增堅贊
（1971）

祖古烏金仁波切
（1989）

堪布貝瑪旺嘉
（2016）

堪布雄日
（2002）

堪布巴嘎
（2016）

東藏地圖

年寶玉則神山
阿壩地區
瑪地區
紅原地區
果洛
多智欽寺
（又：多珠欽寺、
多竹千寺）
阿瑞森林
殊欽達果
多柯河
壤塘縣
色達縣
雅礱貝瑪貴
喇榮五明佛學院
馬爾康市
達卡拉山口
康區
金川縣
金寺
甘孜縣
雅曲
瓦洛日神山
爐霍縣
瀾滄江
嘉絨地區
昌台地區
道孚縣
丹巴縣
新龍地區
聶哲嘿喀拉山口
寺
措普
瀾滄江
勞吾通寺
雅拉神山
大渡河
木雅地區
雅曲
塔公寺
千拉山口
康定市
瀘定縣
邛崍山
理塘河
理塘縣
嘎吉拉山口
格澤
貢嘎山

雜加扎瑪礱
白騾洞
瑪莫塘
巴給嘛呢石經牆
格貢寺
雜加寺
嘎瓊果莫廓魯
江瑪隱修院
格孟寺
色須寺
宜牛寺
阿日雜寺
玉樹市
創古寺
石渠縣
（雜曲卡）
果岔寺
岔岔寺
直曲（長江）
雜曲
（湄公河上游）
（又：查曲）
雄拉山口
邊倩寺
給拉山口
古拉山口
鄧柯
沙嘎
靈蔥
蘇莽寺
雪謙寺
佐欽寺
宜古拉山口
莫日拉山口
雀兒山脈
馬尼干戈
蘇莽德子提寺
生達
德登
雀兒山口
玉龍拉措
德格縣
策直拉山口
噶瑪寺
宗薩寺
八邦寺
麥宿谷地
江達縣
昌都地區
康巴嘎寺
噶陀寺
紐修
類烏齊寺
白玉縣
偶曲
達香寺
昌都縣
貢覺地區
古轟拉山口
N
40 公里
40 英里
芒康地區
巴塘縣

引言

巴楚仁波切・烏金吉美確吉旺波（又稱：鄔金無畏法自在、華智仁波切，1808–1887），一名遵從古老離群索居傳統的遊方行者，最終成爲西藏史上最受人尊敬的上師之一。他是著名的學者與作家，卻過著極爲簡樸的生活，總是強調世間追求與凡俗企圖的徒勞，並大力提倡孤獨的喜悅。他以自己生命所展現的楷模至今仍廣受世人津津樂道，成爲藏傳佛教行者源源不絕的啓發之源。

巴楚仁波切出離、睿智與慈悲的特質，是佛教中至爲純粹的理想典範，其一生多數時間都在崇山峻嶺間雲遊，居住於岩洞、森林和無人的僻靜處，四處爲家、隨遇而安。即使待在一處，也沒有特定計畫。他於深山曠野修行時，最喜愛的實修就是祈願解救一切有情眾生脫離痛苦，並引領他們到達究竟解脫的發菩提心修持。

年少時期的巴楚曾於當時頂尖上師的座下學習。他憑著卓越的記憶力，對多數的口授教導都能於心領會，進而後來在闡述最複雜的佛理內涵時，即使教授的時間長達數月之久，也無需仰賴任何一頁的文字。

巴楚本著對凡塵俗事的無執無著，自然捨棄了世間八風。所謂的世間八風正是凡夫俗子極易落入的希懼羈絆，分別是希求獲得、懼怕失去，希求快樂、懼怕痛苦，希求讚美、懼怕批評，以及希求名譽、懼怕詆毀。

凡是人們按照傳統，對上師或重要宗教人物所作的供養，巴楚均會予以拒絕。即使有人供養金子、銀子等貴重物品，他也會棄若草芥，直接將供品留在原地。不過，當他年老時，開始陸續接受一些供養，但他會轉而送給乞丐、用來建造佛像與嘛呢石牆（由成千上萬刻有觀音心咒「嗡嘛呢唄美吽」之石所堆砌而令人歎爲觀止的石牆）、供燈，或其他積聚福德資糧的事業。

在巴楚仁波切七十多歲圓寂前，所擁有的幾樣私人物品幾乎和早年剛成爲出離者時一樣，就是：《入菩薩行論》及《中觀根本頌》這兩本書、一只乞缽、一個裝著黃色僧袍的紅色羊毛布袋、一個轉經輪、一把手杖，和一只用來煮茶的小鐵壺①。

今日，當代的傑出上師視巴楚仁波切爲一位透過實修而達到究竟實相最高了悟境界的偉大行者與學者。頂果欽哲仁波切對巴楚仁波切在大圓滿見修行上的卓越證量甚爲肯定，十四世達賴喇嘛尊者也經常讚嘆巴楚仁波切的菩提心教授，而他自己也身體力行並廣爲傳授。

巴楚在靜修閉關時寫下的深奧原創論典，絕大多數都得以保存下來②。仁波切也曾隨性寫下許多修行道歌或建言，然而多數卻消失在領受者的手中未能流傳下來。

仁波切最有名的著作《普賢上師言教》，寫於佐欽寺上方的岩洞，書中使用既古典又生動的白話藏文，是寧瑪派前行修習的教導中最廣受閱讀的文本之一，並受到藏傳四大教派的一致推崇，至今也被翻譯成多種語言。

巴楚仁波切曾收集並寫下其上師對大圓滿禪修竅訣的精粹論釋，例如，他對極喜金剛的《椎擊三要》便曾撰有著名的造頌③。

仁波切對十四世紀西藏大師嘉華龍欽冉江（遍知龍欽巴）的盛名著作《七寶藏》等可說是了然於心。他認爲龍欽巴尊者乃是佛法修道的最高權威。然而巴楚完全無意展露其廣大的學識與證量，他的

人們在康區的嘎瓊果莫廓魯，巴楚仁波切所出生的部落帳篷處，豎立一顆白色石頭以茲紀念。（2016）

傳法方式向來都直指修道核心，就連資質最樸拙的聽者也能立即了解。仁波切的教學遍及各教派而無有分別，一如同時期的蔣貢工珠羅卓泰耶、蔣揚欽哲旺波及喇嘛米滂仁波切，在十九世紀興起的不分教派利美運動中發揮重要作用，並爲復興藏傳佛教做出偉大貢獻，使得當時許多稀有的傳承與法教免於失傳之虞。

巴楚仁波切粗茶淡飯且吃苦耐勞的生活方式，正好與大寺院中經常出現的繁複盛況和法會儀式形成鮮明對比，而這正是他要疾呼大家不分貴賤都該重視、以及佛陀教法強調的謙遜與樸實美德。巴楚經常一襲粗衣，甘於托缽僧的生活，當時從最純樸的牧民到最偉大的上師卻都給予他無比的尊崇。他對禪觀實修、無瑕行止和無私悲行所抱持的絕不妥協態度，也爲佛教所有學派和傳承樹立了崇高的修行標準。

如前所述，儘管已有兩份書面簡傳爲我們提供了大師生平的概要，其中亦不乏對仁波切非凡成就的高度讚歎和幾則鼓舞人心的事跡，然而我們的確想要更進一步了解這位卓越上師的人生。我何其有幸而能在過去三十多年的時間裡蒐集到這麼多口述故事，且這些故事都是由巴楚仁波切的傳承法嗣以珍愛與熱切之心所流傳下來，其中有些人甚至曾得遇巴楚仁波切的親傳弟子。對西藏文化而言，口頭傳授仍很重要，藏人又以保留和覆述故事細節的能力著稱，聽故事的同時，常令人有親歷其境的感覺。譬如一位高度了悟者如何與人互動，如何以正式或隨性的方式傳達佛陀言教，如何度過驚人又謙遜、幽默風趣的日常生活，以及如何成爲內在自由的完美寫照，這些溫熱的口傳故事爲我們提供了生動的一瞥。

①巴楚仁波切的部分私人物品保存在其妹妹的後代子孫家中，分別是：一幅吉美嘉威紐固（1765–1842）的小型唐卡、一把手握的轉經輪、一件僧袍、一只用來煮茶的鐵壺，以及一個用來生火的皮橐（風箱），另外還有一本德格印經院所致贈之密勒日巴傳記及十萬道歌的木刻書。托缽目前則存放於尼泊爾的雪謙寺中。

②總集成六或八函。

③巴楚為《椎擊三要》注疏之書名為《智者師利嘉波殊勝法》（*mkhas pa shri rgyal po'i khyad chos / Special Teaching of the Wise and Glorious King*，依藏文翻譯）。

證悟的流浪者

序幕

巴楚仁波切出生於藏曆陽土龍年（西元一八〇八年）康區雜曲卡的嘎瓊果莫廓魯①（今四川省甘孜自治州石渠縣）。雜曲卡鄰近多康六崗的最北端，是一處依傍在雜曲河畔的偏遠高原草甸，而雜曲正是湄公河上游的發源河川②。

那裡的空氣稀薄，天際線明亮開闊，寬闊的草地蜿蜒在高低起伏的丘陵間，一路向上延伸而隱沒在冰雪覆蓋的高山群裡。

由於很少有農作物能撐過只有短暫夏季的嚴峻氣候，雜曲卡鮮少有農民居住。多數居住在高原草地上的人都是游牧民族，數千年以來皆倚靠放牧馬匹、犛牛和綿羊過活。

這些牧民除了一頂犛牛帳篷外沒有永久居所，他們逐水草而居，爲尋找當季的最佳牧場，將重要牲畜從一處草原驅趕到另一處草原，一年總要遷移二到四次。

巴楚出生的時候，正值德格法王統治雜曲卡。巴楚的父親屬於上格澤支脈高貴的穆波董氏後代③，這個氏族爲德格王做了三十五代世襲的內政大臣。巴楚的父親名爲嘉托拉旺，母親爲卓匝地區傑額家族之女，名卓瑪。他們住在雜曲卡上格澤的竹嘎瓊果莫廓魯，算是果莫廓魯地區一個富裕的牧民部落。

巴楚早年時光便是在這湄公河上游群山環繞的高原草地上度過，在這片寂靜、蒼茫又開廣的大地裡，仲夏時節水草豐美、野花遍遍，嚴冬時分則寒霜冰封、枯槁處處，然而正是如此的外在景觀，進而促使巴楚開展其廣大的內在生活與禪觀實修。

① 巴楚仁波切的出生地為竹嘎瓊果莫廓魯（Dru Karchung Khohor / gru dkar chungsko 'or），或常稱為嘎瓊果莫廓魯（Karchung Khormo Olu / dkar chung 'khor mo o lu）。

② 雜曲（Dza River / rdza chu）流出西藏後稱湄公河（Mekong）。

③ 穆波董（Mukpo Dong，「褐紅臉者」的意思）屬於東夏卡族（Dongshakar / gdong zhwa dkar）的一支，該氏出了許多德格王的內政大臣。

巴給傳承

巴楚（「巴」的轉世之意），「巴」字源於巴給傳承。第一世巴給喇嘛名爲桑丹彭措（Samten Phuntsok），主修本尊爲文殊菩薩。桑丹彭措一生持誦超過十萬遍以上的《文殊眞實名經》①。

據說，在巴給桑丹彭措前往上卓扎地區的途中，曾停留在一處稱爲瑪莫塘（瑪莫平原之意）②的地方讓騾子休息。在那裡他獲得一個淨相，聽到自成的嘛呢咒音傳遍整個地區。基於這個吉祥徵兆，桑丹彭措決定選擇瑪莫塘作爲他的居所，也就是後世所知的巴給拉章③，亦稱爲巴給桑登林。

有一位名叫德多彭莫的大占卜師，在幾年前曾來到瑪莫塘，她同樣也被這片寬闊洪泛平原所顯現的吉祥地景所震懾，於是心有所感地寫下：

東有日月光明爲燈供；
南有氤氳森林爲香供；
西有雪山群繞爲食供；
北有清涼雜曲爲水供。

她還預言若是在瑪莫塘立下一座聖碑，將會爲有情眾生帶來極大利益。於是，巴給桑丹彭措後來便在此地建造一道嘛呢石經牆。

這道石牆由超過十萬片扁平石板堆砌而成，石板均以手工刻上「嗡嘛呢唄美吽」等④各種咒語、佛典或佛像。這道壯觀的嘛呢石經牆高度超過一般男子，寬度爲高度的兩倍，全長將近一英里。建造這道石牆的使命在於利益任何見者、觸者、繞轉者、憶念者，甚至僅聞此牆名號者等一切有情眾生。巴給桑丹彭措圓寂後，人們在巴給嘛呢石經牆⑤旁，立起一座裝有其舍利的白色佛塔。

下一世的巴給祖古出生於嘉氏喇洛家族，人稱「巴給烏則」，由第三世竹慶仁波切．也敦丹增桑布認證。祖古在很小的時候就展現非凡功德，曾自言「我是建造十萬嘛呢經牆的人！」當巴給烏則成年時便擴建了石經牆。

有一次，他在爲上卓扎人們開示時，法帽從頭頂上掉下來，落在當地一位名爲卓瑪的女孩腿上，那時他便說：「我將轉世爲她的兒子。」

巴楚仁波切的出生地，雜曲卡地區。（2006）

巴給烏則二十五歲時，決定前往拉薩。啟程前一晚，他去拜訪嘉噶陀家族，離開時，家族的人發現祖古留下一些法會物品並未帶走。他們試圖將這些物品歸還給祖古，他卻婉拒，並說：「我暫時不需要這些東西。」

於是，祖古便啟程前往拉薩，在抵達不久後突然生病，在果倉靜修處附近圓寂。其法體火化之處，即便正值萬物枯寂的寒冬，百花卻驀然地盛開齊放。當地的人們在此建造了一座佛塔，用來供奉這位來自康區、年輕非凡上師的舍利。

由於達隆瑪珠仁波切⑥以神通聞名，有人向他詢問巴給祖古的轉世出生地，他也給予了尋找轉世的明確指示。

「巴給祖古」簡稱「巴楚」（英文有時將「祖古」（Tulku）拼作「楚古」（Trulku），中譯又作：「珠古」）。於是，巴給祖古被後人稱爲「雜巴楚仁波切」或「雜曲卡的巴楚」。

---

①《文殊真實名經》（梵：Manjushrinamasangiti，藏：Jampel Tsenjö / 'jam dpal mtshan brjod，字面含義為「念誦文殊菩薩之名」），為釋迦牟尼佛所講述最深奧的法教之一，也是現存眾多密續中由佛陀親授的少數法教之一，對此甚深文典已有不少注疏出版。

②瑪莫塘（The Plain of the Mamos / mamo tang / ma mo thang）距離巴楚仁波切的出生地不遠。在此平原邊上一個小懸崖處，即是白騾洞（the Cave of the White Mule / Drelkar Phuk / drel dkar phug，哲嘎浦）。吉美嘉威紐固和巴楚仁波切都曾在這個岩穴中修習禪定，岩穴內有兩個小洞穴。吉美嘉威紐固住在上面較小的洞穴裡，巴楚則待在下面的洞穴，兩位分別在不同時期待在那裡修行。

③拉章是指重要喇嘛的住所。

④石牆的部分石板上刻有完整的一百零三函《大藏經》。

⑤巴給嘛呢石經牆位於瑪莫塘，中國文革期間被夷為平地。由於地處偏遠，且由厚重石板組成，因此石板並未被移走，而是散落在該地。格孟寺的堪布東宜說，在八〇年代中期，當地人受到一位名叫堅贊饒揚喇嘛（又稱阿古饒陽）的啟發，開始重組石牆。石牆復原完成後，便逐漸延展擴大。許多石雕師傅陸續搬到附近，有些是受人委託，有些純粹出自個人奉獻，不斷添加新石板上去。九〇年代，阿貢祖古請人雕刻了《甘珠爾》，總計一百零三函紀錄佛陀教義的經文在石板上。後來，一位虔誠的香港女弟子，藏名為喀覺旺姆，沿著石牆立起一排長達牆寬一半的大佛塔。接著，一位名叫貢噶桑波的喇嘛（頂果欽哲仁波切認為其可能是巴楚仁波切的一位化身）又建了更多佛塔。雜加的喇嘛岡夏也託人雕刻並添加更多的石板上去。現在地方當局已不允許任何添加石板的動作。根據我們目前的約略估計，該牆長約一點八公里，高四公尺，寬十八公尺。快步繞轉整座石經牆一次，約需四十五至五十分鐘。請參見第一百三十頁二〇〇五年所攝之石牆照片。

⑥這位很可能是第四世達隆瑪珠仁波切．阿旺丹貝尼瑪（the 4th Taklung Matrul Rinpoche, Ngawang Tenpai Nyima/ ngag dbang bstan pa'i nyi ma，又稱 chos kyi 'byung gnas phrin las rnam par rgyal ba：生於一七八八，卒年不詳）。

幼年巴楚

巴楚出生那一天，根據其母親口述，家中帳篷充滿了白光。

這個小嬰兒甫出生不久，便開口說話。起初，他只是說了「啊、哦，嗡」這幾個簡短音節，到了隔天晚上，便開始喃喃說出觀世音菩薩的六字眞言「嗡嘛呢唄美吽」①，而觀音菩薩乃是證悟的慈悲體現。每過一天，咒音就變得更加明顯，五天之後，他所持誦的咒語已變得十分清晰，手腕上也出現六字眞言的文字，舌頭上則出現一個紅色的文殊菩薩種子字「諦」，而文殊菩薩乃是證悟的智慧體現。

他的母親注意到所有跡象，卻隱忍不語，甚至沒有告訴丈夫。因爲她不想讓人調侃，說一些風涼話，諸如：「喔，名門之子，『肯定都會』變成一名祖古！」如果她的兒子果眞是崇高的化身，她更不想因爲過早受到認證而對其產生不必要的障礙。

然而，嬰兒非凡的特質很快就傳開了，以《龍欽心滴》法教聞名的傑出上師多喇吉美格桑認證此嬰兒爲一名祖古，並將這個發現報告給他的上師第一世多智欽吉美欽列沃瑟。

其上師確定了這個認證，並說：「你認證這個孩子是巴給上師的轉世祖古，這一點確實無誤。我將賜予他烏金吉美確吉旺波（來自烏金②之無畏法主）這個法名。經由我的祝願，我將把《龍欽心滴》的完整傳承交付給他。」

不久之後，一群地位崇高的僧人和上師由一名老僧人兼領誦師（維那師）帶領，來到巴楚父母的家中向新認證的祖古致敬。就在他們進屋時，巴楚的母親正要給嬰兒餵奶。然而，巴楚並沒有馬上吸吮，反而轉身背對母親，兩眼直視那名老僧人說：「叔叔③，你還好嗎？你看起來『老』了不少！」

①見頂果欽哲仁波切《證悟者的心要寶藏》（*The Heart Treasure of the Enlightened Ones: The Practice of View, Meditation, and Action*）（雪謙文化，二〇〇九）。

②「烏金」（Orgyen）是指烏迪亞那（Oddiyana）王國，蓮花生大師的出生國度，他是從達那果夏湖中央的蓮花所出生，目前暫時認定該處是指巴基斯坦卡岡山谷中的塞弗姆盧克湖。

③在康區和安多，「叔叔」是對僧人或老年男子表達親切與尊敬的敬語。

巴楚的根本上師

前一世巴給喇嘛的侄子文波昆秋，擔任巴給拉章的財務總管，負責掌管巴給祖古的房產。他將年輕的祖古帶到巴給拉章。這座由巴給桑丹彭措所建造的石造大院，現在被當作巴給祖古的主要居所。巴楚在他的陞座儀式中首次見到了吉美嘉威紐固。這位具有高度證量的行者，日後將成為他的根本上師①。

吉美嘉威紐固為吉美林巴的心子，曾經在雜加扎瑪礱（「扎瑪礱」意為枯枝溝）②的迎風山腰上獨自閉關多年。

這位大師在閉關時，並沒有待在岩洞或閉關小屋裡，而是選擇在毫無遮蔽的懸崖峭壁下，或地面淺坑上餐風露宿，只仰賴野草和根莖為食。他這種將生活簡化到只維持最基本需求的方式，是具有決心毅力的苦行者最佳典範。當時，吉美嘉威紐固誓言若未得證，絕不離開閉關處。

從巴楚很小的時候開始，吉美嘉威紐固就經常來到巴給拉章為他說法。他向自己的老弟子維那師桑給帕臧透露：「我來到上雜曲卡，就是為了巴楚祖古。」

---

①巴楚的其他上師包括多喇吉美格桑、吉美俄際（吉美林巴的四位「無畏弟子」之一）和嘉瑟賢遍泰耶。巴楚從這些上師處領受到龍欽巴《三休息論》、寂天菩薩《入菩薩行論》和《幻化網秘密藏續》（簡稱《秘密藏續》）的口傳，以及其他各種傳統學科的教導。

②雜加扎瑪礱（Dzagyal Trama Lung / rdza rgyal khra ma lung），請參閱第二百六十九頁照片。

這幅吉美嘉威紐固的唐卡，巴楚仁波切一直帶在身上。目前唐卡與巴楚仁波切的其他遺物一同收藏在康區的果莫廓魯。（2016）

小沙彌

巴楚年少時，與他的上師吉美嘉威紐固、師祖第一世多智欽，一同旅經果洛，該處是位於雜曲卡北方的一片野牧地區。途中，他們看見有個大型游牧營地，於是決定上前拜訪。

當時有一名年輕人站在由黑色犛牛毛編成的大帳篷入口。他開口問這些喇嘛：「你們從哪裡來的？」

「我們從多柯來的，」他們回答。

「你們能幫死者超度嗎？我的母親在幾天前過世了，家裡已經派人去請喇嘛來修法，但他還要很久才能抵達，離我們最近的喇嘛，也得花上三天路程。」

「沒問題，」他們回答說：「我們可以修法。」

三名訪客於是被邀請到帳篷裡，坐在漂亮的白色羊毛毯上。那戶人家向這些喇嘛獻上白色哈達，正式請求他們為剛過世的母親進行超度和祈願的法事。

家人為多智吉美欽列沃瑟和吉美嘉威紐固這兩位老喇嘛奉上熱茶，他們兩位待在帳篷內進行法事的前行祈願，年輕的巴楚則到帳篷外面，忙著製作食子，為頗瓦的正行儀式做供品準備，而這種修法儀式的目的是將死者的神識遷移到能究竟得證佛果之佛剎。

當巴楚正在工作的時候，那戶人家的女兒不停地打斷他，一會兒「請」他幫忙生火，一會兒「請」他顧好鍋子裡正在燒煮的牛奶等等。每次，她都用很隨便的方式叫巴楚，稱呼他「班瓊」，意思是「小沙彌」。

過了一會兒，當一切都準備就緒後。三位喇嘛一同爲死者進行吉美林巴《龍欽心滴》法門中以觀世音菩薩爲修持本尊的〈痛苦任運解脫〉超度儀式。

三位喇嘛隨後留下來過夜。第二天早上，當他們準備離開的時候，家中的父親懇求他們說：「請和我們一起住吧！最好能留下來住個三年。不行的話，三個月也可。至少也要留下來住個三天吧！」

「不，我們不能住下來，我們得走了。」喇嘛們回答。

「那麼，至少請讓我們知道你們的名字。」父親問。

「老實說，」年輕的巴楚回答：「這兩位是非常偉大的上師。白髮的是吉美欽列沃瑟，灰髮的是吉美嘉威紐固。」

老翁一聽嚇傻了，他的確聽過這兩位大名鼎鼎的上師。

「那麼您是誰呢？」父親問巴楚。

「喔，我是阿布烏羅，」巴楚隨口以家中暱稱回答他：「就只是個小孩罷了！」

這個游牧家族的內心滿懷虔敬，請求上師給予加持與祝福。當三位喇嘛離開時，家中的兒子給了他們每人一匹駿馬和整套騎馬配備。富裕的牧民人家經常向喇嘛獻上這樣貴重的供品，用以感謝他們爲死者所做的超度儀式。

喇嘛們回說：「請留下你們的馬匹。我們不需要奢侈的供品。即使你供養金塊，我們也不會接受。不過，一些磚茶和糌粑倒是可以，因爲我們正好沒有。」

於是，這一家人便依言供養了磚茶與糌粑。當三位喇嘛啓程離開時，整個游牧家族都出來護送他們，陪同他們一起走了一整天的路程，以表示對他們的敬重。

巴楚挺身對抗強勢對手

巴楚是個討人喜愛的孩子，體格健碩、宅心仁厚又頂尖聰明，受到各方疼愛與讚賞。他極富仁愛與慈悲，從不傷害他人，也不忍見到他人受到傷害。若是看到羊隻要被宰殺，他會瞬間淚流滿面，絕食很長一段時間。

小時候，他以慈悲著稱，年紀漸增則以口才出眾著稱，甚至能說服人們放棄獵捕狐狸或宰殺其他野生動物。後來，他還以膽識過人聞名。例如，有一次，巴給拉章的財務總管文波昆秋，陷入一場嚴重的官司糾紛，最終得由德格王府的官方代表來開審裁奪。

〔巴楚爲此挺身而出，替文波昆秋辯駁，然而〕對手是掌控權勢的雜曲卡官員本許圖多南嘉所領導之人士。經由數回合答辯，巴楚展現了過人的邏輯能力，爲文波昆秋贏得勝利。文波昆秋經歷這場意料之外的成功後，曾說：「姑且不論這年輕人是不是巴給轉世，他肯定擁有過人的膽識！」

巴楚從吉美嘉威紐固處，領受了持明吉美林巴《龍欽心滴》傳承的前行教導。他在根本上師座下於不同場合中，至少領受了此法二十五次的教學。巴楚不僅全然成就了此法的所有實修，也完成了金剛乘許多其他的禪修與持誦。

吉美嘉威紐固根據《龍欽心滴》傳統，爲巴楚講述了細微氣脈的瑜伽修行。此外，也爲他傳授大圓滿精要修持的口授教誡與個人引導，並賜予寧瑪舊譯派主要教典：《教傳》之無間斷傳承的許多灌頂①。

①參見多智．丹貝尼瑪《甘露朝露》及堪布袞巴《信心妙藥》。

巴楚祖古獨樹一格

巴楚約莫二十歲時，巴給拉章能幹的財務總管文波昆秋過世了。巴楚因而決定放棄一切世俗事務，全心全意投入佛法修行①。

巴楚關閉自己的正式住所，處理好巴給拉章所有的財務事項。他放棄一切因身爲巴給祖古認證轉世所繼承的富裕物質和財產，選擇效仿他的上師吉美嘉威紐固，將生活簡化，致力達成爲饒益所有眾生而了悟成佛的修行目標。

然而，與其上師不同的是，他並未誓言在證悟前絕不離開某個修行處，而是選擇做一名流浪的修行者，遵循走方離世者的傳統，沒有任何固定居所，這點與他成長的游牧部落雷同。

或許爲了宣示他想要放棄轉世祖古的崇高社會地位、富裕資產和舒適安逸生活之決心，巴楚後來寫下這段文字：

名聲顯赫爲惡。
遭人辱罵爲善。
地位崇高之時，虛榮與妒心將興旺。
地位低下之時，修行因自在得興旺。
謂最低下之座，過往大師之住所也。

擁有財富爲惡。
一無所有爲善。
擁有財富之時，增財護財心損惱也。
一無所有之時，修行成就得增益也。
僅具維生所需，佛法生活得圓滿也。②

曾有人授記巴楚會成爲一名伏藏師，也就是伏藏的取出者，並依此建議他應該以在家瑜伽士的身份生活而非出家，因爲通常伏藏師需要與一位修行明妃結縭，以便聚集所有取出蓮師伏藏的必要吉祥緣起③。

然而，巴楚並不傾向於過家庭生活，且終生嚴格遵守出家人的獨身戒律。

爲了不破壞任何吉祥緣起而使壽命短少，他所受的出家戒是三十三條沙彌戒，而非兩百五十三條的具足比丘戒。巴楚的沙彌戒從佐欽寺的堪布喜饒桑布處領受，並被賜予出家法名爲吉美格威炯涅（意譯：無畏善德源）。

同時，爲了不背離應該成爲瑜伽士的授記，巴楚將自己打扮成在家居士，儘管在各方面，巴楚皆清淨而完整地持守著出家戒律，遵循著每天晨起托鉢、過午不食，以及不積聚下一餐食物的僧侶行爲。

無論是穿著厚重的白色毛氈外套，或是藏袍，抑或冬季所穿的羊皮襖，巴楚的裝扮都自成一格。身上除了一只乞鉢、一個茶壺，與一本寂天菩薩所寫的《入菩薩行論》④外，身無長物。無論去到哪裡，總是步行，不騎馬匹。有時候他會和人們一起旅行，有時則獨自一人行腳。其生活起居遵照祖師大德的智慧而行：

駐留之處，唯餘坐跡。
行旅之地，唯餘足跡。
著鞋之後，不留一物。

巴楚此刻已無俗事羈絆，得以一身自由。由於沒有計劃，他的生活隨興自主且完美無憾，想在一處久留，即可如願久居；想要立馬離去，也可起身就走。從他做出驚人決定的那一刻，到吐出人生的最後一口氣，巴楚都過著走方離世者的生活，將生命全獻給佛法修行。

巴楚離開巴給桑登林後，暫留在佐欽寺附近，接受佐欽寺住持明就南開多傑以及嘉瑟賢遍泰耶的廣博教導⑤。

在此期間，為了完成學業，巴楚還前往藏地寧瑪六大寺之一的雪謙寺⑥。雪謙寺位於德格縣浪多鄉和佐欽寺之間，由雪謙冉江天佩嘉稱於一六六五年建立。在那裡，巴楚研讀了總集佛陀法教的三部《大藏經》、《十三部大論》⑦、遍知龍欽冉江和持明吉美林巴的著作，以及藏傳佛教的所有大論。

①即使是在今日的西藏，仍有許多潛心修法的行者不僅拋開世俗事務，也和巴楚一樣出離寺院事務。他們不作種種涉入，不願讓自己落入「捨棄一間小屋，卻陷入一座大廟」的處境。

②此段摘錄譯自《巴楚仁波切全集》（*Collected Works of Patrul Rinpoche*, 2003），第一函，頁351〈蓮苑之遊〉（m gtam padma'i tshal gyi zlos gar / The Lotus-Grove Play）。

③關於這個主題的更多細節，可參閱東杜祖古著作《西藏伏藏：藏傳佛教伏藏法釋疑》（暫譯，*Hidden Teachings of Tibet: An Explanation of the Terma Tradition of Tibetan Buddhism*，波士頓：智慧出版社，1986）。

④《入菩薩行論》（*byang chub sems dpa'i spyod pa la'jug pa*），也被稱為「確珠」（Chöjuk / spyod 'jug）。

⑤巴楚從嘉瑟賢遍泰耶處領受《龍欽心滴》口傳，並從師利星哈佛學院首位院長堪欽僧竹貝瑪扎西處，領受寧瑪派大部分的教傳法教。

⑥中國文化大革命期間，雪謙天尼達傑林寺廟遭到毀壞。八〇年代於尼泊爾加德滿都新造，並於二〇一六年在西藏原址重建。

⑦《十三部大論》集結了對佛陀法教及印度最偉大佛教班智達（提婆、無著、月稱、龍樹、寂天及世親）著作的十三部論釋。這十三部論釋的主題包括律藏、論藏、菩薩道、般若波羅蜜多及中觀。對此集結最著名的注疏則來自堪布賢嘎（或稱賢遍確吉囊哇），書名同為《十三部大論》，且因而復興了相關主題的學術研究，而其探討方式至今仍被許多西藏佛學院廣泛使用。此外該書也收錄了十三部大論以外的其他論釋。（另參考簡傳註釋7）

藏文「辛杰珠普」，文殊閻摩敵窟之意，巴楚仁波切在此完成了《普賢上師言教》的寫作。照片中的僧人自 2009 年起就住在岩穴中。（攝於 2016）

博學多聞的巴楚

當巴楚進一步到雪謙佛學院接受雪謙文珠．圖多南嘉的教導時，當時雪謙文珠的弟子中有兩名傑出的年輕祖古，分別是蔣揚欽哲旺波和蔣貢工珠羅卓泰耶。

欽哲旺波所擁有的生活物資總是供過於求，因爲他的父親來自一個富裕而有權勢的貴族家庭，蔣貢工珠也向來豐沃，因爲他的家境小康，而且就在佛學院附近。然而，出自一些不爲人知的原因，巴楚卻經常沒有食物，總是習慣吃同學盤子裡剩下的食物殘屑。飯後，還會好好打盹一下。每當他這樣做時，欽哲和工珠都會斥責他，說他應該把時間花在用功學習，而不是拿來打鼾！

「你是怎麼回事？就只是狼吞虎嚥食物，然後呼呼大睡！」他們這樣抱怨：「這和用功學習有什麼關係？」

巴楚問道：「如果我能將老師所說的話，一五一十都背誦下來，這樣還不行嗎？」

他們回說：「行啊！但要做到這點，你得要用功讀書，不是嗎？」

巴楚搖搖頭，說：「我只要複述我在課堂上所聽到的，其他什麼都不必多想。」

就這樣，工珠和欽哲每天都在課後努力用功，巴楚則努力大口吞食著殘羹剩餚，並且堅持每天都要睡午覺。

有一回，當課程告一段落時，三名弟子像往常一樣回到寮房休息。當時，巴楚正吃著糌粑（將烤過的青稞粉、茶和酥油混製而成的傳統點心），在他吃完後，便用披單覆蓋著頭，往後一靠正要打盹休息，這時，他的朋友突然打斷他。

蔣貢工珠輕推巴楚，說：「醒醒，朋友。我們需要你幫忙解釋一些東西！」

巴楚把披單從頭上拉下，回答說：「你們要我解釋什麼？」

蔣貢工珠說：「你能不能告訴我們，今天所教授的內容？我們不記得了。」他和欽哲交換了個促狹的眼神，心想巴楚肯定會不知所措。

巴楚熱切地回答：「當然！」

巴楚開始一字不漏地複述當天上午雪謙文珠所教授的文本和釋論內容，就像從模子印出來的複製品一樣完全精確，同學感到無比驚訝。

至此，工珠和欽哲因而不得不承認，巴楚就像著名的大班智達絨松巴①一樣，具有僅聽聞一次教導就能清楚記憶內容的能力。

巴楚在佐欽寺上方的汝塘野地待了幾年。當他在撰寫聞名著作《龍欽寧體前行修持引導．普賢上師言教》時，就住在辛杰岩穴，亦即文殊閻摩敵窟。

據說當他待在文殊閻摩敵窟對面陡坡高處上的長壽岩穴②時，對大圓滿的體證有如天空一般廣大。

①絨松巴．卻吉桑波（Rongzom Chökyi Zangpo / rong zom chos kyi bzang po，1012–1088），簡稱絨松大班智達，有人問他關於其研讀佛經的範疇時，他曾回答：「我談不上是研讀大量經典，因為那些經典我大多只看過一次。但也不能說自己『沒有』研讀，因為僅僅看那麼一次我就幾乎能了然於心。」

②長壽岩穴（Long-Life Cave）的藏文為次仁普（Tsering Phuk/ tshe rin phug）。

來自多欽哲的一記棒喝

瘋狂瑜伽士多欽哲．益西多傑，是一名得證的大成就者，以隨興而為和不按牌理出牌著名，被視為吉美林巴的化身①。巴楚對多欽哲．益西多傑懷有極深切的虔敬心。

有一次，多欽哲決定前往巴楚的故鄉雜曲卡。他步行前往，卻在不可思議的時間內抵達雜曲卡！一般人騎馬也要花兩週的時間，他卻堅持說自己是當天早上出發的。

巴楚原本一直都待在佐欽寺上方的洞穴和關房裡，但當他聽說多欽哲來到雜曲卡時，便立刻出門去找上師。當他走進城裡時，發現他的上師正坐在佐欽村子的外邊。

多欽哲一看到巴楚便喊：「喂，巴楚！有膽就過來！」

當巴楚走近時，發現多欽哲肯定是喝了酒，因為他的氣息裡滿是青稞酒（chang；以發酵青稞釀製的藏地烈酒）的味道。想起佛陀曾說過酒會毀壞教誡，巴楚內心不禁猶疑：「即使是偉大的上師也會喝得爛醉，舉止粗俗？」

就在此時，多欽哲一把抓住巴楚，先是猛力把他摔到地上，再扯著他的頭髮拖行一陣子，最後又用力把他甩開。

多欽哲惡狠狠地瞪著他，大聲斥道：「呸！」便將一口痰吐在巴楚臉上。「你這隻老狗，腦袋裡還是塞滿了概念分別！」

在西藏文化中，罵人「老狗」是非常嚴重的侮辱。更何況，多欽哲還對巴楚比出小指，更是極端鄙視，甚至往他背上丟石塊，多欽哲打得他一身灰頭土臉後，就帶著咄咄逼人的氣勢揚長而去。

片刻之後，巴楚才對發生的事情恍然大悟。他陡地發現自己完全錯失了重點！

事實上，讓他最錯愕的是，多欽哲給了他一記非常深奧的直指心性教授。巴楚因此對他的上師滿懷感恩與虔敬之情，於是就地以禪定姿坐下，安住在自心赤裸的覺性中，在廣袤、任運生起、如無雲晴空般清澈、不受妄念羈絆的覺性中。

從此，他常說「老狗」是上師多欽哲慈悲賜予他的秘密灌頂法名。

而巴楚在後來許多著作中，也經常以「老狗」署名。

①吉美林巴有三個化身：身化身是蔣揚欽哲旺波、語化身為巴楚、意化身為多欽哲。因此，這三人皆屬同一個智慧相續。

一席忠告

無論何時何境，分分秒秒都要審視自心相續：
自問，此刻的念頭為善或惡？
當你注意到一絲惡念生起時，
要知道它可能會帶來的損害，將之棄置一旁。
這一點極為重要。

否則，當貪念或其他惡念成形時，
如果你又受制於它，
誰知道它將帶你至何處？

你或許不想成為大學者，
但至少要盡力生起利他之善念，
並對三寶生起堅定不移之虔敬。

你未來要經歷的生生世世比這一輩子還要長久得多。
那些來世的好壞，取決於你此刻發願的善惡。
切勿將此生用來追逐聲名地位，而罔顧來生的利益。

你的餘生，取決於你的善願有多穩固，
且看你能否藉由法教，轉化自心相續。

你已來到叉路口，
一條向上，另一條往下。
若是等到臨死才做決定，恐怕好運也將用盡。

你永遠無法得知他人的功德是好是壞。
因此無論任何人稱許你、批評你，
都要避免落入渴望讚美、厭惡責難的陷阱中。

儘管無法成就偉大福德之行，至少也要避免一切大小惡行。

莫再對眾生心懷惡念，

勿對任何人說貶低惡言，
因為你永遠無法得知，你所詆毀之人是否為聖者。
對衣食財物保持知足，只要眼前所擁有的就夠了。

若非如此，
總有一天，你會變成眾人眼中的討厭鬼，
身著長袍，大搖大擺地在山谷之間遊蕩，
四處嗅探，與一隻流浪狗沒有兩樣。

切莫如此！

巴楚書。
願善德增長！

巴楚欲獻頂禮

巴楚住在佐欽寺上方汝塘時，一天，他決定下山，來到佐欽寺對上師第四世佐欽仁波切．明就南開多傑行十萬大禮拜為供養。明就南開多傑是一位大成就者，行止如瑜伽士多欽哲般超乎常規，難以預知。

正當巴楚要對上師行第一個大禮拜時，突然間，他的上師大喊：「呀！阿布①，你在這裡啊！」言畢，明就南開多傑立刻從法座上站起來，向巴楚頂禮。每當巴楚要行大禮拜的時候，上師就會立刻跳起來向巴楚頂禮。過了一會兒，巴楚試了幾次，同樣的事情一再發生。

最後，巴楚終於在明就南開多傑法座後方找到一個好位置，不會占用走道，而且重要的是上師無法看到他。於是，巴楚終於得以在那兒偷偷地對上師獻上十萬個大禮拜。

① 「阿布」是對男子的暱稱敬語。

巴楚的上師示現神通

一次，有個小偷闖入佐欽寺主殿，從一尊大型佛像頸部偷走一些珠寶飾品。大家對此感到極爲困惑，因爲寺院大門鎖得好好的，而珠寶又掛在那麼高的地方，看來怎麼也搆不到。

當人們向明就南開多傑陳述這件事的時候，仁波切說：「我當然知道小偷是誰，也知道他是怎麼辦到的。小偷潛入後，發現有個方法可上至一道環繞寺院的狹窄橫檔，能藉此延伸而幾乎到達主殿的天花板。他躡手躡腳地沿著橫檔邊緣走，直到接近大佛像的頭部後再用一根長棍，將珠寶首飾從佛像上勾起來取走。」

僧人們到現場查看，很快就在狹窄橫檔上發現了腳印，也發現了小偷的長棍。明就南開多傑雖然知道小偷是誰，卻不忍揭露其身份，因爲他知道若是小偷被抓到，肯定會被嚴刑拷打。

又有一次，一些朝聖者前來晉見明就南開多傑，請求加持祝福。由於會見時間很短，沒辦法提出很多問題。因此，他們就請巴楚代爲轉達。

巴楚同意幫忙，便來到明就南開多傑面前，得到所有朝聖者提問的答案，也表達他們想要獲得的祈福與保護。結束後，巴楚起身準備離開時，環顧四周，像是在尋找丟失的物品。

明就南開多傑對巴楚說：「嘿！你在找靴子的繫帶嗎？到流經佐欽谷那條小溪旁的草原盡頭，你就會找到了。」

巴楚從寺院走回辛杰岩穴的途中，正好可沿著溪邊回返。就在具神通力的上師所說之處，巴楚發現了他所掉落的繫帶。

巴楚訓斥自己的修持缺失

在佐欽寺上方的草地，巴楚住在一頂以犛牛毛編織成的黑色小帳篷裡。有一天，附近的一些人聽到他正在斥責自己：「你今天的修行太糟糕了！不配吃任何東西！」說完這話後，巴楚禁止自己進食。有時候，他甚至會重重地給自己來一道耳光，好懲戒自己。別的日子裡，旁人又會聽到他對自己這樣評論：「嗯。還可以，今天還不錯。」

巴楚領受特別口傳

一次，當巴楚獨自在洞穴裡禪修時，他聽到外面有人大聲叫著他的名字：

「巴楚！巴楚！」

巴楚不知道是誰在喊自己的名字，於是走出洞穴探望。此時，站在洞外的正是他非凡獨特的上師多欽哲．益西多傑。他一身酒氣，胸前抓著一隻剛被獵殺的鹿腿。

巴楚雙眼死盯著鹿腿，自忖道：「多欽哲好像真的有些貪念！①」

就在此時，大瑜伽士賞了他一記大耳光，破口大罵：「呸呸呸！你在這個洞裡住了這麼久，還是陷入二元分別念？」

多欽哲朝巴楚啐了一口痰後，便大剌剌地轉身離去。巴楚又是一記驚醒，頓時進入當下無遮的本然狀態，並體驗到離於分別概念的赤裸本覺。巴楚說他當下獲得了《秘密藏續》②的口傳。

---

①當人們發現並非所有佛教徒皆為素食者時，經常感到十分訝異。在中國和越南的佛教徒通常是嚴謹的素食者，在日本和西藏的佛教徒則大多是非素食者。在西藏，要奉行素食主義其實非常困難，因為在海拔一萬兩千英尺的惡劣氣候下，農作物難以生長，許多西藏人認為吃葷食是不得已的做法。然而在印度，情況則非常不同，多數的西藏寺院現在已都改採素食。一些偉大上師，如夏嘎．措珠讓卓（見簡傳說明），也明確說明即使在惡劣環境下，也不應吃葷食。最近，喇榮五明佛學院（康區一處山谷，兩萬僧尼及在家居士聚集的寺院）的堪布慈誠羅珠，以及祖古貝瑪旺嘉（全名達隆澤珠貝瑪旺嘉仁波

切）等上師都大力宣揚吃素的重要性。從佛法角度來看，為了維持自身生命而造成其他眾生的痛苦和死亡，是不被允許的。《楞伽經》中說：「嗚呼，世人行何善德耶？傍生血肉飽其腹，令諸飛禽、水生、陸生畜牲無不恐怖！法道行者應戒葷食，以斷眾生驚懼之源。」多欽哲・益西多傑這類具高度證量的上師，有能力令那些被他們吃下肚的畜牲心相續解脫，於勝義廣界中解脫而不再投生輪迴。凡夫行者則無法辦到。有關詳細說明，請參考夏嘎・措珠讓卓著作《菩薩食糧：戒葷之佛法教義》（暫譯，*Food of Bodhisattvas: Buddhist Teachings on Abstaining from Meat*，蓮師翻譯小組（Padmakara Translation Group）英譯。波士頓：香巴拉出版社，2011）。

② 《秘密藏續》（*Guhyagarbha Tantra*）是寧瑪傳統中主要的瑪哈瑜伽密續。如龍欽巴尊者、敏林羅千達瑪師利和喇嘛米滂仁波切等諸多著名上師，對此續皆撰有廣詳注疏。

巨石的提醒

在佐欽寺上方的古冰蝕地，有一塊巨大的圓石。當巴楚教授佛法時，他經常坐在巨石上，好讓大家都能看到他。一旦他開始講授，就像石頭一樣動也不動，無論晴天雨天，教學未結束前，巴楚都不會站起來。

後來，巴楚經常指著那顆巨石，告訴弟子：「當你望著那顆屹立不搖的巨石時，就讓那塊巨石提醒自己『爲利眾生願成佛』這個永不動搖的願心。」

忍辱波羅蜜多

一天，巴楚決定去拜訪一位聽說已經嚴守閉關多時的隱士。他未經通知就來到隱士的閉關洞穴，帶著一絲微笑和一種熱切的探詢氛圍，坐在洞穴一角。

「您打哪兒來的？」這名隱士禮貌地問道，「要去哪兒呢？」

「我從後面來的，」巴楚回答。「要到前面去。」

隱士不解地問道：「您故鄉在哪裡？」

「人間。」

離群索居的隱士對這名古怪的不速之客，一點辦法都沒有。

過了一會兒，巴楚問隱士爲什麼一直待在這麼荒涼的地方，遠離一切。

「我在這裡二十年了，」隱士語氣中帶著自豪地說：「目前，我正在禪修忍辱波羅蜜多！」

此言既出，巴楚一邊大笑起來，一邊還愉快地拍著自己的大腿。

「眞是了不起！」巴楚大聲說道，然後湊到隱士耳邊像是在告訴他秘密似的，低聲說道：「像我們這樣的老騙子，演得還不算太差，對吧？」

隱士一聽立刻暴怒。

「你以爲你是誰，來到這裡，毫無羞恥地想毀了我的閉關？是誰讓『你』來的？爲什麼就不能讓一個可憐的修行人安安靜靜地打坐？」隱士高聲嚷著。

巴楚作態沉思，回了他一句：「嗯哼，看來你的『忍辱波羅蜜多』也不過如此嘛！」

用石頭驅趕他們

尊師蓮足之前我頂禮。
我此老狗山林獨修時，
無上皈依怙主開示語，
些許浮現吾人心頭上，
因有所感寫下此字句。

起初，於上師面前，
猶如黃金島上蹣跚挖寶者，
覺得一切願望皆獲得實現。
此乃「**了知法教之價值**」。

其後，於上師面前，
猶如拖至審判官前之偷兒，
覺得深切懊悔自身諸過患。
此乃「**罪有應得之訓斥**」。

如今，於上師面前，
猶如寺院殿裡築巢之鴿子，
覺得過於自在彷彿為同輩。
此乃「**保持距離為上策**」。

起初，領受禪修口訣時，
猶如飢腸轆轆渴求食物者，
覺得迫切想要即刻作修行。
此乃「**向外展現禪修之表示**」。

其後，領受禪修口訣時，
猶如距離遙遠仍欲予開示，
對於所聞教導感到甚困惑。
此乃「**不具釐清疑惑之能力**」。

如今，領受禪修口訣時，
猶如被迫吞下自身嘔吐物，
內心唯有感到嫌惡且厭憎。
此乃「**失去一切滋味之乏力**」。

起初，獨自山林修行時，
猶如方才返家之旅人，
感到全然自在又舒適。
此乃「**隨遇而安之快樂**」。

其後，獨自山林修行時，
猶如孑然一身之佳人，
感到心神難安又急切。
此乃「**心煩意亂之焦躁**」。

如今，獨自山林修行時，
猶如覓得待死溝壑之老狗，
感到安定穩妥又滿足。
此乃「**以屍為緣之戲碼**」。

起初，思量見地時，
猶如追尋高空之鷹鷲，
視野越高越歡喜。
此乃「**高談闊論於見地**」。

其後，思量見地時，
猶如岔路口之徬徨者，
深怕或許入歧途。
此乃「**疑惑未解仍持續**」。

如今，思量見地時，
如聽老頭對著嬰兒胡亂語，
心中略覺受哄騙。
此乃「**失去一切參考點**」。

起初，思量禪修時，
猶如墜入情網之愛侶，
內心盡是貪欲。
此乃「**修行之渴望**」。

其後，思量禪修時，
猶如背負重物之弱者，
目標遙不可及。
此乃「**修行之不足**」。

如今，思量禪修時，
猶如針尖岌岌立石上，
片刻不得鬆懈。
此乃「**莫再多禪修**」。

起初，思及行持時，
猶如拴於木樁之野馬，
視誓言為束縛。
此乃「**律行之幌子**」。

其後，思及行持時，
猶如斷開鏈條之老狗，
隨心所欲而為。
此乃「**誓言之捨棄**」。

如今，思及行持時，
猶如自在隨順之佳人，
無拘無束而行。
此乃「**不在意緣境**」。

起初，思量果位時，
如聞郎中賣物勸誘聲，
彷彿一筆上等之買賣。
此乃「**抱持遠大期盼**」。

其後，思量果位①時，
猶如遠觀海洋之對岸，
自覺超出一己之能力。
此乃「**抱持極少希望**」。

如今，思量果位時，
猶如夜賊清晨露踪跡，
自覺已然失去好機會。
此乃「**不抱任何期盼**」。

起初，我在說法時，
猶如招搖市集之美女，
對自己的口才佩服不已。
此乃「**自鳴得意之講者**」。

其後，我在說法時，
猶如話當年勇之老者，
認為自己早已知悉一切。
此乃「**口才流暢之講者**」。

如今，我在說法時，
猶如鎖定鬼靈之驅魔者，
覺得只在揭露自身弱點。
此乃「**自慚形穢之講者**」。

起初，我在辯經時，
猶如替弱勢案件辯駁者，
盡己之力為求勝利。
此乃「**經常屈服於嗔**」。

其後，我在辯經時，
猶如主持公正之調解者，
積極希求發掘真理。
此乃「**啟動所有聰慧**」。

如今，我在辯經時，
猶如稱霸荒原之亡命徒，
永遠無法預知言行！
此乃「**完全失去克制**」。

起初，我在書寫時，
猶如大師即興作道歌，
文詞自發心中湧現，
此乃「**維持本然不造作**」。

其後，我在書寫時，
猶如善巧斟酌之詩人，
致力提昇筆下功夫。
此乃「**創造文學之佳作**」。

如今，我在書寫時，
猶如閱讀愚人撰寫之指南，
整件事情毫無意義。
此乃「**省下紙張與墨水**」。

起初，在同修面前，
猶如參加射箭比賽之青年，
自認與人不分上下。
此乃「**為貪此厭彼所欺**」。

其後，在同修面前，
猶如參加宴請聚會之妓女，
自認已和眾人親近。
此乃「**擁有眾多之友伴**」。

如今，在同修面前，
猶如拋頭露面之痲瘋患者，
真心自認不該出現。
此乃「**獨自一人過生活**」。

起初，遇見財富時，
猶如摘下花朵之孩童，
純粹有著片刻的歡喜。
此乃「**對於錢財不吝嗇**」。

其後，遇見財富時，
猶如倒入破壺裡的水，
知道破壺永遠添不滿。
此乃「**何以不再求財富**」。

如今，遇見財富時，
猶如苦於多子待養之貧戶，
視財富只是一種麻煩。
此乃「**一無所有而快樂**」。

起初，擁有隨從時，
猶如建立一支侍者軍隊，
自認是優秀指揮官。
此乃「**助人之行**」。

其後，擁有隨從時，
猶如看管小僧群之親教師，
自認失去一切自由。
此乃「**何以如今斷除此繫縛**」。

如今，擁有隨從時，
猶如豢養一隻會偷竊之狗，
認為將會毀了一切。
此乃「**何以不如子然一身好**」。

起初，教導弟子時，
猶如奴僕渴望晉升為主人，
一心盼望揚名立萬。
此乃「**尋求他人奉承**」。

其後，教導弟子時，
認為信徒需有聖地可朝聖，
心想弟子或需有我為依止。
此乃「**尋求利益他人**」。

如今，弟子若欲親近時，
視如憑空冒出之魔障，
一律加以責罵驅趕之——
此乃「**用石頭驅趕他們**」。

這篇名為「用石頭驅趕他們」的勸誡文至此終了。
願福德增長！

① 法道的目標，也就是證悟。

巴楚與一名先知僧人

巴楚的《入菩薩行論》教學相當有名。他可以花幾天、幾週，甚至幾個月的時間講解整部文本，並根據聽講對象的根器而調整最適切的教學詳盡程度，從簡單精要的說明，到複雜深入的講解都有。通常，他會建議學生在領受法教前先自行閱讀文本，教學結束後，還會要求學生再讀上一百遍①。巴楚自己曾領受《入行論》的教導上百次，傳授這部文本也是上百次，但即便如此，他還是經常自謙未能掌握文本的全部含義。

一天晚上，札果寺有一名僧人，在夢中看到一位他認為是《入行論》作者寂天菩薩本尊的喇嘛。第二天早上，當一名游牧喇嘛來到札果寺時，僧人認出他就是前一晚在夢中出現的人！這名喇嘛其實就是巴楚本人，僧人走近喇嘛，向他頂禮並請求教授《入行論》。喇嘛回禮，並同意教授。

巴楚為僧人講解文本。在離開的時候，這名夢見他的僧人隨行走了幾天的路程才告別。

---

① 頂果欽哲仁波切的兄長謝竹曾說：「巴楚仁波切的學生，首先會透過逐字說明的論釋來獲得對根本頌的全面理解。初學者剛開始研讀某一份文本的詳細注疏時，其理解會顯得零零散散。若能背誦綱要（科判）將得以了解大致含義，再透過溫習論釋，則能有效理解。現今有太多評註論釋都未收錄綱要，因而無法提供讀者更好的理解。」頂果欽哲仁波切在學習《入菩薩行論》時，師從於巴楚仁波切兼文波丹增諾布之弟子堪布賢嘎。當時，堪布每天只教授仁波切一頁《入行論》，親教師則要求他將教導內容讀上一百遍。見《明月：頂果欽哲法王自傳與訪談錄》（*Brilliant Moon: The Autobiography of Dilgo Khyentse*），英文書頁31及33。

神變花開

巴楚在壤塘爲數千人廣說《入菩薩行論》中的重要四品①時，並非坐在法座上宣說，而是坐在一片綠草如茵的小土丘上，當地人稱爲「孤山」，這種地形是高原上的常見地貌。

巴楚教學結束後，當地的人們注意到那片草丘上開滿了繽紛多彩的各類野花。

在康巴的夏季，高原草場上會盛開一種亮黃色的野花，這種美麗的草原花朵名爲「色千」，通常有五重花瓣。但是，在巴楚曾經教學之處，人們經常會注意到同樣的花朵並非有五重花瓣，而是三十重花瓣，甚至是五十重花瓣，因此大家開始稱呼這些奇特的花朵爲「入行論花」②。這些「入行論花」不只在夏季裡盛開，甚至在冬季裡也會綻放！

---

①若無足夠時間教授整本《入菩薩行論》的內容，通常會先教授一至三品（菩提心的利益、懺悔罪業、受持菩提心）和第十品（迴向）。

②入行論花（Chojuk metok / spyod 'jug me tog）。十四世達賴喇嘛於一九九一年的秋天，在法國西南部多荷冬省進行為期一週的《入菩薩行論》教學課程。當時主辦單位在香特鹿佛學中心附近的約爾海岸大草原搭起一座能容納八千人的帳篷。那片草皮上有一棵蘋果樹，樹旁安放著法王的教學法座。就在教學結束後的兩個禮拜，那棵蘋果樹竟在秋天開滿了花，而這類蘋果樹通常只在春季開花。那時，為達賴喇嘛翻譯的馬修撿了一些蘋果花留存。

盜賊覬覦銀供品

在壤塘的寺院附近①，巴楚坐在草丘上，剛剛結束爲眾人講授《入菩薩行論》的教學。一名聽講的老人走上前來，爲上師供養一大塊的「馬蹄銀」供品，這種銀錠因外形常會鑄成馬蹄狀而得名②。老人並不富有，除了那只銀錠外，幾乎身無長物，但基於對巴楚的深切信心，認爲將銀錠供養給巴楚是一件能累積福報的事。

巴楚按照以往的習慣拒絕接受供養，但老人卻非常堅持，於是將銀錠放在巴楚腳下後，快步離開。不久後，巴楚亦起身離開，將眾人奉上的供品全數留在原地，包括那只銀錠。

有一名盜賊聽說巴楚得到一只銀錠，便跟著他，打算偷走銀錠。巴楚經常獨自旅行，並會在星空下就地而眠。小偷趁著夜色昏暗，摸黑靠近正在睡覺的巴楚，在他僅有的物品，也就是一個小布袋和一只陶壺間搜來搜去。由於找不到什麼值錢物，小偷便開始摸著巴楚身上所穿的衣服。

突然間，巴楚被小偷的手驚醒，喊道：「喂！你在我衣服裡東翻西找的做什麼？」

小偷嚇了一跳，脫口而出：「有人給你一只銀錠！交出來給我！」

巴楚又喊道。「喂！看看你，像個傻瓜一般東奔西跑，這種生活還眞慘淡！你就爲了一塊銀子大老遠跑來這兒的嗎？你這可憐的傢伙！」

「聽好！快回去你來的地方。天亮前你就能抵達我講課的那個草丘，你在那兒就會找到銀錠。」巴楚如此告訴小偷。

小偷對此心存疑慮，但是他已經徹底搜過大師身上的財物，知道巴楚並沒有銀錠，然而這件貴重物品似乎不大可能還在原地。雖然如此，小偷還是一路來到草丘，四處搜尋後，終於找到巴楚所留下來的銀錠。

這個老大不小的盜匪，當下開始爲自己的人生擔憂起來，大嘆：「啊呀！這個巴楚了無貪執，果眞是一位眞實上師。我竟一心想從他身上偷東西，想想我是造了什麼惡孽啊！」

小偷因心中懊悔而折磨不已，便回頭尋找巴楚。當小偷找到巴楚時，巴楚喊道：「喂！你又回來了！還是像個蠢蛋那樣東奔西跑嗎？這次你又想要什麼？」

小偷一陣悲從中來，流下了眼淚說：「我不是來偷東西的。我找到銀錠了，我眞的很後悔對您這麼一位眞實上師做出這麼糟糕的事。想想我差點偷走您僅有的物品！懇求您原諒我！賜予我加持，請讓我當您的徒弟！」

巴楚說：「你無須懺悔或懇求我的寬恕。從現在起，你只要修持佈施、迎請三寶。這樣就足夠了。」

後來，有人聽說小偷對巴楚所做的事時，他們找到小偷，將他毒打了一頓。

當巴楚得知此事時，嚴厲地斥責了當地人，說：「你們毆打那個人，就是毆打我。不要找他麻煩！」

---

①根據堪布袞巴（Khenpo Ku）較為簡版的版本（《信心妙藥》（*Elixir of Faith*）頁391）提到，此事件發生在巴楚仁波切從阿瑞森林的迪瓊洞下山時。

②該銀錠的藏音為「多采」，一錠多采等於五十兩「桑」，「桑」則為一九五九年以前藏地所使用的銀元。一枚多采重約四磅白銀。

巴楚觀積財

巴楚經常指出世間法的徒勞無益，以及輪迴本來就無法讓人稱心滿足的自性。其中他特別強調積財將帶來永無止境的問題，他會說：「你還不懂嗎？有錢，就會有『錢』的問題。有房子，就會有『房子』的問題。有犛牛，就會有『犛牛』的問題。有山羊，就會有『山羊』的問題啊！」

巴楚於鬧鬼的屍陀林修行

有一次，巴楚在木雅地區勞吾通①一處屍陀林過了一日一夜，這是一個長期被惡鬼佔據的可怖之地。他睡著後，開始感受到一陣鬼影幢幢，因此在心裡不斷向上師及所有大圓滿傳承祖師祈請。接著，突然間，巴楚有了甚深的體悟。他終於明白到一切外在、內在的現象，於本質上都是空性的，從究竟實相的觀點來看，所有這些均同等爲非實有的。

後來，他向上師多欽哲．益西多傑報告這個修行體驗，他的上師恭喜巴楚說：「很好！你一次斷除四個魔②！」

巴楚自述，從那天晚上後，他的念頭不再四處飄盪，心相續也不再那麼受煩惱所擾了。

①根據多欽哲的自傳《欽則益西多吉密傳》（四川民族出版社，1997），以及東杜祖古的著作《大圓滿龍欽寧提傳承祖師傳》（*Masters of Meditation and Miracles*），第195頁所載，時年一八三六年，當多欽哲在勞吾通時，巴楚年僅二十八歲。勞吾通位於塔公寺以西的龍燈大草原。近代成為多智欽轉世之一勞吾通扎欽祖古的住所，後者約於一九五八年或一九五九年圓寂。

②四魔分別為：蘊魔以梵天化現；煩惱魔以大自在天（濕婆；譯註：此處原書誤植為Indra，依藏文改正）化現；天子魔以帝釋天（即提桓因或因陀羅）化現；死魔以遍入天（毗濕奴）化現。

兩心交會

巴楚在木雅時，拜訪了一位格魯派的大格西札瓦格西慈誠南嘉。兩人對「般若波羅蜜多」做了諸多層面的交流與討論。「般若波羅蜜多」爲六度波羅蜜多之一，智慧圓滿能度脫彼岸之意。

格西對巴楚的博學與深刻體會大感讚嘆，於是請教他的名字。

「我叫巴給，」巴楚隨性地回答：「康巴雜曲卡人。」

巴楚離開後，格西對侍者說：「對於經部，我還有一些了解，但同時通達經續二部，沒有人比那位巴給同修懂得更多了，簡直是無人能出其右啊！」

「被你給毀了！」

一名衣衫襤褸的遊方喇嘛，獨自旅行了一段時間之後，來到一處富裕的大型游牧營地，他向主帳篷的人詢問是否可借住幾天。那戶人家說，只要他能讀誦經文，就歡迎他借住。他回說自己確實可以讀誦經文。於是，他們讓他待在靠近主帳篷大門的一個小角落。巴楚將自己安頓好後，開始持誦一些願文。

在主帳篷裡，每個人都忙著準備接待格魯派大學者木雅．昆桑索南的來訪，他即將在該營地主持重大法會，這些準備工作持續進行了好幾天。

終於到了法會那一天，這位遊方喇嘛看到大家忽然紛紛跑出帳篷。大師一行人正往營地前來！該是迎接上師並領受加持的時候了。這時人們也大聲喊著，命令那位穿著破布的喇嘛立刻從帳篷裡出來！

木雅．昆桑索南坐在馬背上，後面跟著龐大華麗的隨行人員。隊伍至少由四十名騎手組成，每人都舉著一面高高長長的法幢。群眾看著隊伍接近，開始向大師行長磕禮。

驀地，騎在馬背上的木雅．昆桑索南，看到帳篷裡走出一位穿著破衣的喇嘛。這位備受尊敬的學者，立刻從高大馬背上下來，向那位衣著寒酸的遊方喇嘛頂禮。

群眾大感驚訝，這才發現那名穿著破布的遊方喇嘛，居然就是偉大的巴楚仁波切本人。

然而這時，在所有群眾面前，巴楚開始大聲斥責大學者木雅．昆桑索南：「唉！多虧這戶人家的善良，我才有個很好的棲身之處，如今卻『被你給毀了』！」

他嚷嚷著要馬上離開，但最終由於現場群眾的勸請而同意留下。

後來，木雅．昆桑索南於當天立誓，今生不再騎馬，不論去哪都徒步前行，過著簡單的隱士生活。

巴楚贈送的茶

格魯派大學者木雅・昆桑索南是巴楚的親近弟子，他跟隨巴楚二十多年，對巴楚有無比的虔敬心。在他們共度一段時日後，昆桑索南準備告別上師，臨行前，巴楚交給他一冊書籍①作爲臨別禮物。

此外，巴楚又給昆桑索南一塊茶磚。送禮的時候，還以藏人供養的手勢，雙手捧著茶磚奉上，並說道：「路上可以喝點茶。」

昆桑索南對巴楚非常虔敬，他將茶磚放在一只精緻的氈布盒裡，再將氈布盒收在一只彩色的錦緞袋子裡。無論走到哪裡，都帶著這只錦囊。睡覺的時候，就恭敬地將錦囊掛在床頭。此外，也會不時以錦囊觸碰頭頂，向巴楚仁波切祈請，並流下虔敬之淚水。

每逢新年第一天，木雅・昆桑索南會打開這只彩色錦囊，取出氈布盒裡的茶磚。

接著，他會對周遭的人說：「今天我們要來泡一些巴楚仁波切的茶！」隨後便取下一些磚茶，再恭敬地補充道：「這是巴楚本人用雙手捧著送給我的茶！」

---

①西藏書籍是由散裝的長形對開頁組成，不作閱讀的時候，則用一塊布包裹起來。

鬧鬼古堡

在康區，佈滿幽深峽谷和野溪的新龍裡，有一座鬧鬼的駭人古堡。即使在白天，也能聽到鬼哭神嚎的聲音。當地人從來不敢靠近那個地方，他們認爲就算是碰到古堡的陰影也會使人生病。

有一次，巴楚結束《入菩薩行論》的講授後，對眾人授記說：若是有人能在新龍鬧鬼古堡裡，宣說這本殊勝文典一百次，那裡的惡鬼就會安靜，從此不再爲非作歹。

巴楚仁波切的親近弟子贊雅喜饒，立刻自告奮勇接受這項挑戰。當地的村民聽到消息後，各個都搖頭而深感惋惜，認爲將再也見不到贊雅喜饒，因爲他肯定難逃失敗的下場。

贊雅喜饒到達鬧鬼古堡後，挑了一個寬敞的房間，將墊子鋪在地上。在生起悲心和菩提心後，便開始對著那些無形的觀眾大聲宣說《入菩薩行論》全部十品的內容，而那天晚上，什麼事都沒發生。

贊雅喜饒持續地宣講。當村民在遠處看見喜饒燒水煮茶的裊裊炊煙時，都感到無比詫異。

「看來他還沒有死！」一名村民驚訝的說。

過了一會兒，一名村子裡最勇敢的人決定去鬧鬼古堡一探究竟。

他看到贊雅喜饒依然待在裡面，且神情愉快地對著一群看不到的觀眾大聲宣講《入菩薩行論》。

這名勇敢的村民回到村裡，告訴大家他所看到的景象。人們開始陸續前往古堡，以便也能參與聽講。日復一日，越來越多的人加入古堡聽眾的行列。在贊雅喜饒進行第一百次全文教學時，整個村子的人都來到古堡內，極爲虔敬地專注聆聽。

從那時起，正如巴楚所預言的那樣，新龍古堡就不再鬧鬼了。

吉美嘉威紐固與惡鬼

巴楚的根本上師吉美嘉威紐固以悲心廣大而著稱。

有一次，一名惡鬼決定要害死他。這名惡鬼來到嘉威紐固的洞穴，往裡面窺探，看到一位白髮老翁，雙眼微闔，安坐於禪定之中，周圍散發著慈愛與悲心的光輝。

這個景象令惡鬼驚訝不已，想要傷害此人的念頭完全消失，反而生起了菩提心，並誓言從此不再殺害任何生靈。

之後，每當惡鬼的心相續中出現害人的念頭，即使只是微微一念，也會瞬間被吉美嘉威紐固那散發著慈愛光輝的寂靜面容所取代。惡鬼再也無法作害了。

巴楚與三名大金寺僧人

巴楚是著名的利美主義者，從不吹捧或貶抑特定學派，也拒絕助長在西藏長久猖獗而存在於宗派主義者之間的傲慢與互鬥歪風①。

有一次，巴楚行腳來到位於康區朱倭的格魯派大金寺前。當時的大金寺僧人是惡名昭彰的宗派主義者，他們經常騷擾過路旅人，要求他們報上所屬教派——寧瑪、噶舉、薩迦或格魯。當他們發現對方不屬於「他們的」格魯派時，便以無禮的言詞羞辱，甚至毆打一頓。

巴楚來到寺院附近時，三名凶悍壯碩的僧人走近他，粗魯地質問：「你是哪個教派的？」

巴楚知道他們心存挑釁，於是巧妙地給了絕對正確的回答：「我依循的是佛陀派！」

他們對這個回答相當不滿，一心只想知道他的宗派，於是再追問：「你怎麼持誦皈依文？」

巴楚回答：「我皈依佛、法、僧！」

巴楚的答案讓這些僧人們不滿意，因為他們期待皈依文能透露巴楚所屬的特定教派與傳承。

「說出你的守護本尊！」他們越來越不耐煩。

「三寶！」巴楚耐心地回答。

僧人急於透過他的灌頂名知道他的所屬教派，於是叫嚷：「說出你的秘名！」

當時在西藏，「秘名」這個說法，正好也指男性生殖器官。

於是，巴楚掀開長袍，和藹地用牧民的方言回答：「咘魯—咘魯！（Bulu-bulu）（屌！）」

就這樣，他們終於閉上了嘴巴。

而巴楚也能夠平安無事地繼續前行。他一邊前行，一邊大聲持誦：「嗡嘛呢唄美吽。嗡嘛呢唄美吽。」

①巴楚曾如此建議紐修．龍多：「應當不持任何偏見而學習一切派別哲理，因為偏見會帶來曲解。當你不偏袒任何一方，如此來學習所有法教時，自然會明瞭何者為真、何者為非，也會明瞭何為甚深哲理、何者不是。那麼，你也會明瞭什麼才是符合佛陀智慧心的哲理等等。從那時起，你將能藉自身的洞見而有所體會。」參見堪布阿旺巴桑著作《阿格旺波尊者自傳．奇妙幻化戲論》（*Wondrous Dance of Illusion*，依藏文翻譯）頁102。

巴楚憶前世

巴楚曾經在佐欽寺附近的文殊閻摩敵窟下方生活和修行。岩穴上方旁則住著一名來自嘉絨的修行者。

有一天，當他們倆聚在一起時，巴楚對那位同修說：「話說行者獨自在僻靜處修行，遠離塵世一切紛擾後，覺知會自然變得清晰，甚至能輕易憶起前世。你可曾有過這樣的經驗呢？」

行者說：「目前還沒有。」

「我大約能憶起一百多世左右的前生，」巴楚透露：「曾有一世，我生為印度的一名妓女，與大成就者黑行者①同住一個村子。那時候，我向黑行者供養了一只純金手鐲。自那次供養後，我就再沒有投生到下三道了。」

① 黑行者（Krishnacharya），藏文音譯「那波決巴」（Nakpo Chöpa / nag po spyod pa），印度八十四大成就者之一。

從文殊閻摩敵窟望過去的雀兒山脊，下方的佐欽古冰蝕地（甘卓）亦屬之。攝於康區佐欽寺（1985）。

龍多值遇根本上師

紐修．龍多初次遇見巴楚時，巴楚正在持誦《文殊眞實名經》。當他來到巴楚面前時，巴楚正好念到「無等上師堪禮敬」這句經文。

巴楚高興地大聲說道：「眞是一個吉祥緣起！」他再次複述了這句經文：「無等上師堪禮敬！」兩人立刻有如父子重逢般，巴楚納龍多爲弟子，以眞摯深切之情關愛著龍多。往後的二十八年，龍多一直待在巴楚身邊，做他的侍者，聽取巴楚講授的每一句話，並且至少領受八十次以上的《入菩薩行論》教導①。

①根據一些口述來源，龍多與巴楚仁波切相處了二十八年（西元一八五一——一八七九年間），於五十歲時離開巴楚仁波切。但根據紐修堪仁波切著作《大圓滿傳承源流藍寶石》（*Marvelous Garland of Rare Gems*）中所述，巴楚於一八六九年將龍多送回故鄉，當時龍多四十歲。以此推論，龍多應是在一八四八年十九歲時初次見到巴楚。

深入了解巴楚之心

一次，巴楚問他的心子紐修．龍多：「你會向哪位上師祈請？」

「我沒辦法長久憶念著任何人。」

「也許吧，但是當你可以集中心神時，你會向誰祈請？」

「向您祈請。」

「我？有那麼多人，爲什麼是我？藏地又不乏上師！」

龍多回答：「每當我內心有善念生起時，即使是那麼一瞬間，都了知那是源於您和您的教導。您對弟子無盡的慈愛，弟子謹記在心。」

「好吧，如果你是這樣想的話，那可以繼續這樣做。」

接著，巴楚以低沈的聲音說道：「在我的心相續中，幾乎不再有惡念出現！」

修行至要

吾皈依於上師尊。

遍知者尊、法父與法子，
傳承持者、吾人勝上師，
彼等示我大圓滿要義：
不可思議赤裸之體性，
其於本初以來即解脫，
我於諸尊蓮足前頂禮。

見地禪修合一之修持，
超越長養善與遣除惡，
實乃無間安住覺智中，
本自解脫當下現前時，
於覺性中任其如是顯，
不予修整亦不予導正。

關於禪定修持之略解，
若不知令念頭得解脫，
則將導致天人之禪定①。
為使自身了悟獲確信，
該當學習此善巧法門——
令念頭於生起即解脫。

以寂止禪②拴繫妄念心，
或可暫時抑制諸煩惱。
然而一旦修行對境還，
心中凡俗尋思諸念頭，
將如潛伏毒素再次現。
真實理解微妙關要點，
念頭方能生起即解脫。

凡俗尋思如水上漣漪，
（欲此厭彼）無端莫名起。
一旦了知念起即令解，
諸念無法駐留故消散。

此為修行至要汝當知。

若於心中「惡」念生起時，
唯獨念頭不會積惡業，
凡俗尋思尚未駐留時，
儘管生起即可令解脫。
一閃之念豈能致益損？

直至掌握此一心要前，
直至念頭生即解脫前，
汝之慣性心頭叨絮語，
暗潮洶湧念頭無間斷，
皆增長成煩惱之洪流。

僅以正念留意諸念頭，
善念將不斷引發希冀，
惡念將不斷製造恐懼。
業則不斷形成且和合；
此乃輪迴真正之起源。

故謂僅僅刹那之覺性，
能令念頭自狀中解脫，
勝過千次寂止禪體驗。

本初解脫及任運解脫，
生即解脫、現前解脫等，
既然皆為見、修、行關鍵，
便應以此要點作禪修：
令念頭於自狀中解脫。

只須實修此關鍵要點，
便即無須其他見或修。

每當任何善念生起時，
將能遠離對其之執著；
精勤行善然而不自滿。

每當任何惡念生起時，
一如盤蛇鬆開其纏繞，
惡念便能自然得鬆解。

即使五毒煩惱生起時，
也能瞬間自狀中解脫。

無計念亦自行且自然，
消融而入覺性廣界中。
令念頭於生起即解脫，
猶如空中飛鳥不留痕。

妄念乃是輪迴之根源。
一旦確知如何引導之，
令其步上自解脫之道，
即是「輪涅解脫法界中」。
確知妄念自解關要前，
能取諸境用於法道前，
雖能胡亂言說空性意，
所謂「了悟」僅只於理論。
自身潛藏惡狀終顯露。
誤將五毒表相視為實，
五毒終將猖狂得勝利。

何以如此？唯因汝不知，
念頭生起如何令解脫。

此見修行至關之要點，
能使人於了悟獲信心，
歸結即是專精此法門：
〔念頭生起即令〕自解脫。

生活緣境皆善用此法，
恆取一切入於了悟道。

雖吾尚未掌握此要點，
然蒙遍知即佛上師言之啟，
遂於今日寫下此字句。

應將此言謹記於心中，
其乃修行至要之關鍵。

願一切吉祥！

①這裡的「天人」指色界與無色界的眾生，他們能夠入定很長一段時間，對於外在世界完全不作感知。如此狀態能暫時保護天人不受世俗的煩惱情緒干擾，但卻無法讓他們從無明中解脫，依此道理，他們的惡業也未耗盡，最終還是會墮入下三道。

②奢摩他，或「寂止」的禪修，心專注一境而保持不動的狀態。雖然這個狀態很重要，但光是它本身並無法戰勝無明與自我的概念，必須結合毘鉢舍那，或「勝觀」的禪修，後者能斷除將自我執以為實存的無明信念，並了悟心與萬法的究竟本性。

巴楚向馬蠅供養

巴楚十分重視慈、悲、喜、捨「四無量心」的實修。他從未忘卻兩者的重要性：一者當視一切眾生過去生曾爲慈愛照顧我們的母親，以及發願眾生皆能獲得樂與樂因的善心。

他住在江瑪隱修苑（柳樹庵）①時，每當夏季午後，都會前往一處有大批黑色馬蠅聚集的森林。到了那裡，再將身上所有衣物解下，赤身躺在地上。很快地，他毫無遮蔽的身體就因佈滿黑色的馬蠅而變得一片暗黑。巴楚會在那裡躺著好幾個小時都不動，只爲了讓一群飢餓的馬蠅叮肉吸血。

完畢後，起身著裝，對著視如心子的侍者說：「呀！龍多啊！我們該回家了！」

第二天下午，巴楚又會說：「呀！龍多啊！我們再回去森林裡多做一些供養吧！」

①紐修堪仁波切說這個故事發生於雜曲卡江瑪隱修苑。堪布袞巴於《信心妙藥》一書中則說地點在佐欽寺。

巴楚發現自己的極限

巴楚曾對他的弟子紐修．龍多說：「親愛的龍多，這幾天當我在修持『轉心四思量』中的輪迴過患這一則時，我實在無法讓自己去思量一切六道眾生所承受的痛苦。最多只能思量天道、阿修羅道與人道這些善趣眾生所受的痛苦。

「每當我想到畜生、餓鬼和地獄那些三惡趣眾生所承受的痛苦時，我就是無法忍受那些痛苦！我做不到，實在是太難以承受了！」

悲心起而了悟空

文殊閻摩敵窟，位於佐欽寺上方的深山野地裡，巴楚在這裡爲他兩位跟隨多年的弟子紐修．龍多、巴千多傑及其他眾多弟子等傳授《益西喇嘛》①的法教。

某次，大家正在戶外修持大圓滿前行的「區別輪涅」，紐修．龍多卻被巴千多傑的舉止給嚇了一跳，他的同修正以一種奇怪的方式四處走動，在他看起來就像是一頭犛牛，嘴裡繫著拴繩，背上馱負著重物在行走。

見到這一幕，龍多的內心充滿悲憫之情，對於這類牲畜背上載著重物行走所承受的痛苦，有了強烈的感同身受。從這個深刻的體會中，他對一切有情眾生在輪迴當中所承受的極大痛苦，有了前所未有的感受，於是更加深了對眾生的慈悲憐憫之情。

接著，龍多開始修持「念誦種子字『吽』」的法門，他先持誦「吽」，再觀想「吽」字無限延伸再延伸，直到整個世間都遍布著「吽」字。

在那一刻，呈現在龍多眼前的浩瀚無垠大千世界，自性皆了無實質、全然通透、確實爲空。

---

①或稱《智慧上師》（*Yeshe Lama / gdod ma'i mgon po'i lam gyi rim pa'i khrid yig ye shes bla*），持明吉美林巴針對大圓滿實修的導引，亦是巴楚仁波切經常教授的法教。此著可見於《龍欽心滴》本續（*Longchen Nyingthig Tsapö*）五大函中的第三函（新德里與加德滿都，雪謙出版社，1994）。

朝聖者聚集在文殊閻摩敵窟入口處附近。（1985）

龍多之夢

當紐修．龍多從巴楚處領受《益西喇嘛》時，他經常夢到一團黑色羊毛球。在夢裡，他總是想把毛球抓得更緊，避免毛球鬆開。

有一天晚上，龍多在開示結束後，又做了同樣的夢，這次夢裡除了黑色羊毛球外，還出現了巴楚。巴楚在夢裡，拉了拉毛球的線頭，使得整個羊毛球鬆開，裡面現出一尊金色的金剛薩埵像，巴楚把佛像交給了龍多。

在夢裡，龍多自嘲：「若是我知道這毛球裡是一尊佛像的話，我就不會抓得那麼緊以防止它鬆脫了！」

巴楚爲龍多直指心性

巴楚和龍多經常沿著斜坡爬到佐欽寺上方高處的那瓊草場，一路來到草場上的那棵大杉樹下。巴楚每天都會尋找一個新的地點獨自禪坐，龍多則泰半留在松樹底下修行。最後在龍多煮茶時，巴楚便會回來和龍多一同坐在樹下休息。

黃昏時分，巴楚習慣到可以俯瞰佐欽谷的懸崖邊，在那片空曠草地上攤開毛墊，仰躺伸展身軀，做一座名爲「三虛空」①的禪定修持。

一天傍晚，巴楚做完修持後，對著龍多說：「嗯，親愛的龍多，你是不是跟我說，你還未能認出自心本性？」

「是的，我說過。」

「這不難。來，過來這邊。」

龍多照做。

「像這樣躺下，抬頭仰望天空。」

巴楚仰躺，而龍多也照做。

「你看見天上閃耀的星星嗎？」巴楚問道。

「看見了。」

「你聽到下方佐欽寺的狗在吠叫嗎？」

「聽見了。」

「你聽見我們倆在說話嗎？」

「有。」

「沒錯，就是這樣！」

龍多後來如此告訴自己的學生：「就在那一刻，我的上師直接爲我引介赤裸的空性覺智！〔當下，〕一股不可動搖的確信從我內心深處生起，爲我驅散了一切迷惑。」

由於上師的親臨和龍多自己多年的禪定修持，兩者在那一刻形成了吉祥的巧合，使得龍多對覺空無別的本初智有了甚深的了悟。

① 「三虛空」為大圓滿進階禪定的修持。行者透過凝視無雲的蔚藍天空，使無有瑕染的外在虛空、自己的內在虛空（明空中脈）與自己的秘密虛空（清淨本覺）相融而成為合一無別且離於一切戲論的無為顯空。

龍多倒著走學習

巴楚在佐欽寺上方的古冰蝕地閉關時，白天時間都用於修持禪定，到了傍晚再為龍多講授龍欽巴尊者的《七寶藏》。

他們倆總是到了天色很晚的時候，才雙雙站起來往回走。巴楚一邊走著一邊繼續講著，如此邊走邊講以保持清醒。龍多為了讓巴楚在往前走的同時能看著書的內容講解，便一路倒著行走，手裡還捧著書本讓巴楚看。

就這樣，兩人每天晚上回家時都是一個倒著走、一個向前行，一直到龍多從巴楚那裡領受了《七寶藏》的全部法教。

事隔多年，龍多回憶道：「現在的人們，縱使極具福報可以舒舒服服地坐著聽取《七寶藏》，肚子也填得飽飽地，卻還是不肯修行！有些人甚至連請教禪定的教授都不願意！」

為了幫助龍多學習和修行，巴楚交給了他

位於佐欽古冰蝕地的中湖，右邊是一個閉關洞穴。（1985）

一套自己所持有的，由德格印經院印製的龍欽巴《七寶藏》論釋。他告訴龍多：「你具有實修並完全了悟大圓滿法的福報與根器」。他以此方式認可龍多的內在了證，並將他視為能託付衣鉢的修行法嗣。

龍多在每次教學後，都會根據巴楚的解釋，小心翼翼地在印刷文字間以紅色墨水加上註記。這些有著紐修．龍多註記的珍貴文本，被保存在龍多的故鄉康區白玉縣遼西寺。其中，函數最多的《勝乘寶藏論》①從頭至尾都有手寫註釋，其他經函則有零星的一些筆記。

---

①《勝義寶藏論》（*Tegchog Dzö / theg mchog rin po chen mdzod*）。紐修．龍多所擁有的這七函文集，在共黨入侵西藏後已不確定是否仍存於遼西寺。

龍多於古冰蝕地修行

有一天，巴楚對龍多說：「去佐欽甘卓打坐吧。」甘卓，冰川曠野之意，是由蓮花生大士所加持，佈滿許多閉關岩穴與處所的地方。在佐欽寺上方雪線附近有三個湖泊，層層上疊，最高的湖泊位於海拔五千公尺高處。

根據巴楚的指示，龍多來到佐欽寺上方的上部冰川曠野，在那裡進行三年閉關修行，並將他的修行迴向給明就南開多傑的長壽住世。

龍多以一塊平坦的岩石作爲禪修墊，身上僅靠一件破舊汗衫和棉布僧袍抵禦惡劣的天候。他專心一意地修持辟穀術①，此法只攝取少量的固體食物，其餘皆透過進入無概念分別的深沉禪定狀態，來萃取虛空中的精華而獲得延續生命的養份。

佐欽古冰蝕地的上湖。（1985）

龍多在閉關中親見許多本尊，並獲證大圓滿法身境界的了悟，能夠不帶偏頗且不受侷限地視一切現象皆爲清淨本覺的顯現。他在此處完成大圓滿法「四相」究竟次第的修行。

閉關三年圓滿後，龍多下山見他的上師巴楚。

巴楚問他：「修行的過程難以忍受嗎？」

「我幾乎未進一食，」龍多告訴他。「我很高興能夠遵照您的指示實修，並爲明就南開多傑的長壽而修行。」

「有此一說：『當一位瑜伽士清淨持守三昧耶時，天人和魔眾都會爲他獻上食物！』」巴楚開心地說：「而你就是最好的例子！」

---

① 辟穀（梵：rasayana，藏：Chulen），或稱「萃取精華」，透過進入深度禪定來攝取晶石、花朵或虛空（取決於禪定緣境）之精華而維生。據說這是八種共通的悉地或成就（thun mong gi dngos grub，世間成就）之一。最高（不共）成就則是證悟。

大師巴楚

巴楚仁波切正要去師利星哈佛學院①教授《入菩薩行論》時，一群僧人正趕往佐欽寺聽取教授。

僧人們在離學院不遠的草地上遇到一位喇嘛。

他穿著牧民常見的破舊羊皮襖，坐在地上的小火堆旁煮茶。

僧人們問他：「巴楚仁波切到了嗎？」

「喔，到了，他已經到了！他要在師利星哈那兒給人上課！」那位喇嘛答道。「不過，說眞的，你們到底爲什麼要去聽他講課？那個巴楚只不過是個耍嘴皮子的人嘛！老實說，我覺得他根本是個江湖騙子！」

那位衣衫襤褸的游牧喇嘛一時興起，滔滔不絕地對巴楚仁波切品頭論足一番，極爲生動又有創意。聽到這些批評，僧人們非常生氣。

「閉上你的嘴巴，你這個損壞三昧耶的人！」他們叫著：「再不閉嘴，我們就把你打得遍體鱗傷！」

身穿破衣的游牧喇嘛這才停止謾罵，繼續煮茶。

這群僧人於是向前行，在佛學院附近紮營過夜。隔天早上，前往佛學院途中，再次遇到這位全身破爛的喇嘛。

喇嘛親切地跟他們打招呼，說：「就讓我們一起去師利星哈吧！至少我聽說他們那裡供的茶是最上等的！」

那些還在生氣的僧侶一點都不想和他說話，自顧自地走在前頭，來到佛學院裡找到位子後便坐下。不久後，人們說偉大的上師巴楚仁波切就要進來了，於是群眾起立示敬，還莊嚴地唱誦著讚嘆寂天菩薩《入菩薩行論》的詩偈。

當大名鼎鼎的上師坐上法座，準備教學時，那群僧人驚恐地發現，說法上師正是先前那位穿破爛羊皮襖而他們還想責打的喇嘛！

巴楚在教學前，開口說道：「昨天晚上我遇見了一群怒氣沖沖的僧人。他們在哪啊？我想讓他們過來坐在最前排！」

那群僧人滿懷懊惱，也只得照做了。

①師利星哈，大圓滿傳承祖師妙吉祥友之上首弟子與傳承接續者，蓮花生大師的上師。

僧人的深深懺悔

有一次，在師利星哈佛學院，正值布薩（誦戒日）的日子，這個拜懺法會，學院裡的僧人每個月都要進行兩次。當法鑼聲響起，召喚著人們前往經堂，僧人們都行色匆匆，以免遲到。巴楚也拄著手杖朝經堂走，穿著那件夏天常穿的滿是補丁的毛氈藏袍。

當一夥僧人衝上台階時，穿著破衣的巴楚正好夾在人群中。突然，有個僧人推了巴楚一下，使他失去平衡而從樓梯摔下。那個推人的粗魯僧人，誤以爲巴楚是想行竊的乞丐，企圖混入僧團的法會。

最後，大家都進到經堂裡坐下，那名推人的僧人也坐了下來。然後，他抬頭往法座張望。經堂裡的法座是給主持拜懺法會的人坐的，而坐在法座上的人，正是那個被他狠推到一邊的破衣乞丐，巴楚是也。

爲了彌補過錯，惶恐不已的僧人立刻從人群站了起來，對著大眾表示：「我要爲我所犯的過失懺悔。我不只要懺悔，還要在我所犯錯的人面前懺悔！」

巴楚排隊領受加持

一次，巴楚獨自行腳時，來到正要前往參加大法會的喇嘛們所駐紮的營地旁。他走進營地托缽化緣，並詢問是否可以和他們一起旅行。他們同意讓巴楚加入行列。

巴楚外表看起來就像一個普通行腳僧，而大家也如此對待他。他們經常要這名衣衫老舊的游牧喇嘛做很多雜事，包括煮茶、收集柴火、給僧人奉茶。就這樣，巴楚像一個卑微僕人那般默默地爲他們工作。經過了幾個星期，穿越了偏遠地區，他們終於來到法會舉辦的地點。

在那裡，即將有一位大喇嘛會來主持一場重要的金剛乘口傳。爲了凸顯法會的重要性，氣氛非常隆重。處處呈現華麗的景象：民眾們穿上最好的衣服，高官伉儷和英挺貴族們身著絲綢與錦緞，座騎的馬飾更是奪目，有著閃亮的銀色馬轡、精緻雕刻的馬鞍、細緻花紋的馬鐙和色彩鮮豔的鞍墊。

現場有許多高階喇嘛和重要僧侶，頭上戴著高大法帽，身上穿著各類出家人的織錦盛裝。長管法號和法螺嗩吶的聲響，有如一場天界的交響樂。所有重要喇嘛都坐在特定的法座上，法座的高度則依據階級與地位設定，不多也不少。

宗教儀式開始了，如此持續了好幾天。到了法會結束時，在場的僧侶、富有的功德主、在家的男女眾都依序排隊，等著向主法上師獻上個人供養並領受加持祝福。

巴楚從頭到尾都坐在人群後面，所以他也在長長隊伍的尾端站著，等待加持。（巴楚本人總是拒絕給予這類以手摩頂的加持方式。）隨著隊伍緩慢前進，人們一一在主法大上師座前行大禮拜，爲上師獻上白色哈達後，再領受加持。

一開始，大喇嘛會摸摸每個人的頭，用雙手給予加持。過了一段時間，因爲排隊領受加持的人太多，喇嘛開始改用長長的孔雀毛翎輕觸每個人的頭。

最後，終於輪到巴楚上前領受大喇嘛的加持。上師用孔雀毛翎點碰他的頭之前，從他高高的法座上端詳這名穿著破爛的人，當他認出這名流浪漢的身份時，驚訝得瞪大了眼。

那不是偉大的巴楚仁波切嗎?!而他正是大喇嘛的上師啊。

大喇嘛想辦法從他極高的法座上爬下來，站在巴楚面前，雙手合十高舉至額頭，開始向他行大禮拜。

在場的所有人，包括巴楚先前的旅伴，看到此景都目瞪口呆，而巴楚本人卻只是笑笑而已。

巴楚爲食子上色

當巴楚聽說多欽哲．益西多傑前往木雅時，他決定去那裡見他的上師。在走了幾星期後，他來到多欽哲駐紮的營地。

找到廚房的帳篷後，便走進去坐下。

帳篷裡有一名僧人正在做錐形食子。這些用來作爲金剛乘法會的供品，有的做成紅色，有的則是白色。

「嘿，老喇嘛！你過來一下！」僧人向巴楚喊道：「我得做好這些食子，你來幫忙一下。」

爲了幫忙僧人，巴楚開始做食子。他發現現場有些用來做紅食子的紅色染料，卻沒有一般用來做白食子的酥油。因爲沒有酥油，巴楚決定把所有的食子都做成紅色的。

最後，僧人回來看到巴楚做的紅食子，馬上氣得破口大罵：「你做了什麼好事？竟然把所有的食子都做成紅色的！」

巴楚說，他只有紅色染料，沒有酥油。

「你把我的工作給毀了！」僧人大發雷霆地說：「你把所有的食子都做成紅色的！你連白食子也做成紅色的！你說你要來這裡見多欽哲，如果你連紅白食子都不能分辨，那麼誰又知道你會問什麼蠢問題？」

負責做食子的僧人暴跳如雷，以至於幾乎想把巴楚痛打一頓。

巴楚此時用天眞的表情問道：「這樣啊，那順便請教一下，您是否知道食子爲什麼要分紅色跟白色呢？①」

聽到這句話，那個不知道食子顏色含義的僧人變得更加生氣，開始大罵：「看看這個老傢伙！食子都做不好了，居然還敢問問題！」

最後，有人向多欽哲報告說，有一個穿著破爛的游牧喇嘛來看他。

「他長什麼樣子？」大師問。

「嗯，他穿著一件下擺爲紅色的羊皮衣。」

聽到這個描述，多欽哲驚叫道：「啊呀！該不會是巴楚吧！快請他進來！」

巴楚立刻被請到了多欽哲面前，並開始對上師行大禮拜。

多欽哲喜出望外，熱情地問候他說：「啊呀！眞的是你！」

他們交談了一會兒。多欽哲問巴楚：「你是否可以爲當地居民講授《入菩薩行論》？」

巴楚同意。

於是，他隔天便開始爲大眾講課，甚至包含那名做食子的僧人在內。他講解了《入行論》中重要的四品：菩提心利益、懺悔罪業、受持菩提心與迴向②。

當巴楚講到慈心與悲心的段落時，他停了下來，意有所指地說了些評論：「沒錯，有些人只因被問了一個簡單問題，就想要痛打你一頓，」他面帶微笑地說：「儘管他們自己也不知道，爲什麼食子要分成紅色與白色！」

---

①食子的象徵含義頗為複雜。一般而言，白食子是用來獻供給寂靜本尊，而紅食子則用來獻供給忿怒尊。

②見〈神變花開〉篇註1。

再次經過大金寺

巴楚結束木雅的拜訪後，回程路上又來到以宗派分別主義聞名的大金寺附近。站在寺院外的一些僧人看到一個衣衫襤褸的游牧喇嘛。根據他的衣著和舉止，僧人們猜測他可能屬於寧瑪派。

一名僧人打算嘲弄他，便走上前去，質問道：「你打哪來？要去哪裡？」

這一次，巴楚打算先發制人。

「啊，你們格魯巴，眞的是太優秀了！」巴楚回答：「你們格魯派的傳承持有者就是不停來回奔走！大老遠跑去西藏中部，又去甘丹、色拉等地用功學習！然後爲了教學再跑回來！這樣來來回回，一遍又一遍！」

他停頓了一會兒。

「像我這樣的老寧瑪就是個鄉巴佬，」巴楚一邊思忖、一邊搖頭說：「我們一輩子就只待在一個地方，裹著毯子一直到最後，就再也不回來了！」

僧人們因爲這番聽來像恭維的話而高興，他們讓巴楚繼續前行，不再騷擾他。

隨後，僧人們來到寺院住持格西面前。他們告訴格西有一個游牧喇嘛剛剛經過。

一名僧人說：「他是個親切的寧瑪隱士，說了我們很多好話！」

格西覺得事有蹊蹺，便問：「他究竟說了什麼？」

僧人一五一十轉達。

格西聽了搖搖頭，說：「不，那不是什麼好話。」

僧人們感到不解。格西解釋說：「他說我們來回走動，暗指著我們格魯巴一直在輪迴裡流轉，而不像那些寧瑪巴，經由所謂的大圓滿實修而達到了『不返（回輪迴）』的境界。」

格西要僧人們去追趕巴楚，把他帶回來，但足智多謀的巴楚早已經走遠了。

巴楚與寡婦

巴楚在雜曲卡北方的寬廣果洛高原行腳時，遇到一位母親獨自帶著三個孩子旅行，她的丈夫剛被羌塘黑熊攻擊而往生。羌塘黑熊爲西藏大草原上比叢林黑熊還要兇猛許多的野生巨熊。巴楚問婦人要去哪裡，她答說要帶三個孩子前往雜曲卡乞食。失去丈夫後，他們的生活變得一貧如洗。

說著說著，便開始啜泣。

「喂！別擔憂！」巴楚說：「我來幫你。我也要去雜曲卡。我們一起走吧。」

婦人同意，五人一起行走了好幾天。夜裡，他們以蒼穹爲帳，巴楚經常將一兩個孩子包裹在他的羊皮襖裡睡覺，婦人也將其餘的孩子抱著睡覺。白天，巴楚揹著一個孩子，婦人牽著一個，另個孩子則尾隨在後。

途中若是碰到村落或游牧營聚時，巴楚就陪著婦人一同乞討糌粑、酥油和奶酪。他們所遇到的旅人都以爲他們是一家人，沒有任何人，連這名剛守寡的婦人都沒去猜想，究竟這位身穿破衣的同行者身份爲何。

最後，他們終於抵達雜曲卡。到達那天，婦人與巴楚各自出去乞討食物，傍晚回來時，寡婦注意到巴楚的面色鐵青。

婦人問：「怎麼了？你好像有些氣惱。」

巴楚顧左右而言他，說道：「沒什麼。我有事要辦，但這裡的人挺礙事，他們只會大驚小怪。」

女人驚訝地問道：「你在這兒有什麼事要辦？」

巴楚回答說：「沒關係，我們走吧。」

他們來到山丘上的一座寺院前，巴楚停了下來。

他轉頭向寡婦說：「我得進去。你也可以來，但不是現在，過幾天後你再回來。」

婦人說：「不，請不要拋下我們。讓我們一起進去吧！過去這段時間，你一直都對我們很好，不如我們一起成家吧！不然，至少讓我留在你身邊，有你的照顧，我們母子的生活會好過些。」

「不，那可不行，」巴楚堅定地回答。「到目前爲止，我已盡我所能幫助你，但這裡的人愛說閒話，我們絕不能一起進去，過幾天後你再回來，你會在裡面找到我的。」

因此，巴楚上山進到寺院裡去，而寡婦和她的孩子則待在山腳下乞食。

巴楚一到寺院，不再拒絕供養，下令將所有供養給他的食物都留給一位將到臨的特別訪客，說那名訪客會需要這些糧食。

第二天，山谷裡的每個人都聽到了大喇嘛回來的消息。

「巴楚仁波切回來了！」人們說。「他將要公開傳授《入菩薩行論》！」

於是，不分男女老少、僧眾尼眾、在家男女，大家都急忙前去聆聽偉大的巴楚仁波切上課。群眾慢慢聚集成一大群人，牽著馬匹、犛牛，載著帳篷和糧食前來。

當寡婦聽到這個消息時，情緒激動地想：「一個大喇嘛來了！我正好可以爲死去的丈夫做些供養並請求祝禱！」

於是，她加入群眾的行列，帶著三名孤兒上山來到寺院。

可憐的寡婦和家人，坐在人群的最末端聽巴楚開示。由於距離太過遙遠，她看不清楚主講上師的長相。開示結束後，她和眾人一樣，排在長長的隊伍當中，等待接受大喇嘛的加持。

最後，隨著隊伍慢慢前進，她終於親眼看到這位大喇嘛巴楚仁波切不是別人，正是她那位穿著破舊衣服、善良又老實的旅伴。

她感到既虔敬又驚愕，當她走近巴楚時說道：「請原諒我沒認出您！您就像佛陀親現！請原諒我要您幫忙帶孩子！原諒我要您娶我！原諒我的一切吧！」

對於她的道歉，巴楚只用一句話輕輕地帶過，說：「別再這麼想了！」轉身向侍者說道：「這位就是我一直在等待的嘉賓！請把我們特別為她預留的所有酥油、奶酪和食物都拿過來吧！」

巴楚言教鼓舞衆生

每當巴楚教導《入菩薩行論》時，總是會令當地的妖魔鬼怪受到啓發而放棄惡行，步上菩薩之道。

有一次，在雜廓①，當地人發現有兩個過去曾被惡鬼附身的瘋子，一見到彼此，便熱情地向對方打招呼。

有人問：「你們兩個什麼事這麼開心？」

其中一個瘋子回答：「上雜曲卡的帕瑪曾遭惡鬼完全佔據。整個地區，連最小的卵石裡都充滿了鬼怪！後來，巴楚仁波切到那裡教導《入菩薩行論》，大家都來聽他開示，包括天人、魔眾、鬼怪、瘋子等，每個人都來了！我們兩個就是在那邊認識的，之後我們就變成好朋友了！」

① 雜廓（Dzakhok），指雜曲卡偏遠的後村或內地。

巴楚擔任僕人

有一次，巴楚想繞轉巴給嘛呢牆，回到了雜曲卡老家。在他抵達後，來到靠近石牆邊的帳篷尋求借住。一名眼睛看不見的老婦人獨自住在帳篷裡面，她跟巴楚說，歡迎他住下來。巴楚則提議幫老婦做事以換取免費住宿。爲了當個有用的人，巴楚每天忠心地服侍老婦人，包括爲她煮茶、奉茶、清空便盆等大小雜事。

這名老婦，每天都在帳篷裡大聲地持誦經文，並向雜曲卡最著名的上師巴楚仁波切祈請：「巴楚仁波切啊！請求您慈悲眷顧我！」

巴楚就像老婦的僕人一樣，每天辛勤地工作，完畢後就去繞巴給嘛呢牆與禪定修習。一個月就這樣過去了。

有一天，巴楚的一些弟子從石經牆旁經過，看見巴楚正在繞行，認出他來，便開始對他行大禮拜。老婦人坐在附近，雖然她看不見眼前所發生的事情，卻聽到人們對著她的僕人喊「巴楚仁波切」！

老婦知道了巴楚的眞實身份後，感到非常羞愧，當然也不願再讓巴楚爲她做任何事。

巴楚因此嚴厲地責備他的弟子：「都是因爲你們不經思索的廢話，害得這名眼盲的可憐老婦少了一名好僕人！」

巴給嘛呢石經牆，位於康區雜曲卡地區的瑪莫塘，經牆全長約一點八公里，每塊石板上均刻有咒語、聖教或佛像。（2005）

巴楚與女童共享茶杯

在巴給嘛呢牆附近的瑪莫平原上，有一頂小小的黑色犛牛毛帳篷，巴楚住在這個帳篷裡已經好一陣子。有一天清晨，一名小女孩身上只穿著一件土撥鼠皮做成的單薄外套，站在巴楚帳篷外徘徊想進來。巴楚看見她，便詢問她一大清早在外面做什麼，可憐的小女孩渾身發抖地回說，她正在尋找一頭離群走失的母犛牛。

「進來吧，」巴楚對這個小女孩說。「進來喝點茶，吃點糌粑。」

當茶快煮好的時候，巴楚突然想到這個小女孩身上並沒有帶茶碗。（西藏人出門時，通常會在自己的衣摺裡放一個木製茶碗。）

於是，巴楚從他面前的桌子上，拿起自己的碗，裝滿一些茶和糌粑粉，遞給小女孩。旁邊看到此景的人，感到十分驚訝，巴楚竟然用自己的碗裝茶給一個牧民小女孩喝。另一方面，這名小女孩也不敢接受巴楚的碗，因爲按照西藏習俗，普通老百姓出於對上師個人物品的極大尊重，絕對不會拿喇嘛的碗來喝。

最後，可憐的小女孩爲了不違抗巴楚的指令，於是拿起了碗喝茶。經由這杯熱茶跟糌粑，小女孩終於能夠暖暖身子，因而感到相當高興。吃完後，女孩心想在還碗之前應該幫巴楚的碗擦拭乾淨才有禮貌，於是她小心翼翼地用她身上那件薄土撥鼠外套上面髒髒的毛擦拭。

接著，小女孩懷著恭敬的心情將碗還給巴楚。

「嗯！我的碗對妳來說太髒了，是吧？」巴楚打趣說著：「所以妳才努力要把它擦乾淨是嗎？」

接著，巴楚連碗都沒有清洗，就幫自己倒了更多的茶喝下。①

①類似的故事也發生在頂果欽哲仁波切身上。當時他正與人生第一重要上師蔣揚欽哲確吉羅卓共同野餐，後者見頂果欽哲忘記帶上茶碗，於是讓他用自己的碗。正如巴楚與女童的故事一樣，使用高階喇嘛的碗幾乎是想都不敢想的事。因此，頂果欽哲出於敬重而婉拒了大喇嘛的提議。

然而，蔣揚欽哲再次送上他的茶碗，頂果欽哲則再次婉拒。最後蔣揚欽哲面露慍色地說：「拿著！它一點都不髒！」，當頂果欽哲仁波切講述這個故事一說到「它一點都不髒！」時，眼眶滿是淚水。（取自《明月》，第xxiii頁。）

巴楚與被放生的蝨子

有一次，巴楚於傍晚時分，行腳來到一處小型游牧營地。他看到一名年輕的牧女孩正在擠犏牛奶，於是上前詢問是否可以借宿一晚。當時，他正計劃前往當地的寺院教授《入菩薩行論》。

女孩回說要詢問母親，便走進帳篷裡。當時，她的母親站在帳篷裡，以打量的眼光看了看站在外面的巴楚。

她帶著警告的語氣告訴女兒：「你要知道，那種無家可歸的乞丐，身上不是帶有可怕的傳染病，就是想來偷東西的！」

母親猶豫了一下，最後鬆口說：「好吧，你去跟他說，他可以留下來，但是必須睡在帳篷裡最遠的角落邊上。」

她們給巴楚倒了一些糌粑與熱茶，由於外頭非常寒冷，巴楚對此感激不已，並按照指示走到帳篷最邊緣的角落裡，持誦經文，完畢後便躺下來準備睡覺。

女兒注意到，巴楚身上除了幾件衣服外，沒有任何保暖的毯子或睡墊，於是，詢問母親是否有什麼東西可以讓巴楚禦寒。

「嗯，我們只有那張捲起來的老羊皮，裡面都是蝨子，不過有總比沒有好。」

女兒將羊皮展開交給了巴楚，巴楚感激地將毯子蓋在自己身上。

母親和女兒在帳篷另一頭，大約幾碼遠的地方躺下準備睡覺。當母親正要入睡的時候，她感覺腰際一陣騷癢，掀開被子一看，發現一隻蝨子在她的腰際上面爬來爬去。

她輕輕地將蝨子抓起來，遞給女兒，說：「今晚先把這隻蝨子用羊毛包起來，明天早上，再把牠拿到外面，一個安全、曬不到太陽的地方放生。記得要把它放到一個不會死的地方！」

「把它放到一個不會死的地方？」巴楚聽到這裡，突然插嘴，從髒兮兮的羊毛皮下抬起頭來說：

「如果有這樣的地方，你可否好心地把我也扔到那裡？」

只是坐在床上

一次，一名博學多聞的格西，遠從中藏來到雜曲卡的色須寺，準備廣詳地講解宗喀巴大師①的《聖道三要》（又稱《三主要道》）②，這是一部以十四行偈頌闡述證悟次第，極具重要性的文本。

巴楚也前來聽取格西的教學。他悄悄地坐在人群最後面，靠近門邊的一個小犛牛皮墊子上。教學完畢後，他站起來，捲起墊子走出經堂。當時有人聽到巴楚說：「我只是坐在床上也能得到相同的結論！」

換句話說，格西透過多年研讀所學習到的東西，巴楚只是坐在床上禪修就能瞭解了。

① 宗喀巴大師（1357–1419）。

②《聖道三要》（*Lamtso Nam Sum*，*lam gyi gtso bo rnam gsum*）。

改名的祖古

一次，巴楚在參訪下雜曲卡的文波時，借住在一戶游牧人家的帳篷裡。有一位名叫祖古龍多的格魯派喇嘛前來見巴楚，並請求教授《入菩薩行論》。

巴楚拘謹地回說：「我不是《入菩薩行論》的教導者，你也不是《入菩薩行論》的領受者！」很顯然地，祖古的求法之請被拒絕了，於是立刻起身準備離開。

巴楚見狀說：「是啊，你當然也不會花太多時間下定決心。」

就在這時，一名婦女手裡端著兩杯香甜的熱牛奶進來。

巴楚覺得這是個吉祥的兆頭，於是讓步說道：「好吧，好吧。我會教你的。」最後，他爲這名祖古廣詳地講授《入菩薩行論》。

《入菩薩行論》在藏地被稱爲「確珠」。這位祖古日後亦經常教授這部鉅作，最後世人都尊稱他爲「祖古確珠龍多」。

巴楚求見夏嘎巴

格魯派的大學者賈巴董阿嘉措，一般稱為阿拉董阿，是巴楚的虔誠弟子，也是西藏東北部安多省大瑜伽士夏嘎．措珠讓卓的虔誠弟子。當時夏嘎巴的著作受到藏人的廣泛流傳與尊崇，巴楚與夏嘎巴這兩位大師的生平正是出離與慈悲的最佳典範。夏嘎巴曾經寫下：

留駐時，無所執著。
離開時，兩手空空。
往來時，無人問我：「何處來？何處去？」
出離隱士我安樂。

……

空性之見地，寬廣勝於天。
於中而生起：慈愛如朝陽，悲心如皓月。
為利眾生及教導，
無邊祈願復祈請。

最終，巴楚決定去安多熱貢的雅瑪扎西其寺會見夏嘎巴。在步行了兩個星期後，約莫一半路程上，他接到夏嘎巴圓寂的消息。

巴楚當時立即面朝夏嘎巴所在之處，做了一百次的大禮拜，並由衷且自發地爲夏嘎巴的迅速轉世作了一段祈請文①，自己也唱誦著。

他對同行的夥伴說：「大悲和慈愛是佛法的根源。這世間沒有人比夏嘎巴更富慈悲。」

「此行我沒有什麼特殊請求；我不求他給予教授，也沒有法教可以供養給他。我只期望能透過親見他的臉龐，獲得些許在他跟前的福德而已。」

①以下節譯部分《夏嘎巴迅速轉世祈願文》，取自巴楚仁波切全集（2003），第八函，頁八十至八十三。

依怙主您，於末法時代，
願以色身相利益諸眾生。
然而在看顧被惡業所苦的弟子後，
您便進入法界中暫且歇息。
難道此為正確？

為利益末法時代諸眾生，
依怙主您願以人身示現。
然而在看顧惡業弟子一陣時日後，
如今離去而進入法界中歇息。
事情怎會如此？
我們在此熱淚滿盈祈請，

猶如孩兒呼喊著母親，
被拋下的我們這些弟子，
您就此驀然進入法身中入睡。
難道此為事實？

我們在此涕淚縱橫，
如哭著尋找母親的孩兒，
在我們不斷祈請時，
您就此拋下我們這些弟子，
轉瞬離開而進入法身中歇息。
事情怎會如此？

⋯⋯⋯⋯⋯⋯⋯⋯⋯⋯⋯⋯⋯⋯

失去了再見您尊容之福分：
額前的雙眼對我而言有何用？
自此刻起，無論壽命有多久，
我向您立誓，此後猛烈修行於至要。
依怙主！無論您此刻身處於何佛土，
請以慈悲目光垂視我，令我倆從此不分離。
福德不足以親見您的尊容，
我的視力還有何用處？
此刻起，願善用我餘生，
誓言致力修行於精髓。
依怙主！無論您身處於何佛土，
請以慈悲之眼關照我，
令我倆得以不分離。

當我被惡業之魔擊潰時，
當我被散亂之魔引誘時，
當我生起追求俗世之邪見時，
請在夢中、在禪修體驗中、在此生中，
對我顯現您的身形，
助我堅定不移地行於無瑕圓滿的法道上。

如試圖模仿人類之猴子，
我試圖效仿您圓滿解脫之典範。
基於我渴望生起二菩提心，
請以您的慈悲安然守護我，
一如母親永遠守護其愛子。

食蟲之域

當巴楚接到夏嘎巴圓寂的消息時，正好來到安多東南部的措。他聽說這個地方以「食蟲之域」而惡名遠播。這個地方與康區不同，當地的風俗與傳統是，人們會將昆蟲視爲日常飲食之一部分，而這些昆蟲什麼種類都有，從蠕蟲、爬蟲到蒼蠅不等。

當他得知這點時，出於對一切有情的慈愛，他感到不可置信與難過。

後來，人們聽到他以低沈的聲音念誦著祈請文，期望能有菩薩投生在此食蟲之域，好引導當地人發慈悲心。

（左）措巴楚（19 世紀末至 20 世紀初）是措地區的一位上師，被認為是巴楚仁波切的轉世之一。（右）巴楚南卡吉美，伏藏師敦珠林巴（1835–1903）之子（於 1961 年圓寂），第三世多智欽吉美丹貝尼瑪的兄弟，也被認為是巴楚的轉世之一。這兩張照片在許多地方，均被誤植為巴楚仁波切本人。（照片來源：雪謙檔案室。）

多年後，一名祖古出生在措這個地區。他被指認爲巴楚的轉世之一，人們稱呼他爲措巴楚。措巴楚以利生和慈悲聞名，凡是需要幫忙的人，都邀他們住在自宅附近就近照顧，並供食數百名乞丐，引導他們從學習佛法開始，進而實修前行。①

①根據頂果欽哲仁波切的口述，亦可參考頂果欽哲著作《明月》英譯版頁一百三十五。巴楚仁波切的幾位化身在東藏頗為知名。安多的措巴楚是一位備受尊敬的喇嘛，其佛行事業正符合巴楚仁波切所預言。敦珠林巴伏藏師的其中一子亦被認為是巴楚仁波切的化身，名巴楚南卡吉美（參見頁一百三十九右圖）。此外，堪布托嘎（巴圖堪布土登曲培）也被一些人認為是巴楚仁波切的化身。但由於這些上師都沒有被正式認證為第四世巴楚仁波切（巴楚仁波切為同一來源之第三世），因此我們並未將他們列入本書第三百五十至三百五十一頁巴楚仁波切之法脈圖中。

巴楚遇見典範僧

巴楚在前往拜訪夏嘎巴的途中得知大師圓寂的消息後，便轉向東南方前行，來到覺囊派與時輪金剛傳承非常重要的發展中心——壤塘。

在那裡，住著一名稱爲贊巴比丘拿旺確覺的僧人，他是一位恪守兩百五十三條比丘戒且戒律非常清淨的典範僧。巴楚正在這名僧人的住所附近繞行寺院，他一眼就看見僧人坐在窗邊，於是往上看，咯咯地笑起來說：「嘻嘻！我敢打賭，那個僧人破了不只一兩個戒律！」

僧人聽到他這麼說，立刻下樓，開始向巴楚致歉。

「阿茲！據我所知，我一生中沒有破過一次戒律，絲毫也沒有。但，您知道心總會起念，變化得像閃電一樣快，很有可能我不知不覺就犯錯了，連我自己都不知道已經破了戒！您能否慈悲教導我如何安住而不分心？」

巴楚很開心地對他說：「哈！你有一副好耳朵！我的話你眞的聽進去了！」

巴楚從壤塘的贊巴比丘拿旺確覺處，領受了時輪金剛的口傳。巴楚也爲他講解由覺囊派法王更欽．篤布巴喜饒堅贊（Kunkhyen Dolpopa Sherab Gyaltsen）爲無著菩薩《究竟一乘寶性論》①所寫的註疏，並爲上千人講解《入菩薩行論》。在那之後，人們說佔據這個地方的惡鬼都已被平息，並維持了許多年。

巴楚從壤塘繼續前往鄰近的雅礱貝瑪貴，來到第一世多智欽．吉美欽列沃瑟在果洛的駐錫地（亞龍寺）。多智欽在那裡建立了一座寺院，其後半生多在那裡度過，也教導許多著名的學子，其中包括多欽哲。

當時，《龍欽心滴》傳承的主要持有者，嘉瑟賢遍泰耶也居住在雅礱貝瑪貴，擔任吉美欽列沃瑟的攝政。

①《究竟一乘寶性論》，對佛陀三轉法輪時所宣說的佛性（如來藏）有甚深闡述，是偉大的印度班智達無著在親見彌勒菩薩後所作的《慈氏五論》其中一部。

巴楚一心修行

巴楚的心子紐修・龍多告訴自己的弟子說，巴楚在每座禪修時都會同時進行「修心法」的修持。紐修・龍多說，巴楚的修行非常猛烈，有時候甚至會用拳頭捶打自己的胸口，大喊：「即使這會要了我的命，我也要把它做好！」①

巴楚在果洛待了許多年，也許有十年之久。他大部分時間都待在瑪柯、多柯、色達和孜嘎這四個山谷間。

第一世多智欽爲《秘密藏續》舉辦了一年一度爲期四十五天的教學與實修閉關。巴楚除了領受教學外，也受邀擔任覆講師，在下午協助學生複習上午的教導。往後的兩年，當賢遍泰耶不在雅礱貝瑪貴的時候，就由巴楚主持這個爲期四十五天的教學與實修課程。

閉關所使用的文本爲敏林羅千②的註疏，僧人們每天除了研讀此書外，還要持誦根本續。第三世多智欽後來說道：「感謝賢遍泰耶與巴楚在這裡講授《秘密藏續》，使得金剛乘傳承有如朝陽穿透雲層般，弘揚到這個地方來。」

後來，巴楚在亞龍寺③建立了一個每年爲期一個月的《入菩薩行論》閉關教學傳統。

① 藏文「誒西勒，ey shi re」的說法，是在表達堅定的決心或意圖，就像英文裡會說「即使殺了我，我也會這樣做！」或「即使賠上我的命，我也不會做！」等。這段故事來自東杜祖古口述。

② 敏林羅千達瑪師利・曲培嘉措（1654–1718）有兩部關於《秘密藏續》的論釋，分別是《桑達拱堅》（*gsang bdag dgongs rgyan*）（秘密主之智慧心意莊嚴論）和《桑達俠隆》（*gsang bdag zhal lung*）（秘密主之口頭教示）。

③ 亞龍寺位於果洛，距離色達縣城十五公里（九點三英里）處，為第一世多智欽・吉美欽列沃瑟、第三世多智欽・吉美丹貝尼瑪，和現在的第四世多智欽的主要駐錫地。目前有兩位多智欽仁波切的轉世化身：一位是住在錫金且世人所知的多智欽仁波切，另一位則住在康區。

巴楚平息家族世仇

在果洛瑪柯，有兩個住在比鄰山谷的兇悍游牧部落，爆發了激烈的血腥衝突。巴楚一聽到這個消息後，便爬上間隔兩個山谷的山脊，一路來到頂上的埡口。

抵達埡口後，巴楚於狹窄的埡口小路中間就地橫躺在塵土上，以小布包當枕頭，不和任何人說話，假裝睡覺。這麼一來，任何想要從山谷這邊走到另一邊的人，都被迫要跨過他的身體。按照藏地風俗，在任何時候跨過他人身體的行爲是極爲無禮的事，尤其是穿著鞋子的時候。巴楚躺成這樣，就是強迫每個過路的人，都得做出這個羞辱他人的行爲。因此，每個人都很生氣，再加上這個固執又骯髒的牧民就堵在路當中阻礙交通，更加使得他們心生怨懟。

就這樣，持續了好幾天，巴楚都躺在埡口小路上。

當人們來來去去，不斷以羞辱的方式跨過這個無名流浪漢時，巴楚內心禪觀著菩提心、悲心與慈心。

每當人們跨過其身，巴楚皆以每個過客之名祈願，願他們心煩意亂的心能夠立即平息下來。最後，所有與部落衝突有關的人，都至少跨過了巴楚的身體一次。就這樣，如奇蹟般似地，部落間的衝突忽然就解決了，他們彼此達成協議，決定和平共處，避免更進一步的流血衝突。

經由色達游牧地區瓦逑當地領導者道杰的請求，巴楚前往色達教授《入菩薩行論》與藏王松贊干布所作的《嘛呢遺教》①等文本。

殊欽達果，多智欽．吉美欽列沃瑟所建第一座小寺院的遺址，巴楚仁波切在此花一年的時間研讀了一百零三函的佛陀經典。（2016）

色達的人們在聽完巴楚教導悲心之後，紛紛心有所感地停止宰殺取肉的行爲，獵人們則放棄狩獵，土匪不再搶劫。當地誰都不想違背巴楚的教示，於是人們的行爲舉止有了顯著的改善。

巴楚的言教有如法雨普降於上瑪柯山谷和下瑪柯山谷。即使是資質最普通的人，巴楚都能在其身上播下解脫的種子。

他令人無法抗拒的悲心，改變了軍閥、土匪頭子的殘暴性格，以及那些無以計數又根本不信佛法、不做善行、不計後果而沉溺於暴行的人。

甚至是果洛相當危險的瑪礱深谷，巴楚同樣前去給予教導，那個地方的人從來沒見過，也沒聽說過念珠是何物，當然也不知道如何使用它們持誦咒語。巴楚教導那裡每個人，該如何以及爲何要持誦觀世音菩薩的六字眞言。

巴楚後來在一處山腰有數棵大杜松樹的殊欽達果②那裡，待了一年餘。那裡有一座小寺院，為多智欽．吉美欽列沃瑟③所建立的第一座寺院，裡頭有一個圖書館和少數幾位僧人。在那近乎與世隔絕的氛圍裡，剛好可以讓巴楚安靜待下來研讀和禪修。這裡也是巴楚傳承最重要的上師之一，第一世多智欽的駐錫地。

在那個圖書館裡，巴楚研讀了整部的《大藏經》，又稱《甘珠爾》的完整一百零三函④經典，前後共三遍。他研讀的方法是，每持誦一頁，就禮敬三遍。他的記憶力驚人，在完成這三遍持誦後，便能夠清晰記得大部分內容，並且可以單憑記憶就引用《大藏經》中許多的段落文字。

①《嘛呢遺教》為松贊干布王撰寫，關於大悲觀世音菩薩的法教與實修。
②殊欽達果（Shukchen Tago）距離果洛的多智欽寺約十五公里。
③吉美欽列沃瑟在那裡建立了一座小型寺院，名為卓敦倫珠林。他在該處住了一段時間，後來便將駐錫地改至色達山谷的雅礱貝瑪貴。
④德格版的《甘珠爾》被認為是最可信的版本，共一百零三函。

於阿瑞森林野地實修

巴楚和他的心子紐修・龍多，花了很多年的時間在阿瑞森林的野地禪修。阿瑞森林，當地人稱爲阿瑞納，位於多柯（多山谷的深處），介於殊欽達果和現今的多智欽寺之間，依傍在多柯河畔的一處山坡林地。

他們待在茂密森林中一處隆起曠野中的一棵樹下。那裡屬於無人之境，所以他們能夠不受干擾地禪修。他們倆除了身上所穿的衣服和幾部文本、一些酥油和幾袋糌粑粉以外，什麼都沒帶。

中午時分，他們以簡單的茶和糌粑果腹，將裝糌粑的袋子綁好掛在樹枝上後，巴楚便開始教授幾節《入行論》中的幾行偈頌。

當他講到該段內容的尾聲時，他會停下來，發出兩次「阿！」之聲，藉以提醒弟子

阿瑞納森林，巴楚仁波切和紐修・龍多在此閉關多年。目前森林裡的樹木幾乎已被砍伐殆盡。（2016）

和自己，此基本音所代表的諸法究竟空性本質。

接著，巴楚便會獨自一人走進森林禪修而消失無蹤。他一整夜都待在森林裡，身上除了一件白色厚毛氈外，沒有什麼可以用來遮風擋雨之物。第二天中午，巴楚會突然再次出現，吃一些糌粑，教學，然後再次消失。

巴楚就這樣在曠野裡禪修，度過了好幾個月。有時在早上，巴楚會和稱爲啾姆的一種西藏畫眉鳥一起唱歌，這種鳥淒美的歌聲聽起來像是一種哀嘆，像是大自然要世人正視無常的提醒。

「我們得仔細聽那歌聲，」巴楚對龍多說：「哀哉，爲我嗚呼（Kye-ma）！哀哉，爲你嗟嘆（Kye-hu）！」①

巴楚稱讚阿瑞森林是一處理想的禪修之地，因爲它具有《入行論》第八品〈靜慮品〉中所描述的功德：

身心若居僻靜處，
散漫不易來干擾。
故應捨離塵世間，
盡棄俗世徬徨心。
……
寂止應與勝觀合②，
……

徹底根除諸煩惱。
知此先求寂止修，
樂捨世者得此見。

鹿鳥棲息之森林，
寂靜無爭樹林地，
彼處能有所悅伴！
何時得以共安居？

何時得以居此處？
無人無主棲身地，
寬廣遼闊吾可居，
無執無著任自由。
何時得以離憂懼？
無須避人心坦蕩，
一只托缽些微物，
粗布破衣無人貪。

①藏地有一些噪鵑屬的「啾姆鳥」，其叫聲為「嘉喔—嘉呼，那—嘉呼」，聽起來像是在訴說「我嗚呼，你嗟嘆」。
②「勝觀」和「寂止」分別指毘鉢舍那（觀）和奢摩他（止）兩種禪修。

巴楚與禿鷹盤旋處

有一次，當巴楚和紐修・龍多住在深山曠野中修習禪定時，他們的糧食都用盡了。巴楚對龍多說：「山谷裡，有牧民丟了幾具綿羊的軀骸，天黑後去把那些剩餘的軀骸拿回來吧！」龍多按照巴楚的指示去把它們拿回來，從這些剩餘的殘骸中，他們得以飽食一頓，幫助他們恢復體力。

第二天，巴楚看到一大群禿鷹在原本綿羊屍骸所在處的上方盤旋。

「龍多啊！」巴楚大聲說：「別再去拿那些屍骸了！原來我們一直在吃禿鷹的食物啊！」

巴楚於風雪中修練拙火

一次寒冬，巴楚和心子紐修．龍多欲越過一處名為跑馬山（在康定）的高山埡口，在山口上，他們被一陣猛烈的暴風雪夾在中間，進退不得。紐修．龍多倒在雪地中，凍得幾乎無法動彈。

巴楚則唱起一首道歌。

「嘿，龍多！」巴楚雀躍地說：「現在是你練習拙火的好機會！」

然而，龍多的身體凍得無法修練，於是巴楚自行開始修持拙火。不一會兒，巴楚的身體開始發出熱氣。

巴楚以自身的拙火溫暖了龍多，將他從死亡的邊緣帶回來。然後，師徒二人開始一起修持拙火。不久，他們周遭的積雪都融化了①。

此後數年，巴楚都在多柯山谷的深處，阿瑞森林附近的迪瓊洞②修行。起初，他和弟子龍多是唯一在森林裡生活和修行的人。經年累月之後，越來越多的行者聞風而至，他們來此請求巴楚教導，並留下來修習禪定。

---

①巴楚的上師羅薩．索南巴給，為第一世多智欽．吉美欽列沃瑟和多欽哲的親近善知識。據說他能夠騰空以蓮花姿端坐，奔跑的速度快到可以追上野鹿和西藏野驢。在他年老的時候，巴楚經常派遣自己的一些學生向羅薩．索南巴給學習氣脈瑜伽，還說他是真正持有這些珍貴法教的最後少數傳人之一。

②迪瓊洞位於多柯或多山谷。阿瑞森林位於距離目前的多智欽寺約五英里的山谷下，由殊欽達果往上約六英里，穿越多柯河後的一處山坡上。

龍多之母

巴楚花了很多年的時間在阿瑞納的隱僻森林中修行禪定。他的心子紐修．龍多也在這裡苦修禪定。大約每七天左右，龍多會離開他所待的地方，來到上師巴楚所待的地方，兩人一起喝茶。龍多向巴楚報告自己的禪定經驗，巴楚則給予龍多禪定竅訣和教授。

有一天，一名商人來到阿瑞森林遇見了巴楚。商人對他說：「我在找紐修．龍多，到處都找不到他。我從他母親那裡給他帶來了禮物。你能幫我找到他嗎？」

「好心人！」巴楚回答。「為了幫忙送這禮物，走了這麼遠的路，一定吃了不少苦。不過，龍多到森林裡禪修了，可能得好幾天才會回來這裡。如果你願意的話，可以在這裡等他，或是也可以把禮物留給我轉交。」

「不行啊！我答應他母親要將禮物親自交給他，」商人說：「我還答應幫忙傳話。沒見到他的話，我沒法回去交代。不知道您是否有什麼方法可以幫忙？」

巴楚想了一下，說：「好吧，你可以試著去森林裡，對著四處大叫『喂，龍多！巴楚在找你！』」巴楚建議道：「或許這是唯一能讓他出來的方法。」

商人按照他的話做，走遍了整個森林，使勁大喊，「呦呼！龍多啊！巴楚找你喔！」最後，龍多聽到了他的聲音。一如預期，他從森林裡走出來。

商人恭恭敬敬地將禮物交給龍多，並轉達了母親的信息。

龍多請求巴楚給商人一些修行上的建言，並給商人和自己的母親一些金剛繩①和加持物。同時，也請商人幫忙帶信息給他的母親。

巴楚問龍多：「我們有什麼東西可以回禮給你的母親嗎？」

龍多環顧四周，發現他們除了一袋糌粑和一些磚茶外，什麼都沒有。

巴楚想了一下，說：「前一陣子，有人想送我一些有價值之物。我把它們留在山洞裡沒有拿走，去看看那裡還有什麼東西可以給你母親。」龍多和商人到當時有人供養巴楚的洞穴裡，並在潮濕的苔蘚上，發現一捆精緻的中國絲綢和一錠閃閃發亮的銀元寶。那捆絲綢已經因爲受潮而開始腐爛，於是，龍多拿起銀錠，交給商人，請他帶回去給母親作爲禮物。

---

①金剛護身結由細繩編織而成，通常為紅色或黃色，在繩結中間，由上師打一個雙聯結，持誦一些咒語後朝雙結吹氣，以保護弟子免於外在障礙（疾病等不利情況）和內在障礙（佛法修行之困難）。

巴楚於森林傳法

在僻靜的阿瑞森林，整整長達三年多的時間，巴楚為紐修．龍多、木雅．昆桑索南，和其他具福弟子，仔細地講解龍欽巴《三休息論》①。他從第一論《大圓滿心性休息論》開始傳授。

一開始，他會先給予口傳和總論說明。接著再教誡如何實修。然後讓弟子們各自去修持學習的內容，巴楚堅持弟子必須對每一種修持方法都完全熟悉。

弟子結束禪修後，巴楚再分別與每人見面，聽取他們在禪修過程中的個人體驗後，再給予個別指導。

巴楚就這樣教導學生三年。教學的第一年正值夏日，弟子們會從前行法開始修持。當時的天氣暖和，牧民們能為行者慷慨供養物資，因此糧食非常充足。

隨著時間推移，天氣變得惡劣，糧食開始減少。

於是，他們開始以一種名為「蘇卡」②的白色杜鵑花根煮熱茶。巴楚稱之為「三身茶」，每一身（化身、報身、法身）各有一種茶，分別為應化茶、受用茶和法性茶。

早晨的化身茶色澤深厚，氣味濃烈。午餐時的報身茶，則是從早餐剩下的茶水加入清水泡成。到了晚上，則從午餐所喝剩的淡茶中再加水泡成。實際上，它幾乎跟煮過的白開水一樣，無色無味亦無香，什麼都沒有。巴楚解嘲地說，這就是法身茶，法身象徵究竟自性，無有本自實相，所以茶水裡當然沒有太多物質！

師徒們只依靠「三身茶」，不仰賴任何固體食物，就這樣度過了幾週。在冬季結束前，食物變得非常稀少。有一陣子，他們早上只吃一點炒青稞粉配茶，午餐則依靠些許烤糌粑麵糰過日子。

直到最後，連那些食物也用盡。

有一兩次，他們會看到在冬天餓死的野生動物屍體。有時候，他們會發現一些牧民不要的牛隻軀骸，這些死牛因瘦成皮包骨而不堪食用，被牧民丟棄③。他們就利用這些剩餘軀骸煮成肉湯分食。

在教學尾聲的時候，山谷裡爆發了一場致命痢疾的瘟疫。有鑒於此，巴楚要他的弟子們分開，各自進入森林的更深處獨自閉關。

後來，躲避疫情的人們，陸續來到森林。巴楚為他們講課，鼓勵他們留下來修習佛法。於是，巴楚讓他的弟子巴千多傑去把正在獨自閉關的弟子們叫回來。

當他們紛紛回來的時候，每個人都很瘦，身上除了僧袍和法本外，沒有其他物品。他們身著長袍，手持僧杖和乞缽，舉止平靜自持，巴楚見到此景高興地出來迎接他們，手持著燃香，說著：「天啊！你們看起來就像古印度時期的比丘們。」

到了藏曆五月，高原草地變得鬱鬱蒼蒼。當地的牧民再度擁有充裕的糧食，得以如往常般地慷慨供養。

曾經有人為巴楚做了一個大型的「圖」，這是一種以母犛牛之牛油、奶酪和糖漿製成的美味甜糕，外形如車輪一樣紮實，並獻給巴楚做供養。

巴楚指示要弟子們共享這個「圖」糕。當天甚至不需要生火煮食，每個人都分到一塊大大的糕餅，作為一整天的食物。

龍多後來說道：「現在的學生缺乏精進。整體求法環境變好了，但人們卻未能好好把握，實在是浪費！在我那個年代，生活雖然艱困，每個人卻都精進修行。所以說，在修行條件變好時，更要盡可能地多修行啊！」

①《三休息論》。關於這三論的介紹，請參閱東杜祖古仁波切著作《佛心：龍欽冉江大圓滿著作選集》新版。（暫譯，Buddha Mind: An Anthology of Longchen Rabjam's Writings on Dzogpa Chenpo，紐約州綺色佳，雪獅出版社，1990）。

②藏學名「蘇魯卡布」或「蘇卡」，在西藏俗稱「巴魯」（杜鵑），為一種野生白杜鵑。

③一般牧民只吃那些在初冬死亡的動物，因為那個時候動物骨骸上仍殘留一些脂肪。然而，那些因飢餓撐不過冬季，在冬末死亡的動物，一般被認為毫無養分，不值得食用（除非是在逼不得已的情況下）。

巴楚教學影響深遠

當巴楚教授龍欽巴三論中的第二論《大圓滿禪定休息論》時，所有聽講的學生，都自覺被自然而然地引入甚深靜修中，能毫不費力地在那個狀態裡自在休息。他的學生先意識到自己的領悟力不斷加深，也注意到同修有同樣感受，他們的靜修變得更深穩。後來在場的人透露，他們甚至看到鳥類和野生動物也對巴楚作出回應，靜坐並保持警覺，彷彿入定於自然本覺中。

當巴楚教授第三論《大圓滿虛幻休息論》時，龍多說，他突然間體驗到整個現象世界均無實存，一切只不過是幻相，一種遍在的透徹，宛如欲裂的泡沫那般脆弱。

根據龍多所述，巴楚這次的教授有別於以往的教授。他說：「我們很直接地體驗到巴楚廣大的智慧、鮮活的禪定經驗以及了悟力的加持。」

龍多與土匪頭子

當巴楚住在阿瑞森林時，他聽說多欽哲．益西多傑已離開打箭爐（康定，靠近當時漢地的邊境）住所，並前往果洛的年寶玉則神山①。

巴楚於是決定去見他的上師。一天傍晚，他對弟子紐修．龍多說：「我們出去走走吧！」他們便一起出發前往年寶玉則神山。走了幾天後，某天接近傍晚時，他們想歇息準備紮營，巴楚要龍多去附近的營地取水回來泡茶。

在龍多離開之前，巴楚嚴肅地告誡龍多要非常小心。因為據說這個地區極危險，有許多兇殘的盜匪，專門搶奪當地人。

龍多雖然心有疑慮，仍鼓起勇氣去取水。

龍多回來時，因害怕而渾身顫抖。他告訴上師，附近營地屬於一大群盜匪的！那幫野蠻牧民的亡命之徒，尤以土匪頭最殘暴。

就在這時，龍多還來不及說完示警的話，可怕的土匪頭突然闖進巴楚的帳篷！他高大駭人，身穿一件黑長袍，腰際插著像劍一樣又尖又長的牧民彎刀。

一臉凶狠的土匪頭子直朝巴楚走來，破口大罵幾句後，惡狠狠地踹了巴楚幾下。

接著，一如他陡然現身，土匪頭子轉身，又大步跨出營地，消失在夜裡。

「我們必須馬上離開這裡！」龍多大聲說著：「太危險了！」

巴楚笑了笑，什麼也沒說。

此時，一群旅人經過，他們似乎正要前往附近的土匪營。就在龍多準備警告他們注意那幫土匪前，聽到他們在閒聊，說即將見到一名大喇嘛，並對自己的福報感到興奮無比！

龍多嚇了一跳，這才意識到，原來這個身上插著牧民利刃的可怕土匪頭子，不是別人，正是他上師的上師，偉大的多欽哲！

沒錯，是他沒錯。

①根據東杜祖古所作的《大圓滿龍欽寧提傳承祖師傳》（*Masters of Meditation and Miracles*）及多欽哲的自傳《rig 'dzin 'jigs med gling p'ai yang srid sngags 'chang 'ja lus rdo rje'i rnam thar mkha' 'gro'i zhal lung》（四川民族出版社，1997），這段巴楚仁波切與多欽哲在年寶玉則神山附近碰面的故事，發生於一八五六年至一八五七年間。

多欽哲的盛情款待

在安多寬闊的高原上，年寶玉則神山附近的聖湖①旁，駐紮了一個大型的白色牧民帳篷營地，營地周遭放牧著數以千計的羊群。

那是多欽哲・益西多傑的營地。他和第二世多智欽・吉美彭措炯乃正在進行一年一次將羊群趕往康定之旅。

巴楚和龍多來到喇嘛的營地。

他們首先來到主帳篷，侍者帶他們去見多欽哲。身著白色羊皮衣的多欽哲坐在帳篷裡，身旁擺著一把槍，還有幾隻小狗睡在他的長椅子上。座位的旁邊是多智欽・吉美彭措炯乃，也穿著白衣。

多欽哲正以一把長利刃從烤羊肉切下一塊肉來吃。

看到巴楚，他相當高興，命人拿一張地毯來給巴楚坐下，並邀請巴楚和龍多一起用餐。多欽哲命他的侍者宰殺一隻羊，並特別叮嚀要爲巴楚準備上好的肉。

截至目前，巴楚從不容許別人爲他宰殺牲畜。他最廣爲人知的行誼之一，便是從不傷害任何生物，即便是最微小的昆蟲也是如此，他也不贊成人們爲了對上師進行薈供而宰殺動物，經常敦促人們放棄這種習俗。他曾說過，看著慈師佛陀的受戒信徒，臉紅冒汗，兩頰滿是無助牲畜死亡時所噴出的鮮血油光，令人震驚。

儘管如此，在多欽哲的命令下，一隻牲畜被選中、宰殺、煮成了一道饗宴。侍者將烹調好的羊肉送上來，肉質恰到好處，完美多汁。多欽哲爲巴楚切了一塊最上等的肉，而巴楚，一反常態，津津有味、毫無異議地吃了全部的肉。

另一方面，巴楚的弟子紐修．龍多，看來卻一臉驚恐，受慈悲心所引，爲那隻剛被宰殺的羊而悲憫，一口都吃不下去。

多欽哲看了看紐修．龍多說：「喔，我明白了。你可能是不吃這種東西的人，不管，這拿去！」多欽哲往龍多的胸口扔了一大塊肉，「這塊是你的！」

紐修．龍多緩慢、痛苦不堪、極爲不情願地，強迫自己吃了多欽哲丟過來的一大塊肉。反觀巴楚，顯然沉浸在節慶的氛圍裡，繼續開心地吃著一大塊剛煮好的現宰羊肉。

吃過飯後，多欽哲和巴楚愉快地話家常，討論各種修行問題。巴楚隨後向多欽哲請求《單尊大樂佛母》②此一特別灌頂。

多欽哲說：「我將此密法守護多年，許久未對外傳法。今天，我要給你們兩個口傳。」他傳給巴楚許多外、內、密法，其中包括一個爲弟子引介清淨本覺自性的灌頂，稱爲「明覺力灌頂」③。

多欽哲授記巴楚將活到八十歲，並會爲每一位與他有緣的人帶來利益。

隨後，巴楚和龍多便告辭離開了。

經過幾個小時的步行，他們來到一個小山坡上，從那裡可以回頭看到他們的來時路和一大片寬廣的草原。在草原的盡頭，他們勉強能辨識出一小塊白色的營區，那裡正是要被趕往康定販賣宰殺的大羊群所在。

巴楚對龍多說：「你要知道，多欽哲和多智欽吉美彭措炯乃，分別是吉美林巴和多智欽列沃瑟的眞實化身。我已經教導你很長一段時間，也傳法很久了，但是我卻不能保證你死後可以投生蓮師銅色吉祥山淨土。然而，以多欽哲的加持力，卻能夠讓那些羊群在死亡的那一刻，無有例外地全都直接前往銅色吉祥山淨土。

「所以說，你、我若能成爲那些羊群中的一員，不是挺有福報的嗎？」

①這個聖湖為年寶玉則神山前的哦措。年寶玉則神山是當地一些神祇與阿尼瑪卿護法神之眷屬的居所；阿尼瑪卿為一尊力量強大的護法神，所住的雪山便以其稱號命名。年寶玉則神山的北側有個名為加拉玉措的湖泊。多欽哲和他的弟子們在此地的靜修處生活了很多年。神山以西有數百個溫泉，據說每個溫泉都可治療不同疾病。

②《單尊大樂佛母》，吉美林巴《龍欽心滴》法集中的空行母修法。

③「明覺力灌頂」，引導弟子認識到念頭自性即是清淨覺性的展現。

龍多之母的饋贈

這時，巴楚和紐修．龍多，於巴楚出生地雜曲卡嘎瓊果莫廓魯一處幽靜的山區閉關。

龍多的母親送來酥油作爲禮物，當龍多一收到酥油，便將它獻給巴楚。那是一塊非常大的酥油。

巴楚盯著酥油一會兒，問道：「龍多，爲什麼你母親做的酥油看起來像一頂高官貴族的黃帽子呢？」接著又說，「只是這頂帽子邊緣翹起來的是大黃葉子，而不是羊毛氈。①」

龍多向巴楚解釋說，這塊酥油是根據當地傳統做成這個形狀。龍多的母親日復一日，將夏天盛產的牛奶攪動成酥油，再層層疊上，每天產出的新鮮牛奶先攪動成酥油再鋪疊，鋪疊的時候，仔細地在每層中間放上一張大黃葉。就這樣，龍多的母親每天懷著要給兒子添補營養的愛心，小心翼翼地在前一層酥油上塗抹厚厚的一層新酥油，再按照當地牧民的風俗，用鮮嫩的葉子輕柔地包裹起來。

巴楚感佩於龍多母親的辛苦，將這塊酥油還給龍多。「阿茲！」巴楚大聲說。「你母親爲此付出了多少心血？這塊酥油我怎敢消受呢！②」

龍多試圖把酥油推送回去，說：「請收下這塊酥油。」

「不，我不能收，」巴楚說。「無論如何，我都不能收。」

龍多堅持說：「請務必收下它。如果您願意收下並品嚐，也算是一個吉祥緣起。請收下吧，並爲我的母親祈福！」巴楚讓步了，收下龍多母親手作的酥油，與她結下善緣。

---

① 當時的一些政府官員頭上會戴一種以毛氈滾邊的黃色圓帽。大黃則是高海拔草原上會看到的一種野生植物。

② 巴楚認為龍多的母親是懷著思念兒子、深切關愛孩子的心情來製作這份酥油，若是收下有可能濫用此供養。

「就是這樣！」

巴楚在龍多的堅持下，接受其母送來的特製酥油後，過了幾天，巴楚突然問龍多：「你想念母親嗎？」

「不怎麼想，」龍多回答。

「阿茲！」巴楚說。「這是你慈悲心沒修好之故！」

他繼續說：「現在到那邊的柳樹林裡，進行知母（知眾生為母）、念恩（念眾生母恩）的修持，過七天再回來。」

於是，龍多花了七天的時間，思量每一個有情眾生於過去世都曾是自己的母親，他們曾經如何無私地關愛著自己，進而發願要讓他們獲得安樂與菩提。最終，他心中生起了對一切眾生的眞誠慈愛、悲心及菩提心。

他回到上師身邊，報告他的禪修體驗。

「這就對了！」巴楚高興地說：「就是要這樣！當如理進行修心訓練時，特定的徵兆會在心中生起！寂天菩薩曾說，透過實修一切都變得容易。人們就是實修不足。若是他們照做，將會有長足的進步。」

不久後，巴楚告訴龍多：「先前，我告誡你不要接受任何供養。現在你可以放心接受一切供養。回家去探望你的母親後，再回來吧！」

龍多按照上師所言而行，先去參加巴楚剛去世母親的法會，因而獲得一匹種馬和十枚銀幣的供養，回家路上，托缽化緣，接受了幾條磚茶和幾頭牛後，回到家中，將供養全數送給自己的母親。

安章．竹巴的兩難

安章．竹巴在二十歲的時候，就已經是一位眾所周知的大喇嘛了。由於他想要見到巴楚仁波切，於是他帶著大批隨從，來到雜曲卡的瑪莫塘山谷，並在巴楚所住的白騾洞不遠處紮營。

他們抵達的第二天清晨，安章．竹巴和一名僧人爬上山頂，往巴楚所在的岩洞走去，這個岩洞位於懸崖邊山坡。途中，兩人碰巧遇到離開岩洞準備去取水的巴楚。

安章．竹巴尚未開口，巴楚一眼就認出他。然而，他並沒有說出來，只向來訪的客人寒暄：「我聽說安章．竹巴來了。你們兩個是跟他一起的嗎？」

「是的，我們是。」安章．竹巴回答。

「那麼，上來吧，進來，」巴楚說，他帶領訪客走了一小段路來到洞穴。

在洞穴裡，當三人正要坐下來的時候，巴楚抓了一張毛茸茸的小犛牛皮毯，扔往安章．竹巴，說：「來！用這個！」

安章．竹巴接下犛牛毯，猶豫了一下，因爲坐在偉大上師私人物品上是極爲不敬的，然而，拒絕巴楚的指示便更加不尊重，而且這樣做甚至有可能會破壞他們之間的吉祥業緣。

於是，安章．竹巴想到了兩全其美的方法。他坐在帳篷的地板上，把犛牛皮毯鋪在旁邊，用手肘靠在毛毯上。採取這種姿勢，對康巴人來說是很可以接受的，屬於毫不失禮的坐姿。

就在這時，洞口飛過一隻鳥，停在附近的蕁麻樹上。當小鳥開始悠揚歌唱時，巴楚想到安章．竹巴或許可以爲他已故的母親卓瑪①進行頗瓦遷識儀式。

根據巴楚自述，其母親是一位善良、寬容、眞誠的人，也是第一位將他導向佛法的人。從小她就想辦法確保巴楚不會因祖古身份而被寵壞，而且也不濫用信徒供養的物品。

巴楚向安章·竹巴提出了這個請求，這位年輕上師也欣然同意，隨後爲巴楚母親進行了頗瓦儀式。

①從這裡的資訊，我們無法斷言巴楚母親往生的確切日期。雖然通常會在亡者往生後立即進行頗瓦法，但偶爾也會有人在亡者往生多年後，仍請求大喇嘛為其進行頗瓦法。

安章・竹巴向巴楚求賜不共法教

安章・竹巴向巴楚正式請求《龍欽心滴》傳承①中，關於脈氣和幻輪瑜伽的口傳。

「呃，我不知道，」巴楚不確定地回答。

他看起來若有所思地說：「我應該有這個法，或許，」巴楚含糊地說。「但我想我已經忘得差不多了！」

接著，他深沉地說：「嗯！我們再看看。」

於是談話就這麼結束。

第二天，巴楚走向安章・竹巴的營地。

安章・竹巴和隨從在半途遇到了他。他們一起走回營地，巴楚在那裡接受了盛大且隆重的歡迎儀式。

巴楚被請到主帳篷，在這個富麗堂皇的帳篷裡，地上鋪著柔軟的厚地毯，成堆的毛皮和柔軟的座墊以彩色絲綢錦緞覆蓋著。

巴楚不置可否地看著眼前的華麗景象。

安章・竹巴恭敬地引請巴楚坐在自己高高的座墊上。

「我們現在就進行吧！」巴楚突然開口說道：「這一切對我而言都很新鮮！在前一秒鐘，我還沒去過天界！我想這裡一定就是『究竟解脫佛土』②」！

他停頓了一下，想了想，說：「雖說福報足以成為具器弟子的人很少，但密法還是廣傳。雖然廣傳，卻經常有人問我禪修裙的功用，甚至連格魯派的格西也來問我，但我其實沒什麼好說的。

「有一次，我染上痲瘋病，病得很嚴重，我做了一些禪修和瑜伽法後就痊癒了。現在我的身上除了這個小小的白色疤痕外，沒有任何跡象顯示我曾經得過病。」他指著眉間一個地方這樣說道。

「基於那樣經驗，我相信把這些法教傳給你是有益的。」

巴楚將手伸入外袍褶皺處，掏出一條禪修裙，那是修持瑜伽法時所穿的布裙。「這是我的第九件禪修裙，」他邊說邊拿給安章．竹巴看。「前面八件都被我穿破了。」

在接下來的三週裡，巴楚為安章．竹巴傳授瑜伽修行。

他教導安章．竹巴所有的細節和重點，包括姿勢、動作、呼吸以及修行時脈、氣、明點、拙火③的觀想。針對各種身體上的瑜伽運行法門，也分別給予理論和實修成就的精確指導。

師徒兩人一起進行了所有的瑜伽實修，直到完成所有口傳。就這樣，以一對一口耳傳承，上師將《龍欽心滴》殊勝的智慧傳給了弟子。

---

①《龍欽心滴》傳統或傳承，源自持明吉美林巴，後傳給第一世多智欽．吉美欽列沃瑟、格孟羅薩巴給，與吉美嘉威紐固。

②此處並非一個已知的佛土。巴楚仁波切只是捏造這個名字來強調奢華的內部擺設。

③「脈」是體內精神能量的通道，「氣」是流通循環於脈中的風息能量，「明點」是氣於脈中流通時所攜帶的精華能量。透過修持觀想和呼吸控制的瑜伽法，在各種體位中，這些脈、氣和能量都被淨化。這個修持也包括開展內在熱能（拙火）和各種身體上的鍛煉。

瑜伽法的顯著效用

巴楚從吉美嘉威紐固處，直接領受了《龍欽心滴》中關於秘密氣脈瑜伽修行的口訣，此外，他也從隱者瑜伽士竹旺羅薩．索南巴給①處，學習到廣詳的瑜伽法門。就這樣，經由一對一的教授，他學會了脈及氣（微細能量）的修持。

巴楚經常在他的黑色犛牛皮小帳裡，坐在帳篷正中央進行這些瑜伽修習。在某個特定動作裡，頭部經常會往上彈起而碰撞到帳篷的頂柱。

隨著時間過去，那根柱子由於頭部的反覆撞擊，出現了明顯的污漬，而這就是巴楚具有恆心毅力且精進實修的獨特見證。

① 多智．丹貝尼瑪表示，多虧巴楚和羅薩．索南巴給的貢獻，才能讓《龍欽心滴》的瑜伽修行得以保存並流傳至今，其中，文波．丹嘎成為這些法教的主要持有者之一。

有無生命之舞

有一次，紐修．龍多前往葉列營①參加新嚴藏傳統的「滿願寶瓶祈福法會」。在法會進行到迎請儀式時，智慧本尊降臨，使得現場許多僧人突然跳起舞來②。

當龍多回來的時候，巴楚詢問法會的情況，龍多報告當時所見。巴楚評論道：「喔，今天是有生命的東西在跳舞，有時候是無生命之物在跳舞！」

龍多進一步詢問巴楚所指爲何，巴楚回說：「有一次在遼西寺，我根據教傳法進行〔普巴金剛〕十三尊壇城的持誦。當我按照『絨索傳規』③持誦普巴金剛咒語時，壇城上的所依物——一只銅製小金剛橛就開始跳舞了！」

「爲什麼會這樣？」

「我不知道。我不知道那是好還是壞。」

「那支金剛橛還在您身邊嗎？」龍多問。

巴楚回答說：「我把它交給了索甲列饒林巴伏藏師④。他告訴我，若是用那只金剛橛從岩石取出伏藏，都可輕易鑿穿堅硬的岩石，不論什麼種類的岩石，對它來說都像泥土一樣。」⑤

①在故事的背景下，此處的「新巖藏」最有可能指的是秋吉林巴的伏藏，但也有人說可能是指葉列營的伏藏師仁千林巴（1295–1375）所取出之伏藏法。一般而言，所謂的「新巖藏」或「德薩」是指近期或現代所發掘的伏藏法。例如，在二十世紀，由敦珠仁波切．吉札耶喜多傑（1904–1987）所取出的「敦珠新巖藏」。

②真實的智慧尊融入觀想的三昧耶尊，後者即是受灌者的自身，據說經常會引發任運自成的金剛歌舞。在龍欽巴的傳記中有提到類似的案列。參見敦珠仁波切之作《藏傳佛教寧瑪派之根基與歷史》（索達吉堪布中譯本《藏傳佛教史》，*The Nyingma School of Tibetan Buddhism: Its Fundamentals and History*，麻省薩默維爾，智慧出版社，2005）。

③普巴金剛為寧瑪傳承中主要的智慧尊修法之一。普巴金剛為八大嘿魯嘎之一，象徵證悟的各種面向，該法是與「證悟事業」相關的忿怒尊修法，被認為是驅除悟道外內障礙最有力的法門之一。

④索甲列饒林巴伏藏師（1856–1926）。

⑤伏藏師（tertöns）可取出久遠前曾由蓮花生大師及其他祖師封藏在岩石或其他地方但肉眼〔從外表〕看不到的伏藏（terma）物。

巴楚笑看老人屍

有一次，巴楚在迪瓊洞附近教授《秘密藏續》，在聽講弟子當中，有一名住在附近游牧營地的老人，每天都虔誠地前來聽講。

爲了從游牧營地前來聽取教學，他每天必須渡過多柯河。早上的時候，河水高漲到無法徒步過河，於是他騎著犛牛渡河，晚上聽完教學再原路回去。

康區經常會發生豪大雨，有一天，突如其來的一場傾盆大雨造成山洪爆發，滾滾洪水向下流的時候，老牧民正在過河，河水來得又急又快，強大的水流把老人沖到下游。

老人的家屬找到了屍體，帶到巴楚面前，仰頭擺著。

「可憐的老人，」巴楚搖著頭說。「在來聽講的路上往生了。」

在康區，牧民將溺水死亡視爲很不吉利的事。他們深信被淹死的人會投生到下三道。

老人的遺孀和家人無法抑止地哭泣。

「拜託，」悲傷的寡婦乞求巴楚：「請慈悲攝受他！」

「我們得好好地替他舉辦一場超度法會！」巴楚說。

巴楚和他的弟子，開始持誦將亡魂遷識的頗瓦儀式。

當他們開始持誦的時候，天空瀰漫起淡淡的虹光雲彩，並下起了毛毛細雨，藏人稱之爲「花雨」。

巴楚抬頭望向天空。

再低頭看著老人屍體。

儘管法會只進行到一半，巴楚卻笑了起來，並且停止了持誦儀式，最後只得由其他上師、僧侶和弟子們將儀式完成。現場沒有人敢問巴楚爲何有那不尋常的舉動。

幾天之後，一名學生鼓起勇氣問巴楚：「阿布，您那時候爲什麼要笑看那個可憐老人家的屍體？大家都知道，您主要的教導就是慈悲心，難道那個老人家不值得您的慈悲嗎？」

「當然，他值得！」巴楚說。「但我就是忍不住想笑！」

「爲什麼呢？」

「我原本非常悲傷，一直努力持誦祈願他能投生到天界」，巴楚回答：「突然，一個淨相在我腦海浮現，他早已投生至三十三天①成爲一名天人！

「我還聽到他問天眾，爲什麼他會投生於此。他們告訴他，那是因爲他一直以專注、淨信的心聽取著《秘密藏續》法教。

「老人出於對法教的感激之情，還從天空中撒下了花雨！」

當天在場的每個人，的確都經歷了一場溫柔的洗滌，並親眼見到天空中佈滿如彩虹般的薄霧雲彩。

「知道這一點後，我低頭看著他那灰髮的身軀，並聽到他的遺孀哀嚎著說，『我的丈夫下地獄了。』

「這個矛盾之大，令我不禁笑了起來。

「果真，娑婆世間的顛倒妄想是如此驚人，正如幻士所施展的幻術一樣！當人們看到我在笑的時候，他們覺得我很奇怪。然而，當這個老人已成爲天人時，我卻聽到他們在哀嚎，他們才是更加奇怪！」

巴楚大約在這個時候，回到了佐欽寺附近。他曾擔任佐欽寺師利星哈佛學院的第五任院長。他在那裡以及在白瑪塘、那瓊隱修苑等地，花了多年的時間教授《入菩薩行論》、《大乘經莊嚴論》、《俱舍論》、《功德藏》、《三律儀決定論》等論典。

①三十三天，衆多天人或神所居住的天界。三十三只是一個象徵「許多」的說法。

令巴楚歡喜的九兄弟

有一次，巴楚來到佐欽寺理拉祖古的家，拜訪他的家人。這個家族裡共有九名兄弟，每人都持守著二百五十三條具足比丘戒①。這九名僧人都身穿傳統黃僧袍，遵循化緣乞食的戒規。

巴楚在拜訪完畢後，於返回閉關處的路上說道：「從我今天所看到的情況來看，我再次確信佛法還會再持續多一段時日。」②

---

①巴楚總是讚揚出家生活，可參考其著作《戒律讚》（見《巴楚仁波切全集》第一函，2003）。

②佛陀曾授記，只要世間尚有出家寺院的傳統，佛法也將留存於世間。

巴楚洞悉索甲伏藏師的心

有一次，索甲列饒林巴伏藏師與巴楚仁波切待在一起，以便接受他的教導。他那時已開始在佐欽寺學習佛法，後來納受的弟子包括十三世達賴喇嘛嘉華圖登嘉措。

當時，一名年輕僧人和索甲伏藏師及巴楚仁波切一同坐在房間裡，這名僧人正在學習一部經文並且逐行抄寫下來，當時他正好寫到這句：

為諸菩薩獻讚頌，
非善減而善德增。

然而，這名年輕僧人卻把經文給抄錯了，他困惑地覆述自己所寫下來的文字，開口問巴楚說：「這句經文是什麼意思呢？『為諸菩薩獻讚頌，善德減而非善增』？」

索甲伏藏師忍不住要嘲笑這名年輕人所犯的錯誤，他心裡想：「為什麼偉大的巴楚仁波切要讓這樣的愚者用這種蠢問題來煩他呢？」

「是啊，是啊！」巴楚向索甲伏藏師喊道。「說得好，不是嗎？『非善由此增！非善由此增啊！』」

一時間，索甲伏藏師慚愧地意識到，他的上師巴楚精準地洞察到了他的心思，並且完全知悉他內心不仁善與傲慢的想法。

巴楚奇蹟般地復元

當巴楚住在佐欽寺上方的文殊閻摩敵洞窟時，有人看見他時說：「你的臉很紅，氣色很不好，眞的像是得過痲瘋病一樣！」

「是啊，」巴楚說：「我曾經得過因龍族所引起的疾病，後來我做了一些瑜伽修行，並按照法主惹那林巴的伏藏法①，進行黑馬頭明王的禪修與持誦②，接著便夢見一條大蛇從我身體裡跑出來。我將自身觀想爲馬頭明王，持劍將蛇斬斷成碎片。一星期之後，我便徹底痊癒了。」

①馬頭明王的極忿怒尊，為法主惹那林巴（Chogyal Ratna Lingpa, 1403–1479）所取出伏藏法《黑馬頭明王長壽儀軌》（*Tamdrin Sangdu*）其中之一部分。

②根據西藏傳統醫學文獻記載，據說痲瘋病是因龍族作亂所引起。馬頭明王（手持利劍）為調伏龍族之本尊。

巴楚與秋吉林巴

在古冰蝕地的懸崖峭壁上，偉大的伏藏師秋吉林巴發掘了一部屬於《大殊勝．諸佛和合》①法集的部分伏藏法。

那段期間，他住在佐欽寺附近，祖古詠給明就多傑②作為他的侍者，負責接待訪客、煮飯泡茶以及日常照顧。

一天黎明，秋吉林巴對侍者說：「今天，大師巴楚仁波切會來。請特別準備一下。」

過了一會兒，詠給在給上師供茶後，從上師的房間走出來，注意到有一位訪客前來，是一個身材魁梧、鼻子高挺的老人。他身上穿的不是喇嘛僧袍，而是果洛地區的牧民打扮，也就是一件將羊皮反穿、樣式簡單的外套，再罩上一條紅色氈布。

「我得見秋吉林巴！」老人開口說道，便準備步入房子。

由於伏藏師的訪客從未在無報備、非允許的情況下就擅自進入他的房間，於是詠給把門堵住，說：「等等！等等！你不可以這樣！我得先跟上師說你要見他！」

「別擋我的路！」老人說著，試圖把詠給推到一邊。

詠給抓住老人的袖子，堅持說：「你不能就這樣闖進去！」

老人朝相反的方向拉扯，兩人於是糾纏在一起。

突然間，詠給心想：「或許他不是一般的果洛老人，也許我應該進去問問。」

他突然想起今天一早，上師告訴他當天會來一名客人，然而他原本以為會是一位看起來就像真的是大師的人。

詠給轉過身來，正好秋吉林巴從房間裡走了出來。這個大伏藏師全身趴在地上，正對著老牧民行大禮拜頂禮，而老人也向其頂禮。

「然後呢，」詠給後來說道：「他們兩位在彼此頂禮之後，就像兩隻犛牛一樣，以頭碰頭的方式互相致意。」

①《大殊勝．諸佛和合》（*Demchok Sangye Nyamjor*，此為大殊勝嘿如嘎法門），為秋吉林巴所取出諸伏藏法中的一部重要法集，見新版《大寶伏藏》第四函。（德里和加德滿都，雪謙出版社，2004–2016）。

②這裡可能是指第四世詠給明就多傑伏藏師（1628 / 41–1708），目前的轉世化身為第七世。

巴楚表述他對秋吉林巴的信心

在巴楚的請求下，秋吉林巴爲巴楚口傳了桑傑林巴①的《上師密意總集》法教。口傳結束後，巴楚向秋吉獻上曼達，以表示對傳法的感謝。

巴楚後來對弟子們說：「我確信秋吉林巴是一位眞正的伏藏師，其伏藏法完美無瑕。今天，我們具此福報而得以領受秋吉德千林巴伏藏師的灌頂，就如同直接從桑傑林巴處領受法教一般。秋吉林巴堪稱是我們這個時代蓮師的眞正化身。

「一般來說，我認爲源自佛陀之法都有著無與倫比的內涵，而對其深具信心，然而卻對當今的伏藏法持保留態度，也通常不會有依法禪修所得的淨相或覺受。但我在按照這部伏藏法②實修後，修行有了顯著進步，出現如同儀軌裡所描述的夢境和淨相等徵兆。因此，雖說像我這樣的普通人難以評論他人，但我確信這些伏藏法是眞實不虛的。」③

由於巴楚鮮少讚揚別人，他對秋吉林巴這番毫不吝惜的稱譽，爲秋吉林巴樹立了眞實伏藏師的名聲。

秋吉林巴亦稱巴楚爲兩部重要伏藏法的傳人，分別是：《眞實意．諸佛和合》和《三姓心滴》④。

① 桑傑林巴（1340–1396）為十三大林巴（大伏藏師）之一，由他重新發掘取出的《上師密意總集》伏藏法，共計十三函。

② 《三姓心滴》（*Rigsum Nyingthig*）中的《文殊大圓滿》（*Jampal Dzogpa Chenpo*），參見秋吉德千林巴伏藏法集第二十三函。（慈克編輯）。

③ 這段對話結合了祖古烏金仁波切之口述，參閱《大成就者之歌》（*Blazing Splendor*）頁八十四，與紐修堪仁波切之口述故事。

④ 《三姓心滴》（*Rigsum Nyingthig*）。

巴楚給老牧民的直指口訣

伏藏師秋吉林巴、夫人德嘉佛母及所有子女都領受過巴楚《入菩薩行論》的教導，且都對巴楚有著極大的尊崇與虔敬。秋吉林巴較年長的兒子旺秋多傑、女兒貢秋巴炯①（兩人爲德嘉佛母所生），以及較小的兒子哲旺諾布（其母爲蔣揚欽哲旺波的手足之女），全都視巴楚爲根本上師，並在其座下學習了好一段時間。

貢秋巴炯後來回憶道，有一次她和家人正好與巴楚一起②，當時他正爲一名果洛老牧民講述直指訣竅。

巴楚用老人當地的方言說出以下重要教示，簡短地直指心的眞實自性：

勿懷念過去！
勿期待將來！
勿計劃現在！
勿削弱修整，
就保持原貌。
於此當下，
覺知、
放鬆，

除此之外，啥都沒有！③

這段要訣建言，後來成爲巴楚的「啥都沒有口訣」而聞名。

然而，果洛老人光是領受這精要的法教還不滿足。他向巴楚懇求：「拜託加持我，確保我不會投生到地獄！」

巴楚搖了搖頭，告訴他這個是做不到的。

「想要投生淨剎，唯一的途徑就是實修。又不是在丟石頭！」巴楚說：「你沒辦法像閃電一樣，咻，一下子就到那邊去！」

①秋吉林巴的女兒貢秋巴炯（約 1858–約 1939）為祖古烏金仁波切（1919–1996）之祖母。

②這個故事最初由秋吉林巴的女兒貢秋巴炯講述，她以擁有無誤的記憶力聞名，後來再經由她將故事轉述給許多人。我是經由紐修堪布聽聞此故事，此外，祖古烏金也曾說過同樣的故事，只是用字些微不同。在這裡，我使用了紐修堪布的版本。

③牧民方言「倉美給莫」，「啥都沒有」之意。

關於自心本性

對於一個熟練的行者而言，
寂止的心是心、起念的心也是心。
一旦行者真正體認自心之空性，
起念心與寂止心無有分別。
無論生起什麼念頭或出現任何事物，
皆為空無自性；
都是本智的遊舞；
此即是勝者之甚深了悟。

任其維持本來面目，不造作、無修整。

如此一來，每當念頭生起，皆能自然解脫。

「此」即為三摩地，
「此」為法身，
「此」為自生本智，
「此」為大手印，
「此」為般若波羅蜜多。
如燃燒之繩索不具捆綁力，
散亂之念頭亦不具束縛力，
正因其本質為空性。
此顯現為「念頭」者，不過是空性之妙力。

由於念頭與空性無別，故而偉大鄔金上師①有言：
「念頭本質為空性，應視念頭為法身。」

行者「禪修」時，**那即是智慧**。
應於念頭出現時，任其維持原面目，
除此之外無可「禪修」。

一旦對念頭進行各種導正，

原本一般的念頭就會引發妄想的連鎖反應。
因此，什麼都別導正、什麼都別修整。

遠離事物原貌，即是顛倒妄想。

首要之務是避免散亂。
唯一要點是絕不散亂，
保任不攀附任何緣境。

若執取之念頭自行消失，
對外相之執取（形色、音聲等）也將自行解脫。

眼睛所見之「美麗」或「醜陋」形色；
耳朵所聽之「愉悦」或「不悦」音聲；
香氣或臭氣，味覺或觸覺；
快樂或悲傷，所欲或所惡；
朋友或敵人，地水火風等；
簡言之，任何生起或顯現，
皆應任其如是。

正念絕不該離於慈悲。

自修行第一座起，

就要思量自己是為一切有情眾生而修行。

修行結束後，祈願：「以此善德，願一切有情眾生皆成佛。」

如此迴向善德。

偉大的鄔金上師曾說：「若無慈悲，佛法之根將因而腐爛。」

這點極為重要。

①「鄔金」為蓮花生大師的稱號之一。鄔金的另一個含義是指烏迪亞納王國，蓮師的出生地。

一件銀供品

有一次，一位來自拉薩普龍家的貴族前來求見巴楚，由於知道巴楚不喜歡正式見客，更別說接受任何供養，於是請一位雜曲卡的老僧幫忙。

老僧知道巴楚這陣子經常以持誦《無垢懺悔續》①做爲日課。於是挑巴楚正好持誦到一邊要大禮拜這個段落時，向他報告：「一位來自拉薩普龍家的貴族求見。」

巴楚因爲正在做大禮拜，身體已完全匍匐在地面。於是他面部朝下而暫停動作，對僧人說：「讓他進來！」

貴族知道自己必須動作迅速，於是他進來後便快速彎身，以前額碰觸巴楚的腳，然後在巴楚伸直的腳後邊放下一塊大銀錠便離開了。

這名貴族甚至在巴楚還沒來得及起身前就成功地完成供養，因此開心地跑走了。

① 《無垢懺悔續》，有數個版本，包含在《寧瑪教傳》（*Nyingma Kama Gyepa*）第五十八函的版本（印度卡林邦，敦珠喇嘛，1982–1987）。

巴楚與秋吉林巴的黃皮卷

有一次，偉大的秋吉林巴伏藏師送給巴楚一張他所收藏的小黃皮卷作爲加持祝福，這張黃皮卷裡記載著空行文字①。

這些文字，通常是用來幫助伏藏師在心中清楚看見整部法集，以便將內容記錄下來。由於吉祥取藏的一切必要機緣並未出現，秋吉林巴並未解開這份伏藏文字。

巴楚向一名老僧人展示了羊皮卷，僧人想要閱讀羊皮卷上的文字，卻看不懂，困惑地請示巴楚：「上面寫了什麼？」

巴楚回答說：「伏藏師自己都沒頭緒，我又怎麼會知道呢？」

① 這些文字皆是以象徵性符號書寫，據說為空行母所使用，只能由蓮師曾託付的特定伏藏師才能看懂。

另一件銀供品

著名伏藏師秋吉林巴的三名子女，包括兩個兒子旺秋多傑、哲旺諾布及女兒貢秋巴炯都是巴楚的弟子。三位尤其在接受《龍欽心滴》的灌頂後，更是將巴楚視爲根本上師。

有一次，當巴楚在山谷裡閉關時，秋吉林巴的兒子哲旺諾布與幾位博學的堪布，一起來到草原上領受巴楚的教學。他們聚集在巴楚的身邊，個個都曾閉關修行過，有人待在大樹底下，有人待在懸崖峭壁下，有些人則待在小洞穴裡，就是沒有誰待在建築物裡，因爲那裡根本沒有建築物。

有一天，一名老人騎著馬來到此處，他下馬在上師面前頂禮三次。

接著，對巴楚說：「請解救我免墮下三道！」儘管他非常清楚巴楚不收任何供養，還是在巴楚腳邊放了一大塊銀錠便跳上馬，在巴楚來不及把銀供品還給他時快馬加鞭離去。

哲旺諾布看到地面上閃閃發光的銀錠，心想：「巴楚一定會把這個供品用來行善等等。」

後來，哲旺諾布發現巴楚並沒有拿起那塊銀錠。事實上，他根本無視於它。當巴楚結束教學後，便直接站起來，回到原來的地方，將銀供品獨自留在原地。

他的學生一個接著一個起身回到各自的修持之處，沒有人正眼瞧這個貴重物品。

銀錠就這樣被留下，躺在草地上，渾圓明亮有如滿月一般。哲旺諾布忍不住心想，與其把它丟在那邊，不如把它用在一些善舉來得更好。

走了一段路後，諾布又回頭看了一眼。銀子仍然在綠色草地上，閃閃發光。在一路下山的過程中，他反覆思量著，接著一股對世間厭倦、對輪迴厭離的極強烈感受，以及一股眞實的出離心由衷生起。哲旺諾布此刻心中充滿虔敬與讚佩，他想：「當我想到我的上師及同修，他們捨離對此稍縱即逝之生命的貪執時，就讓我想到佛陀和其弟子的故事。」

這個公案是：

有一次，佛陀和弟子阿難、大迦葉及眾多阿羅漢一起走著，路上看見一個大金塊。他們每個人經過金塊的時候，一個接著一個喊：「毒藥！」

附近有個小女孩，正在採集木材，聽到了之後跑去一探究竟。她等到佛陀和弟子們離開後，見到地上的金塊，不確定那是什麼，於是心想：「眞奇怪啊！這明明是個發光又漂亮的黃色石頭，爲什麼所有的阿羅漢都從旁走過，避免觸碰到它，還大喊著『毒藥』呢？我想，我最好也不要碰它才是。」

她回家後對母親說：「今天我看到一種很奇怪的毒藥，」便把發生的事情描述一遍。母親想要親眼證實，立刻跑過去。到了那裡，她立即發現所謂的石頭原來是一個金塊，她將金塊帶回家，供養於日後的法會。後來，佛陀及出家眾刻意繞開金塊，稱之爲「毒藥」而留下金塊的消息，便漸漸傳開來。

哲旺諾布想起這段公案，覺得自己能目睹巴楚流露追隨佛陀及其弟子的行誼，感到深受啓發。

一味

誤將顯法執為實，
即為執著所愚弄。
若知外相與內顯，
無實如同水中月，
諸法顯相皆一味。

老者渴望青春時，
有毒貪執隨之起。
一旦執著色身念，
勝義虛空中解脫，
年少年老皆一味。

人生三階①視為實，
以為無盡任虛度，
死亡將成難忍苦。

明覺唯一體性中，
出生死亡皆一味。

因於親眷及友人，
情感羈絆受捆縛，
分離勢必令心碎。
若知輪迴自性幻，
分離相聚皆一味。

若將希望寄天眾，
畏懼魔眾更加劇。
情器聖性若能知，
魔眾天眾皆一味。

任隨妄念起舞時，
千頭萬緒紛飛起。
觀心不隨念頭轉，
寬坦無需諸對治。

他人所欲便行之，
責任義務無止盡。
若隨自身意願行，
計畫事務即遠離。

他人讚揚甚悅耳，
自身過失已最知，
痴人妄想裝聖者；
閃邊涼快無恥徒！

王權落入狐狸手，
狐王吃著皇室果。
一旦刺骨寒風襲，
悄回巢穴毋須疑。②

瑪柯人叫你留你就留，
那就永遠到不了多柯。③

一旦決定要上路，
多柯還是去瑪柯？一條山路兩山谷！
喝！這些全都是廢話！
嘻！這些全都是嘮叨！
喔！喔！想都沒想就說了！

①童年，成年和老年。
②巴楚仁波切在這裡指的是他自己。這段偈頌影射到經典裡一個印度的古老傳說。故事說，有一隻狐狸掉進一個靛藍色大染缸，狐狸爬出來的時候，全身染成美麗的藍色。當他一身藍而回到巢穴時，其他動物都沒有認出他來，以為是一位聖者到臨。他們將藍色狐狸奉為動物之王。一天晚上，當藍狐王驕傲地巡視王國時，其他狐狸皆因滿月而嚎叫。不幸的是，藍狐王也和其他狐狸一樣，不由自主地開始嚎叫，因而證實他並非聖者，只是一隻狐狸。騙局被揭穿後，這隻冒牌狐狸為了保全性命只好逃離山谷。
③多柯與瑪柯分別為位於東藏果洛之兩個山谷。

噶美堪布仁千達杰請求教導

有一次，偉大的伏藏師秋吉林巴要他的學生噶美堪布仁千達杰，去向巴楚仁波切求法。他向堪布形容巴楚是擁有不可思議功德之上師，尤其若能從其領受《入菩薩行論》的法教，將會帶來無價的加持。

秋吉林巴交給他一封給巴楚的介紹信，信上說「請把衣服、食物與佛法給我的弟子。」

仁千達杰是一位大學者兼具足戒比丘，也是秋吉林巴的法脈之一，以維持清淨戒律聞名，對於這一點他相當自豪。據說，他的嘴裡從未吐出一句謊言、從未吃過一塊肉，也從未碰過一滴酒，還嚴格要求自己不觸碰任何女子①。

堪布把僧袍披在肩上、托缽掛在背上、手裡拿著僧杖，來到巴楚處求教。

就在大堪布準備開始行大禮拜的時候，巴楚突然喊道：「鬼王來了！」②

堪布停了下來，巴楚便站起身。

於是，堪布再次行禮。然而，每當堪布試圖向他行大禮拜時，巴楚就會跳到一旁避開他的頂禮。他一會兒往左跳，一會兒往右動，使得堪布完全無法行禮。

堪布只好放棄了。

第二天，堪布鼓起勇氣，又來到巴楚那裡拜師求法。

巴楚搖了搖頭。

「喔，我不能給你任何法教！」巴楚說：「我不能教你佛法。我不是眞正的上師！」

於是，堪布便離開了。

第二天，堪布又再回來提出他的祈請。

巴楚只是盯著他。然後聳聳肩，不給任何承諾地說：「喔，好吧，如果你堅持的話，就待在這裡，我們看看會發生什麼事。」

此時在雜曲卡，整個康區海拔最高的地區之一，正是一年之中最寒冷之時。大堪布幾乎整個月，每天都在那裡等待，巴楚卻連一個字都沒有傳授給他。

最終，堪布仁千達杰來到巴楚這裡，帶著點悲傷地說：「大伏藏師③秋吉林巴要我來這裡請求您的教導，如果您眞的不願意給我任何法教的話，我會離開。如果您願意教我，請了解我對您有強烈的信心。我沒有違犯任何三昧耶戒，也沒有抱持任何邪見。」

巴楚簡短地回答：「喔，這樣啊，好吧，好吧。你明天再過來！」

第二天，堪布到了，準備接受終於將得到的教學。

巴楚雙手捧著一套僧袍，極爲有禮地將僧袍授予堪布，並說：「這是——衣服！」堪布收下折疊好的僧袍，並鞠躬行禮。

巴楚說：「明天再來。」

隔天，堪布再次來領受教導。

巴楚以雙手極爲有禮地，正式賜予堪布一大只風乾的羊腿，並說：「這是——食物！」堪布對於收到一隻羊腿有些驚訝，但還是向巴楚鞠躬。

巴楚說：「明天再來。」

隔天，堪布再次回來領受教導。

巴楚用雙手極其有禮地，正式賜予堪布一本《入菩薩行論》的文本，並說：「這是——佛法！」

堪布收下文本並鞠躬行禮。

巴楚說：「現在，根據你上師的期望，我已給了你衣服、食物和佛法！」

接著是一片沉默。

「就這樣！」巴楚說。「明天你就可以回去了。」

堪布一聽驚嚇不已，開始在巴楚面前行大禮拜。他做了許多次，然後向巴楚乞求道：「請傳給我一些教示吧！」

巴楚執意拒絕。「秋吉林巴說得很清楚，要我給你衣服、食物和佛法！現在你都拿到了，就這樣！」

然而，堪布仁千達杰沒有回家。他每天都來到巴楚面前求法。

終於，巴楚心軟了。他開始給予堪布深廣的教授，熱切地持續數月，以慈愛照顧著堪布。

以「鬼王」這樣貶低的名字稱呼一名大學者、避開他的大禮拜，並且拒絕傳法給他，這一切都是巴楚爲了讓堪布發現自己因被讚揚圓滿持守兩百五十三條比丘戒所造成的幽微虛榮，才這麼做的。

---

①取自祖古烏金仁波切《大成就者之歌》英譯本，頁三十八。

②鬼王（甲貢，gyal 'gong），抱持邪見而生的一種魔，由「甲波」和「貢波」這兩種魔結合產生。據說他們經常化做僧侶模樣作害，因此巴楚才有這諷刺說法。

③德千（gter chen），大伏藏師之頭銜。

巴楚受教於老喇嘛

一位老喇嘛正在教授寂天菩薩的《入菩薩行論》。巴楚坐在聽眾群裡，只是衣著破爛的游牧喇嘛，沒有被人認出。過了幾天，老喇嘛講到文本過半時，停了下來。

他對著弟子們說：「我剛聽說偉大的巴楚仁波切，將來佐欽寺的師利星哈佛學院教授，他會講授他的專長《入菩薩行論》。我們應該都去那裡聽他講課。」

老喇嘛知道底下那個衣衫襤褸的喇嘛（巴楚）特別認眞聽講，於是指著他說：「你！你也該去聽！」

他們全都去了師利星哈領受法教。在抵達佛學院的時候，老喇嘛找了個位子坐下來準備聽講。

隨後，巴楚走進來坐在授課的法座上。

老喇嘛看到他，驚呼：「嘿！我的學生！」

巴楚反過來回道：「嘿！我的老師！」

接著，他半開玩笑地補充道：「這位是我的老師！他是教導我《入行論》的人，雖然只講到一半！」

巴楚邀請這位老喇嘛來到法座旁，自己右手邊的位子坐下。老喇嘛懷著既虔敬又羞赧的心情入座聽講。

巴楚領受自身法教

巴楚決定去噶陀的十萬聖像處（噶陀十萬佛像之地）①繞轉佛塔以累積福德資糧。此地是為紀念噶當巴德錫祖師②當年於淨相中見到此處有十萬尊金剛薩埵融入巨石而得名。

在眾多佛塔當中，有一組被稱為「三布」的佛塔，裡面供奉了三位噶陀祖師的舍利，分別是益西布、多傑布和蔣秋布。巴楚看起來就像是一般的牧民喇嘛，整天繞轉著這些佛塔，完全沒有人認出他來。

有幾個人注意到這個穿著破爛的牧民喇嘛，會在每一座佛塔前停下來，把頭伸到佛塔裡面說一些話。除此之外，並沒有不尋常之處。

巴楚剛到這裡的時候，和一個來自嘉絨的老喇嘛住了一陣子。喇嘛問他哪裡人，巴楚告訴他，自己從雜曲卡來，要去噶陀寺朝聖，接受聖地的加持。

「你可曾領受過任何法教？」嘉絨老喇嘛問巴楚。

巴楚回答：「不多。我聽過《入菩薩行論》和一些其他法教，除此之外就沒別的了。」

他的屋主對他說：「你大概很想累積福德。既然你大老遠來到這裡，也一定是個精進的行者。如果我要教你一些佛法，你會有興趣聽嗎？」

「啊吹！」巴楚說，「當然，我有興趣！誰不需要佛法？」

這位老喇嘛說：「有一本書叫做《普賢上師言教》，由偉大的雜巴楚仁波切所作。這本精彩的著作詳細說明前行的修法，在我們這兒非常有名。它肯定會對你有很大的幫助。要不然，你念誦那些祈願文又繞轉佛塔，卻沒有正確的態度與了解，你所做的一切努力都不會帶來多大的利益。」

「阿茲！」巴楚驚呼道：「的確，我需要了解這些法教，請好心傳給我！」

於是，日復一日，嘉絨老喇嘛將《普賢上師言教》中的每一個章節講授給巴楚。外表看似無知又目不識丁的巴楚，則時不時會對文本的內容提出很深奧的問題。老喇嘛對於這麼單純的人，竟然會問這樣犀利的問題而感到疑惑。

一天，當老喇嘛約莫講授到文本一半的時候，巴楚從嘉絨喇嘛的家搬到隔壁的一位老婦人家中與她同住。巴楚每天早上都會出去繞行佛塔，中午過後，則到嘉絨喇嘛的家中去接受法教。傍晚黃昏時分，再回到老婦人家裡。

這位老婦曾經聽過巴楚的名號，並且對巴楚非常虔誠，每天晚上老婦在煮茶的時候，都會聽到她熱切地祈請，「巴楚仁波切，請眷顧我！我向您臣服！」

有一天晚上，巴楚對他的女屋主說：「老母親，整個藏地有那麼多的聖者，就連在噶陀這裡，過去曾出現許多了悟的上師，現在也有許多高僧在這裡生活。你爲什麼要一直向這個巴楚祈請？他有什麼特別可敬之處嗎？」

老婦人回答：「喔，當然啊！現下沒有人比他更令人景仰了。噶陀這裡有很多人都依循他的前行教導，就連我這個老婦都聽說過那些法教。」

婦人因虔敬而心有所感，恭敬地雙手合十。

但是這並沒有阻止調皮的巴楚。

「如果你問我的話，」他繼續語帶挑釁地說：「我認爲你的這個巴楚，根本就只是虛有其名！他大概就只是個普通游牧老喇嘛，根本沒有什麼特別偉大或尊貴的！」

「看看你那是什麼邪念！」虔誠的老婦譴責道：「你怎麼能對巴楚仁波切有這樣的邪見，說他是『普通游牧喇嘛』？你實在是缺乏能將他視爲佛陀本人的善業！」

巴楚什麼都沒再說了。

不久之後，一些來自雜曲卡的朝聖者來到噶陀繞行佛塔，並看到一個穿著破爛的游牧喇嘛也在繞行佛塔。這些與巴楚同鄉的朝聖者立即認出巴楚本人，便高興地大喊：「阿布！阿布在這裡！」他們全都開始恭敬地向他行禮。

巴楚對此舉一點都不高興。

他對雜曲卡的朝聖者咒罵道：「我原本還可以安安靜靜地待在這裡，累積一點福德。現在，完全沒必要，你們大聲嚷嚷著說：『巴楚在這裡！巴楚在這裡！』，弄得大家都知道了。

「我的安寧就這樣沒了！」

正如他所預料的那樣，偉大巴楚仁波切來到此地的消息，沒多久就傳遍整個噶陀，然而卻沒有人眞正知道巴楚在哪裡。

當巴楚像往常一樣，於下午的時候來到老喇嘛家裡接受教學時，喇嘛興奮地對他說：「嘿！大家都說巴楚仁波切來到噶陀了！是他本人耶！」

對於這個消息，巴楚並沒有表現出興奮之情。

那天，黃昏時分，巴楚像往常一樣回到老婦家裡。她也興奮地對他說：「巴楚仁波切來了！你能想像嗎？」

「妳無需這麼激動！」巴楚嘲笑道：「這個仁波切有什麼特別之處嗎？他只不過是個普通游牧老喇嘛。你倒不如向噶陀偉大的上師們祈請要好多了！」

老婦又變得非常不高興，幾乎到了想要好好打巴楚一頓的地步。她嚴厲地斥責他，說：「你這個福薄的傢伙，你怎麼膽敢這樣說。看來，即使是佛的本人，巴楚仁波切親自來到你面前，你也不會有任何虔誠！只會把他當個『游牧老喇嘛』就將他打發走！你這個可憐的傢伙！」

巴楚什麼也沒說。

不久之後，眾人終於找到巴楚。噶陀的兩位高僧直美信炯和噶陀司徒，正式邀請巴楚在噶陀寺開示《入菩薩行論》。

虔誠的老婦人聽到這個消息，高興極了，她終於得以親見她長久以來所祈請的聖者。

第二天早上，法鑼大響，召喚眾人前去聞法。

當天上午，巴楚如往常在相同的時間離開老婦的房子，看似按照慣例去繞行佛塔。

老婦人趕到寺院。在寺院的教學法座上，她看到了近日她接待那位衣衫破舊的游牧喇嘛。

婦人內心充滿羞愧，開始在巴楚腳下頂禮，並大喊著：「我造了什麼惡業啊？我一直在罵您，甚至差一點就要打您！我可能會下地獄吧！請接受我的懺悔！請告訴我，我該如何淨化我的惡行？我一定照做！」

「妳沒做錯什麼，」巴楚慈愛地向她保證：「也不需要懺悔任何事。別擔心，妳有一顆清淨的心。擁有一顆善良的心，正是所有佛法的根源。事實上，這正是我現在所要教的《入菩薩行論》的精髓，也是大家所需要具備的。」

巴楚開始講授，在教授過程中，嘉絨老喇嘛也意識到，他那個好學生，那個他每天一章、一節講解《普賢上師言教》而衣衫破舊的游牧喇嘛，正是作者巴楚仁波切本人。

這位可憐的喇嘛慚愧不已，在巴楚和其他人阻止他以前，連夜默默地離開了噶陀，回到故鄉嘉絨。

---

① Kumbum（sku 'bum），字義為：十萬身，指十萬尊雕塑與繪製的佛像。

② 噶當巴德錫．喜饒桑吉（1122–1192），噶陀寺的創始人。

巴楚請偉大的噶陀司徒幫忙

偉大的噶陀司徒①邀請巴楚到他的住所裡享用熱茶和午餐。巴楚坐在噶陀司徒的大住所裡，環顧四周，大聲說：「阿茲！這裡眞豪華！大家都知道噶陀寺和裡面的上師很有錢，但你似乎是最富有的！「看看這些華麗的珠寶盒！這些金子、銀子做的法器，以及這些漂亮的錦衣華服和珍貴古董瓷杯！「看看這些虎皮墊子、豹皮地毯，多麼驚人的擺設啊！「看看你的廣大地產！還有那些爲數眾多的牲畜！哇！看來世間沒有比這裡更豪華了，這裡簡直就像天界，令人目眩神迷啊！」

接著，巴楚靠近噶陀司徒，低聲說道：「附帶一提，我身上除了一只陶壺外，就沒別的了。聽說你很快就要出遠門，不知道你願不願意順道幫我，把這個陶壺和你的其他行李一起打包帶走，就當是幫我個小忙？我個人比較喜歡輕裝旅行！」

噶陀司徒聽出來巴楚話中所隱含的指責，於是回答說：「好的，我會幫你把陶壺一起帶走的。」

巴楚離開噶陀不久，噶陀司徒也離開了噶陀寺，沒有向任何人交待一句話，他放棄了所有的財產、金錢、隨從和舒適的生活，離開他的寺院，來到了多柯的雪白冰川聖地②，在這裡閉關修行度過餘生。他獨自隱居生活簡樸，破布粗衣，僅儲存必要的糧食，以簡單的木碗替代華麗的瓷杯，棄絕一切世俗活動。

後來，噶陀司徒寫信給巴楚，說：「阿布，按照你的建議，我來到了深山獨自閉關。附帶一提，你的茶壺還在我這邊。」

巴楚在閱讀他的信時，認同地說道：「他的聽力很好！我說的話，他真的聽進去了！」③

巴楚仁波切離開噶陀後，在鄰近許多寺院裡廣詳地教授《入菩薩行論》，包括格澤色須寺、拉千都寺及楚霍寺。

他教學時總是無有偏頗，從不刻意讚揚或貶低某些學派，亦不偏袒特定觀點。他拒絕助長當時盛行的傲慢、互鬥宗派主義風氣。

巴楚的講述若非根據心中所知，就是根據各派傳統論述④而傳授各個學派的不同見地。其教學方式非常清晰、完整，既不過於複雜也不過於簡潔，總是闡述精要部分，並且將教導與實修相互結合。

---

① 第二世噶陀司徒．確吉羅卓烏金丹巴南嘉（1820－約1879）。參見本書「簡傳」介紹。

② 多康的卡瓦格博雪山，東藏最神聖的山脈之一，位於中國雲南省。

③ 一九八〇年代時，大圓滿上師堪布門色向直貢噶舉上師噶千仁波切講述了這個故事。噶千仁波切聽完立刻表示，他希望自己也能做到，誓言除基本維生之外，不持有任何財產。噶千仁波切，一九三七年出生，在一九九〇年終於得以離開西藏前，度過二十三年被共產黨監禁的日子，在獄中的二十三年裡，有二十年的時間與其上師堪布門色一起度過。

④ 巴楚仁波切教學時幾乎都是直接從心海引述，憑藉著浩瀚的學識講解。若須引述書面文字，則根據聽講者學派使用不同文本。例如，於薩迦寺院，使用薩迦二祖索南澤莫（1142–1182）的注疏。於噶舉寺，使用巴沃．祖拉成瓦（1504–1566）的論釋。於格魯寺院，則使用嘉察．達瑪仁千（1364–1432）的「註解本」（zin bris）和「注疏」（Dar Tik）（《入菩薩行論》注疏）。於寧瑪寺院，則使用印度班智達智作慧（Prajnakaramati）——藏人稱夏仲羅卓——的注疏，或嘉瑟戊初透美（無著賢，1295–1369）的論釋。

修行之鑰

巴楚對一群弟子說：「你們這些學生總是要我開示，然而你們領受法教卻不努力實修。若是你們確實付諸實修的話，上等根器弟子一日後便可見到成果，中等根器者一月後可見結果，即使是根器較差者，也會在一年內見到成果。

「此外，你們還必須理解佛法重點。若是在修行當中沒有任何徵兆，那就表示你們沒有抓到重點。仲敦巴菩薩①曾說：『結合聞、思、修而修，此乃佛法修行的關鍵無誤之鑰。』」

巴楚通常會先教授一兩段文本內容，然後說：「現在，你們需要對此薰習。」接著便要弟子們根據該內容修習很長一段時間，之後再回來繼續聽講。

①仲敦巴．嘉威炯乃（Dromtonpa Gyalwai Jungne，'brom ston pa rgyal ba'i 'byung gna, 1005-1064），印度大班智達阿底峽尊者之上首弟子，開啟了噶當派先河。

給嘉莫絨東谷之噶旺的建言

以下修行要點，寫給未曾受過多少正規經院教育而期望實修者：

首先，若是你想依循法教修持但尚未開始進行，
這是因為你尚未立下足夠堅定的誓言。
你要像瘋子一樣不顧一切，必須痛下決心：
〔今後〕我只聽從具德佛法上師的教示，其他人都不聽。

立下此堅定誓言後，就可開始前行修持，
以「轉心四思量」來調伏自心。

接下來，無論發生任何事，
無論好壞，要了知一切世俗追求，都不具意義，
連一個小小芝麻粒都不如。

如此修行，直到你對輪迴諸般世事自然產生反感，
就像肝炎病人看到有人送來一堆油膩食物時那般。
如此，你就有機會變成一名高度精進的捨世行者，
好比一頭尾巴被大門夾住的公牛般（只想掙脫）。

若是你基於短暫、衝動的出離心而放棄世俗活動，
你將落得只能成為失敗的「了悟瑜伽士」，
一個疲憊不堪的「大修士」，
就像企圖將堅硬的破靴子泡在水中，
期待有一天靴子會再次柔軟，
實際上只是在浪費時間的人。

在你能完全了悟「轉心四思量」，
並開展棄離世俗的真正能力前，
根本連開口持誦咒語，
或放棄日常生活去修行都別想。
這一點相當重要。

相反地，一旦你對娑婆世間，開始出現毫不動搖的厭倦感，
並於內心生起真實的厭離心、不退轉的虔敬心與強烈的自信心，
你便已跨上解脫道之第一步，也就是：
自心堅定而不受他人左右。

此時，你要遠離朋友、遠離敵人、
放棄計畫、無視你本來該做的事情，
不受朋友夥伴意見左右。
此時，你要對上司下屬的話充耳不聞。
此時，你必須自己決定，掌控自身命運，
要像困獸掙脫陷阱般，
奮力讓自己逃脫。

有關修行的核心，
身和語的訓練並非最有效的法門（身和語有如僕人），
從心著手才更有效率得多（心是一切之主）。

關於修行的目的，

要知道樹木缺乏樹根（皈依與發菩提心），
就沒有茂盛的枝幹（誓言與戒律），
缺乏茂盛的枝幹，就無法開出花朵（見地與行止），
也不會有成熟的果子（生起次第與圓滿次第）。
整個佛法修道之根源，即是皈依與發菩提心（想要為利益有情眾生而成佛的心願）。
這兩點是八萬四千法門①與九乘次第②之根本，
是根基、本質、主幹，也是法道的生命力。
缺乏這兩點，佛法只不過是一具屍體（甚至只是屍體的一小部分），
毫無精華可言。

對於這兩個根本，還有很多可闡述，簡言之，
皈依，就是培養對無上三寶完全的信心與信任。
發菩提心，就是意識到無盡的有情眾生於過去世都曾為我們的父母，
因而誓言絕不捨棄使他們獲得眼前安樂之願，
並決定為了利益他們而究竟成佛。

抓羊不要只抓羊毛，學法不要只重表面文字，

要牢牢緊抓住羊腿，好好實修，
根據佛法導師的教導來修持上師瑜伽法（融入上師究竟自性）、
還識頗瓦法，或任何所受灌頂而得之直接迅速法門。

若是無法做到上述所言，
在奠定根基（皈依和發菩提心）後，
本著良善之心持誦咒語，也足夠了。

此外，除非你窮盡畢生之力，
精進、堅定不移地在法道上前進，
否則即使你對九乘經典瞭若指掌，
也無法即生成佛。

然而，要有信心，
僅是聽聞三寶之名，總有一天也會證悟。

巴給書於師利星哈佛學院。

①八萬四千法門包含佛教經典的四大教義，其中兩萬一千法門用於對治愚癡，兩萬一千法門用於對治貪執，兩萬一千法門用於對治瞋恨，兩萬一千個法門用於對治此三毒共同的微細面。「五毒」中，此三毒為最具殺傷力的煩惱，另兩毒為傲慢和嫉妒。

②九乘為佛法修行的完整次第法門，分別是聲聞乘、緣覺乘、菩薩乘、事部乘、行部乘、瑜伽部乘、摩訶瑜伽乘、阿努瑜伽乘、阿底瑜伽乘。

巴楚受教於昌區大成就者

巴楚在弟子兼善知識堪布貝瑪多傑的陪伴下，離開噶陀，前往昌台的東昌根，向秋英讓卓（措普竹千秋英讓卓）請法，秋英讓卓當時在扎金甲莫雪山上的峭壁陡坡上閉關，他是一位證量極高的行者，被譽爲是昌區大成就者。

巴楚和堪布一行人沿著黑湖（措普湖）湖畔每天步行一段路程，到達昌根堡上方的冰蝕地瓦逑昌根，最後來到夏辛郭和一座聖山的積雪山脊，這座山峰因具有陡峭的岩壁而被當地人稱爲惡岩之后（扎金甲莫）。

秋英讓卓並未接受許多正統經院教育。他依照噶陀寧瑪傳統，在噶陀寺接受教傳與伏藏教導。完成學習後，將一生致力於禪修，過著簡單的生活，身上僅穿著簡單上衣和舊羊皮襖保暖，日夜都待在禪修墊上專心修行。

他特別擅長於噶陀的龍薩寧波伏藏法①，而巴楚和堪布正是爲了這個法教特地前來請法。

基於精進修行的成果，秋英讓卓已達到大圓滿修行的最高成就「法性窮盡相」②。他的許多弟子中包括第三世直美信炯（吉美雲丹袞波布，1837–1898）、第二世噶陀司徒和南開貝瑪敦督（虹身成就者）。

巴楚和堪布來到秋英讓卓面前。

在完成三次大禮拜後，他們向秋英讓卓正式請求給予《龍薩金剛藏》的法教及噶陀其他大圓滿法。秋英讓卓同意傳法。

第一天，他從前行開始教授。

秋英讓卓雙手合十，持誦幾節「轉心四思量」經文後，緩慢地複述第一段偈誦三次：

嗚呼！

六道之中，獲得暇滿難得；

人身之中，值遇佛法難得。

尋獲道途，如得珍奇異寶。

機會寶貴可切勿妄擲！

精勤修持於修行至要！

淚水順著這位大師的臉龐流了下來。巴楚聽著文句，看著上師的眼淚，不禁也開始啜泣。秋英讓卓沉默了一段時間，這就是第一天的教學。

第二天，秋英讓卓以同樣的方式教導，不依靠文本，而是直接引述其個人經驗。他說：

眾命奔流如山瀑！（有情眾生的生命，有如飛瀑急奔過山崖）

他合掌，停頓了一下，淚水流了下來。接著繼續說：

切勿虛擲諸暇滿！
勿令此生空耗度！

堪布貝瑪對秋英讓卓和巴楚兩人都淚湧眼眶，感到錯愕，心想：「我們偉大的學者巴楚仁波切，對這些教義瞭若指掌，然而他跟這位偉大的瑜伽士，兩人都在思量最基本的法教時，感動得落下眼淚！這些法教是最粗淺的——沒有前後文，不具架構也不用什麼註釋！「單單思考人身難得，兩位偉大的行者就如此深受感動，進而流下眼淚？」對此，堪布感到震驚與困惑地喃喃自語：「眞是不可思議！」

① 龍薩寧波（1625–1692），大伏藏師兼噶陀寺祖師之一。
② 「法性窮盡相」（威利：chos nyid zas sa），大圓滿「頓超」實修之第四與最後階段，亦為阿底瑜伽之修行頂峰。

秋英讓卓示現高證量的淨相

有一天，在教學完畢後，巴楚、秋英讓卓和貝瑪多傑坐在一起交談。

秋英讓卓對巴楚說：「對了，佐欽明就多傑最近都在做什麼？」

巴楚告訴他。

接著，秋英讓卓繼續談論著佐欽寺，說它如何如何，提到各廟堂的名字，談到那裡的人，哪些好又哪些不好，以及誰住在那兒，最後說道：「那些佐欽寺的人應該多尊重明就南開多傑一些。」

後來，秋英讓卓隨口說到，明就南開多傑在重要法會的時候，其法座被安置在離門邊不遠，面向經堂處的一個高座上。這是一個不尋常的安排，也是這個寺院的特色之一。（法座通常是背向經堂而面朝大門，或者較多是與供桌平行而面朝信眾）。

巴楚點了點頭，說道：「是的，是那樣沒錯。」

貝瑪多傑此時心想：「秋英讓卓是何時去佐欽寺的，看來他非常了解那裡。也許他在年輕的時候待過那裡？」

因此，貝瑪多傑請問秋英讓卓：「尊者可曾去過佐欽寺？」

大師猶豫了一下，回答說：「嗯，我想你可以說我去過那裡。」

「您是爲了什麼事情去的呢？」

「嗯，佐欽寺不是每年都會舉辦名爲『措千竹巴』①（大薈供）的大法會嗎？明就南開多傑就坐在他的法座上，擊著象牙小手鼓，口中念誦著『持明請偕眷眾前來此！』

「是的。」

「就這樣，爲了回應這個吉祥召請，所有的文武百尊、壇城本尊及我們這些老祖師都一定要前去！這就是爲什麼我去過佐欽寺的原因。」

「除此之外，我從來沒有去過那裡。」

自那一刻起，貝瑪多傑才知道巴楚前來求見的大喇嘛，是一位眞正的大成就者，一位持明（「明覺持有者」）②。

①「措千竹巴」，寧瑪教傳一部繁複的儀軌，其中包括一座分屬九乘，有七百二十本尊的精細壇城。

②秋英讓卓之主要弟子有伏藏師聶拉白瑪鄧燈和竹千寧達昆澤（見本書「簡傳」關於秋英讓卓之介紹）。秋英讓卓和其兩名弟子阿育康卓（一位女性上師）及聶拉仁增蔣秋多傑最後皆證得虹光身。

嘉華強秋之預言

嘉華強秋是來自昌區一位具有神通的成就者，他曾做過如此預言：「今年，一位偉大聖者，其爲觀世音菩薩的化身，他將從瓦逑昌根來到這裡。要是錯過這個見他的機會，可會大大遺憾啊！」

儘管他的預言是如此的激動人心，卻沒有人眞正將它放在心上。在年終將至時，一個身著普通牧民裝扮、手裡拄著拐杖的人，獨自來到了這個鎭上。一些鎭民心想他應該是名上師，於是表現出一些虔敬的信心，但卻沒有人猜到那位「偉大聖者」竟然就是巴楚仁波切本人！

求見一位重量級喇嘛

曾有一次，巴楚從噶陀來到宗薩寺，大喇嘛蔣揚欽哲旺波自三十七歲起就一直在宗薩寺裡閉關，並立誓餘生不再跨出住所門檻。

那天，蔣揚欽哲旺波交代侍者：「今天，不論誰到訪都帶他來見我。」

大家都以爲當天會有某個重要人士來見蔣揚欽哲旺波。

巴楚一如往常，以在家牧民裝扮，穿著一件破舊皮襖來到寺院。

他對應門的侍者宣告說：「我要見頂果涅頓！」

當時他並未用「蔣揚欽哲旺波仁波切」這個名字，反倒是用欽哲旺波小時候的乳名「頂果涅頓」。

侍在門口的侍者，從未聽過這個名字，便問巴楚：「誰是頂果涅頓？」

「喔，他是我的老同修，住在宗薩寺，我想見他，順便有幾件事要告訴他。」侍者花了一些時間終於弄懂，巴楚所指的顯然就是蔣揚欽哲旺波。他對巴楚說：「欽哲仁波切正在閉關，不能馬上見客。請稍等一下，等他結束這座修行，我會詢問他是否能見您。」

「所以我不能進去見他嗎？」

「呃，也許您可以，但您必須等我先徵求仁波切許可。您不能直接進去！」

「呀，呀！他這隻小小的草原鼠兔啊，或許有很多時間閒晃，但我這枝小小的草莖啊，卻沒有時間偷懶啊！」

巴楚說完這句話，便轉身離開了。

侍者心想：「好奇怪的人！」

侍者於仁波切座間休息的時候，來到他房間。欽哲旺波詢問：「今天有沒有誰來見我？」

侍者搖搖頭，說：「沒有，沒什麼特別的人。」

欽哲旺波問：「一個都沒有？」

「呃，」侍者終於回答：「有一個無理取鬧的牧民，說要見頂果涅頓，還說他一點空閒時間都沒有，不能等待。」

「那一定是巴楚！」欽哲旺波一邊說著，一邊斥責侍者：「快去把他找回來！」

他們派人去找巴楚，這時巴楚已來到前往八蚌寺的路上，正準備越過華拉山口。寺院的使者終於在距離宗薩寺幾小時腳程的地方，找到他。

使者懇求說：「請您回寺院吧！蔣揚欽哲旺波要見您！」

「喔，有嗎？」巴楚挖苦地說著：「蔣揚欽哲旺波，現在可神氣了！幾年前，頂果涅頓和我都在大班智達雪謙翁楚座下學習。那時候，他還只是個穿著黃絲袍的小伙子。現在可了不起了，我連進去看他都不行？」

言畢，巴楚頭也不回地往目的地八蚌寺前進。

求見另一位重量級喇嘛

巴楚放棄探望欽哲旺波的念頭，離開宗薩，最後來到八蚌寺。他爬上閉關聖地「雜扎仁千扎」（扎日寶崖之意，位於扎日一處聖地），想要見到偉大的蔣貢工珠仁波切。

巴楚在閉關中心，找到蔣貢工珠的貼身侍者，開口便說：「我必須要見工珠！馬上！」

工珠的侍者有點驚嚇，反應幾乎和蔣揚欽哲旺波在宗薩寺的侍者一樣。

「抱歉，工珠仁波切正在閉關。您不能馬上見他。」侍者解釋：「請稍待一下。等他禪坐結束，我會詢問他是否能見您。」

「所以我不能進去見他？」

「呃，也許可以，但您必須等等，我得徵求仁波切的許可。您不能直接進去！」

「等等？」巴楚說。「我沒有時間等！幾年前，工珠和我一起在大班智達雪謙翁楚座下學習。那時候，他還只是個穿著羊皮襖的小伙子。現在，可神氣了，我連進去看他都不行？」

說完這些話，巴楚便轉身離開了。

蔣揚欽哲旺波撤消巴楚的指示

堪欽扎西沃瑟是八蚌寺一位學識極爲淵博的學者，他不僅從學於蔣貢工珠，也依循他的教誡。堪欽是一位律己頗嚴的出家人，身披黃袍手持杖缽，嚴守比丘戒律。

之後，他來到巴楚仁波切面前求教，巴楚看了看他說：「你這一身行頭是怎麼回事？」

傳統上，當弟子向上師求法時，會說：「請賜我食物、衣服與法教。」堪布也不例外向巴楚這樣說，巴楚卻請他晚一點再來。當堪布再次前來時，巴楚給他一些食物、一本書和一件衣服，便說：「拿去。再見。」

扎西沃瑟對此並不氣餒，一直請求巴楚攝受，最終巴楚同意讓他留下。他花了很長的時間，在巴楚仁波切身邊學習與禪修。巴楚則建議他放棄一切財物及舒適，改穿舊衣白袍。

巴楚這樣說：「我的孩子，成爲一名捨世行者吧！就像『著薄霧爲棉衣的山中之子』素爾穹巴大師一樣，身上只穿普通白袍，放棄騎馬而徒步行旅，放棄一切華衣錦服，過著如密勒日巴一樣的簡樸生活。」

堪欽扎西沃瑟接受巴楚的建議，拋棄了一切財物，同意過著化緣遊方的生活。

巴楚自己的生活非常低調，他以前的同修蔣貢工珠和蔣揚欽哲，現在是著名的上師，他們常會這樣揶揄地說：「巴楚過得實在太簡單了，他要是能多做一點有用的事就好了！」

不久，堪欽扎西沃瑟按照巴楚的建議，身穿白色舊衣而來到宗薩寺，求見偉大的蔣揚欽哲旺波。「堪欽扎西沃瑟到了，」侍者告訴欽哲：「看來他似乎已成爲巴楚的弟子！」

「讓他待在僧人的寮房裡。」欽哲旺波回答。

一反既往，堪欽並沒有立即被帶到欽哲面前，反而被侍者告知必須在僧人寮房裡等待一會兒。

幾天過去，什麼消息都沒有，扎西沃瑟心想，也許他應該主動去見上師，然而卻被侍者拒絕，告知他必須在自己的房間等待。

這個「一會兒」從整整一周，演變成十天。

堪欽扎西沃瑟心裡越來越擔憂。欽哲旺波過去一直對他很親切，任何時候都願意立刻見他。這麼長久的等待時間，肯定意味著出了什麼問題。扎西沃瑟內心不斷回想自己可能冒犯到欽哲旺波的地方，然而卻找不到明顯的罪行來譴責自己。

「我想知道發生什麼事，」他喃喃自語：「大師一定是透過此舉來淨化我的業力和罪障。」

儘管堪欽扎西沃瑟自己也是一位大喇嘛，但這些困惑卻深深折磨著他。最終，他因爲感到悲苦而落下眼淚。

最後，欽哲旺波終於要見他了。

當扎西沃瑟來到大師面前，他看到欽哲旺波的法座旁有一個高高的教學法座，上面堆疊著一整套折疊整齊的僧袍。

蔣揚欽哲旺波兇惡地盯著身穿白袍的堪欽，接著開始斥責他：「你不是八蚌寺的大堪布嗎？能被賦予『堪欽』這象徵偉大學者的頭銜是多大的榮耀！看看你身上穿的是什麼破爛布衫？」欽哲旺波怒氣沖沖地說：「這一定是瘋子巴楚幹的好事！把那些破布脫掉，穿上這些僧袍，坐到那個法座上！」

堪欽猶豫不決。

「你究竟在想什麼，竟然丟棄僧袍，穿上一身又髒又臭的衣服？」，欽哲旺波堅持地問道。

堪欽試圖抗命，乞求地說：「請不要逼我！」

欽哲旺波威脅說：「如果你再猶豫一秒鐘，我就用我的杖子揍你！現在答應我，從今以後再也不會做這種蠢事！」

堪欽扎西沃瑟退卻了，遵照欽哲旺波的意見去做。

這件事過後，大喇嘛又像從前一樣，對堪欽表現親切友善的態度。這是因爲，欽哲旺波預見堪欽扎西沃瑟與其當個遊方隱士，學者的身份更能利益法教和眾生。

巴楚與蔣揚欽哲旺波

儘管巴楚與蔣揚欽哲旺波性格迥異，巴楚卻打從心底景仰欽哲旺波。在閱讀〔欽哲旺波所取出的〕伏藏法《傑尊心滴》的文本後，巴楚告訴一些弟子，欽哲旺波就是袞欽龍欽巴的化身，任何弟子有緣親見欽哲旺波，才不枉此生。

整整十三年的時間，巴楚每年都會爲欽哲旺波舉行長壽法會，並親自書寫一份新的長壽祈請文①，再送上一尊代表長壽之無量壽佛的新佛像。

每年，當巴楚的長壽佛新佛像送到蔣揚欽哲面前時，旁人都會聽到欽哲抱怨著說：「又是一個巴楚送來的命令！他又不准我死了！」

①這些祈請住世文共有六篇被保存下來，參見《巴楚仁波切全集》（2003）第八函，頁一百零八至一百零九。

巴楚惱火神隱

蔣揚欽哲旺波與巴楚偶有意見分歧時，在某些場合甚至直呼他爲「瘋子」。儘管如此，他還是很欣賞巴楚。

爲了表達他的敬意，他以讚頌巴楚爲名，做了一個長篇的淨信願文，裡面記述巴楚的生平。後來這個長篇願文成爲堪布袞巴所寫之上師傳記《信心妙藥》的基礎。

蔣揚欽哲旺波將這篇願文，連同一些藥用甘露丸①一同寄給巴楚。藥用甘露丸，爲混合多種藥材與舍利，經過長達一周法會加持而製成的特殊可食用甘露丸。

巴楚收到欽哲的信時，正在進行開示。底下群眾看著他服下一些甘露丸後，閱讀了那封信。巴楚讀完信後，立刻顯得惱火，大聲叫道：「好個蔣揚欽哲旺波，眞是可怕的喇嘛！」他一反常態突然停止教學，並失蹤了好幾天。

當他終於回來接續教學時，人們才得知乃是信中欽哲對巴楚的讚頌，令巴楚感到惱火。

巴楚將欽哲的甘露丸分發給在場群眾，並對蔣揚欽哲旺波無盡的善功德給予讚頌。接著，他向大眾解釋，讚揚與名聲眞的會爲傳法者帶來障礙，在讀了欽哲旺波爲讚揚他所寫的偈頌後，他需要一些時間反省沈澱，以確保這些毫不吝惜的讚揚沒有令他沖昏了頭。

在這個長篇讚揚詩句裡，有一段文字廣泛傳頌至今：

於外，汝爲寂天菩薩；
於內，汝爲成就主夏瓦利巴②，
於密，汝爲觀自在菩薩本尊，無上的苦自解脫者；
吉美確吉旺波③，吾向汝祈請。

①藥用加持甘露丸（威利：sman sgrub）。
②夏瓦利巴（Shavaripa）為印度八十四大成就者之一。夏瓦利巴原為一名獵人，在親見觀世音菩薩後，決定放棄惡行一心向法，成為大班智達龍樹菩薩的弟子，其弟子包括梅紀巴和八十四位大成就者其中之兩位。
③巴楚之名，吉美確吉旺波（無畏法主）。

巴楚與喇嘛米滂

大班智達居米滂嘉措，也就是著名的喇嘛米滂，據他自言，他曾經在許多學識淵博且具有成就的上師座下聽講，但唯一眞正需要費心研讀的，就只有巴楚在師利星哈佛學院教授《入菩薩行論》第九品的時候。米滂說，巴楚對這篇深奧艱澀之智慧品所闡述的論釋，是他領受過最重要的法教①。

隨後，米滂爲寂天菩薩《入菩薩行論》的第九品寫了一部名爲《智慧品釋．澄清寶珠論》（*The Wish-Fulfilling Gem*）②的著作，並成爲廣受讚譽的註疏。

巴楚輾轉收到此書的印本，在讀完米滂的論疏後說：「喔后！這正是我在師利星哈所教授的！」

①此處讓米滂仁波切深深景仰的文本，為巴楚對《現觀莊嚴般若波羅蜜多教授論》（*Abhisamayalamkara Prajnaparamita*）的論釋，這部原始著作總攝了長、中、短版《般若波羅蜜多經》的所有意涵。該文本的完整名稱為：*Abhisamayalankaranamaprajnaparamitopadesha-shastra*，其個別含義為：abhisamaya，「現觀／了悟」；alankara，「莊嚴」；nama，「名法／稱為」；prajnaparamita，「到彼岸智／般若波羅蜜多」；upadesha，「教授／教誡」（字義為「細看」）；shastra，「論」。

②《智慧品釋．澄清寶珠論》。參見《智慧品：蔣貢米滂入行論第九品論釋》（暫譯，*The Wisdom Chapter: Jamgön Mipham's Commentary on the Ninth Chapter of The Way of the Bodhisattva*，蓮師翻譯小組英譯，波德市，香巴拉出版社，2017）。

巴楚驚嘆

曾經，巴楚於嘎瓊果莫廓魯時，住在犛牛毛的小帳篷裡。他的忠心侍者索南次仁則住在附近的帳篷。

那時，喇嘛米滂剛完成日後廣為流傳的名作〈舊密教法弘揚願文暨法王讚〉①，想讓巴楚看看這篇剛完成的願文，並徵詢他的意見。

喇嘛米滂的長期居所位於宜牛寺，從嘎瓊果莫廓魯步行大約半天的路程。

那天傍晚，他先來到巴楚侍者索南次仁的帳篷。索南告訴喇嘛米滂，巴楚已經準備休息，當天不再會客。

喇嘛米滂將手稿交給侍者，告訴索南次仁說：「今天晚上請先看看這個願文。明天上午第一件事，當你送茶給巴楚仁波切時，請再大聲朗讀這篇願文給他聽。」

當晚，索南次仁擔心自己無法正確閱讀喇嘛米滂的筆跡，於是大聲朗讀了那篇願文好幾次。

第二天，索南起床後第一件事就是把願文塞進上衣的腰兜中，再去送茶給巴楚仁波切。

巴楚正在穿衣服。他穿上白長袍，正準備將長長的毛呢腰帶來回纏繞腰間時，他問索南次仁：「你昨天晚上在持誦什麼，唸了那麼久？」

「我正在唸喇嘛米滂交代我，今早第一件事就要念誦給您聽的願文。」

巴楚還沒繫好腰帶，停下手中動作，說：「好，那就唸吧！」

索南次仁朗讀了喇嘛米滂的願文，巴楚專注地站著聆聽，雙手仍拉著長腰帶的兩端。

在朗讀過程中，巴楚雖然手中握著腰帶兩頭，雙手卻以合十方式舉在胸前。

「噢……噢……！」巴楚驚訝地說。「寫得眞好！我以爲雪域裡幾乎沒有人比蔣揚欽哲旺波更博學！這裡卻有人跟他如此相同！他們就像一對並肩奔馳的純種駿馬啊！」

巴楚專心聽完朗讀後，終於將腰帶繫好，坐下來喝茶。

①〈舊密教法弘揚願文暨法王讚〉，此願文後經由米滂上首弟子之一，雪謙嘉察貝瑪南賈撰寫長篇註疏。

伯仲之間

曾經有人問巴楚：「您與米滂仁波切，誰比較博學？」

巴楚想了一會兒。

回答說：「論經部，我們不分軒輊。若論續部，米滂略勝一籌。」

在您們三位大師之間

學者堪欽扎西沃瑟在著名的巴楚座下學習後，曾說：「這世上再也找不到能與之並駕齊驅的上師了！其教證二量均極爲不凡！」

後來，他從學於蔣揚欽哲旺波，則說：「啊！其卓越無人能出其右！」

最後，他受教於蔣貢工珠後，便說：「太棒了！此人無與倫比！」

有一天，堪欽在蔣揚欽哲旺波面前，說：「仁波切，我是您們三位大師的弟子，在您們身上我見證了偉大的功德。能否告訴我，您們這三位大師－蔣貢工珠仁波切、巴楚仁波切和您自己，若眞要比較的話，誰最博學？」

「巴楚！」蔣揚欽哲旺波說：「沒有人比巴楚更博學！」

「那麼三位大師之中，誰最能利益眾生？」堪欽問道。

「工珠！」蔣揚欽哲旺波說：「他是毗盧遮那大譯師①的化身！編纂了《五寶藏》！沒有人比工珠利益更多的眾生。」

這名學者問道：「那麼三人之中，誰的證量最高呢？」

欽哲聳了聳肩，沒有絲毫傲慢或虛僞，說：「若論證量，那就是我了！」

---

①藏地最偉大的譯師或洛瞭瓦之一，藏地七名首批受戒的僧侶（七預士）之一，蓮師主要弟子之一。

巴楚離開佐欽寺

在佐欽停留一段時間後，巴楚對佐欽寺僧侶不良的行為感到厭倦。許多僧侶雖然身受具足比丘戒，卻照常飲酒、私養女人。

巴楚最後去找住持第三世竹慶本樂①，抱怨這些已廣為人知的僧侶破戒行為。

然而，由於其中一位不守戒規的僧人，是寺院裡相當有權有勢的財務總管，於是竹慶本樂告訴巴楚，他不會採取什麼行動，反而請他吃一些柿餅。

「才不哩，」巴楚回答：「我才不要你的柿餅！」

巴楚起身說：「我要走了，保重。」

他收拾了幾樣東西，便上路了。

堪布貝瑪多傑不久便聽說巴楚離開了寺院，感到悲傷不已。他一邊流著淚，一邊寫信給巴楚，說：「你我都是嘉瑟賢遍泰耶的

從巴楚仁波切閉關的文殊閻摩敵窟俯瞰佐欽谷。（1985）

弟子。如果你離開雜曲卡，就是破了我們之間的三昧耶誓言！」書畢，便派人將信送出。

當信差終於追上巴楚的時候，他正獨自一人，沿著佐欽谷邊緣的小徑緩步行走。他打開堪布的信閱讀。

「喔，好，好，」巴楚喃喃地說：「我不會走離雜曲卡的。」

從他的回答聽來，似乎他原本打算走得遠遠的，可能是中藏或者更遙遠的地點，直到看了堪布貝瑪多傑的懇求信後才改變主意。

①吉美秋英沃瑟（Jigme Chöying Ösel，約 1825–1897）。

給自己的忠告

無垢盛開蓮華花蕊上，
滿月輪面白光法座中，
樂空不動化現之聖尊：
主尊金剛薩埵吾所依！

聽著啊，阿布師利，
因具惡業才會心煩意亂！
應思量往昔因一再犯錯而不斷被愚弄。
然你可明瞭？
如今你還是不斷犯錯啊！應當要警惕！

別再過著錯謬空無之人生。
應當棄絕心中虛假之詭計，
與種種沒必要的無窮謀略！

勿讓腦子隨念流轉，
成串的想法從未成真，
那些使人分心的無盡散漫，
不過就是水上之波紋。
保任寂靜就好。

聽聞數百法教，卻不能理解其一。
聞法有何用？
思量諸多法教，需要時卻全忘掉。
思量又何益！
僻靜處做禪修，卻不能對治煩惱。
不如不修吧！①

持誦諸多咒語，
卻未能掌握生起次第。
觀修本尊可依，
卻未能擺脫二元分別。

看似降伏魔障，
卻未調伏自心。
精心安排的四座持誦②
不如丟掉吧！

提振時，你的心似甚清朗，
內在卻不安適。
偽裝下，你的心似甚安然，
內在卻少明晰。

你的覺知似不可動搖，
然而真正穩固的為何？你的分別念！
不如放下所緣境，
丟掉緊緊的凝視。

你的強大熱情看起來像是明覺，
卻只是更強化你的成見。
不如省了你的執取心，

放棄那有如插地木樁
的緊緊凝視。

你的話語似乎甜美，
卻無助於你的心。
你的邏輯似乎犀利，
卻只是引發顛倒。

這些教示或許深奧，
你卻未能付諸實修。
那就放下手中書本，
只會讓你傷眼費神！

你轉動著小手鼓：「咚咚咚！」
只不過是發出炫耀之噪音。
你吟誦著：「取我肉！飲我血！」③
卻繼續珍視你的肉和血。

你敲打著鐃鈸：「叮叮叮！」
然而你卻缺乏禪定力。
放下那些華麗配件吧！
那只是虛有其表而已！

今天他們說要學習，
最終還是虎頭蛇尾。
今天他們似乎了解，
一段時日卻未長進。

他們可能學了上百件事，
卻未能運用於其心。
不如放棄那些弟子吧！
雖然他們看似很重要！

今年，他們或許很貼心，
明年就不是如此。
他們似乎很謙卑，卻很快變驕傲。

你對他們越慈愛，他們就越迷失。
別再與奮地結交新友，
遠離那些笑臉的夥伴！

無窮無盡的絮語，
引發貪執與嗔恨。
你或驚嘆或認可，
其實是兩舌之為。

用語或許為悅意，
他人聽來卻惱火。
停止諸多綺語吧，
唯令口乾舌燥也！

無實修證而傳法，
如同看書學跳舞。
眾雖似虔誠聽法，
於你純粹欺妄爾。

若你背離了法教，
遲早令你羞愧也。
停止滔滔說教吧，
聽來如修辭雄辯！

沒有時卻需要，
擁有時卻無用。
沒想寫多少頁，
一提筆就沒完。
就算你文章滿覆世間，
那也不會足夠的。
不如放棄寫作吧！那是沒用的。

今天興高采烈，
明天忿忿不平，
人們是情緒多變的犧牲品。
他們從不滿足，
就算滿足，在你需要他們時卻毫無用處，

還會讓你灰心失望。
那就放下禮俗、奉承與諂媚吧！

有些人可以
修道世俗兩兼顧，
老阿布啊，切勿渴求此同伴！
難道你沒有看到，他馬廄中的老水牛，
多麼由衷渴望能好好地睡一覺？
吃喝拉撒睡，缺一不可；
莫管其他閒事，非你份內之事。
依力而為，安靜待在個人角落！
放下一切！這就是精義！

以上由瑜伽士赤美羅卓（巴楚仁波切）④為其密友阿布師利（就是他自己）所寫而適合其人的修行建言；就算無可付諸實修的內容，關鍵之點就是放下一切，即便最終你什麼修行成果都沒有獲得，亦無須氣惱！

①這段偈頌指欲追求智慧所須遵循的三個不間斷法門：聞所成慧、思所成慧、修所成慧。

②四座分別為早座（黎明前）、上午座、下午座和晚座（閉關時辰的傳統區隔）。

③這段偈頌指施身法（chö，斷法）修行，行者透過觀想供養自身血肉身軀，將身體斬斷成碎片化成甘露供養出去，進而訓練行者斬斷我執。

④赤美羅卓，「無瑕智慧」之意，巴楚仁波切曾受過的數個法名之一。此名有可能是巴楚在領受菩薩戒，或被賦予金剛乘灌頂時所獲得的名字。

巴楚之痛

巴楚離開佐欽寺後，前往雜曲卡的格孟靜修苑。他來到堪布雲丹嘉措（通常稱為堪布雲嘎）的住所。巴楚剛抵達還沒幾分鐘，突然對堪布說：「堪布，你介不介意我留下並在此閉關一年？」

堪布對此提議感到既驚又喜，立刻同意，還自願在那一年擔任巴楚的閉關侍者。

堪布雲嘎在巴楚閉關一段時日後，聽說佐欽寺住持竹慶本樂要來拜訪巴楚。

堪布向巴楚報告這件事。巴楚聽到後，什麼也沒說。

第二天早上，竹慶本樂來到堪布雲嘎的住所。堪布雲嘎於大門正式迎接他，協助他下馬，並禮貌護送他進入內室。

本樂進來後，發現巴楚躺在地板上，底下鋪著硬墊，臉上覆著看起來像毛皮的牧民厚重羊毛毯子。

「哎——啊！噢——噢！呦！」

竹慶本樂見狀立刻問道：「怎麼了？」

巴楚從厚重的毛毯下傳出聲音來，哀號著：「唉呦！痛得我好難受啊！噢！呦！」

竹慶本樂喊道：「怎麼回事啊？」

「我好痛苦！」巴楚尖叫。「呦！幫幫我！」

「怎麼了？」本樂喊道。

他痛苦地大聲呻吟著。

「我的身體被五毒四分五裂了！」

竹慶本樂一聽，轉身離去。

巴楚從毯子底下現身，大笑起來。

巴楚教導堪布雲丹嘉措

巴楚在格孟閉關那年，每天都修持著《根本摧滅金剛地獄》①的儀軌，在那裡，巴楚同時也教導堪布雲丹嘉措（雲丹嘉措）幾頁有關《秘密藏續》的兩個主要論疏，分別為龍欽巴所造的《遣除十方諸暗》②以及敏林羅千的《密主意莊嚴》③。

當他結束教學後，告訴堪布：「你現在是這些法教的繼承人，必須將它們傳給他人。」堪布雲丹嘉措依著指示而為，然而每當他要教授《秘密藏續》時，自己和許多聽講的弟子都會生病，也會出現許多障礙。

正好，文波丹增諾布派他的三名大弟子——堪布雲丹嘉措、堪布袞巴與堪布賢嘎，向米滂仁波切請求釐清關於此法的一些疑難之處。堪布雲丹嘉措便向米滂仁波切講述自己在教授這部密續時所遇到的障礙。米滂則建議堪布在講授前，每日進行修復三昧耶的儀式，並說他們應背誦龍欽巴為此法所造的六百頁論釋。

「如此應能迴遮一切障礙。」喇嘛米滂這樣說。

此後，這個方式就成為格孟寺在教授《秘密藏續》時的傳統且延續至今，主講者必定是能夠熟記此長篇論釋的堪布，需靠背誦論釋進行講解。

文革期間，這類宗教活動在高壓懲治下被禁止。儘管如此，在偏僻山間隱修處的集會中，格孟的堪布們仍不間斷地維護這個傳統。

① 《根本摧滅金剛地獄》（*Narak Dongtruk*），為寧瑪教傳修法中關於靜忿百尊的修法。

② 龍欽巴之《遣除十方諸暗》（不丹帕羅，雪謙出版社，1975），根據紐修安章之木刻版重新出版。

③ 《密主意莊嚴》，收錄在《敏林羅千達瑪師利全書》中第八函。（台拉登，闊千祖古，1999）。

巴楚評比一場盛大辯經

喇嘛米滂針對《入菩薩行論》第九品〈智慧品〉所著的論疏《澄清寶珠論》，犀利地駁斥了宗喀巴對中觀論釋的一些重要觀點，因而引發當時格魯派學者的激烈言論。著名的格魯派學者阿拉董阿，與喇嘛米滂這位鼎鼎有名的班智達，都是巴楚的學生。董阿爲此論疏向米滂提出一場關於中觀的公開辯論。

巴楚以博學和不分宗派聞名，因而被請求主持辯經與評比優勝劣敗。米滂在辯經時，一如他平常於教授、寫作、辯經時所做，在其面前擺一尊象徵智慧的文殊菩薩小佛像，米滂一直隨身攜帶這尊佛像①。辯經過程中，眾人注意到奇異的事發生了，那尊文殊菩薩小聖像的心間射出光芒，進入喇嘛米滂的心間，使兩顆心連在一起。現場所有人都目睹這道心心相連的光芒，而且持續很久。

辯經結束後，人們請求巴楚評比勝敗。

巴楚拒絕評論何者勝出。他只是淡淡地評述道：「然而，我確實看到一些比言語更有力的事情發生。」

①這尊高約一點五英寸的文殊菩薩佛像，米滂終其一生都用祂作為禪修的主要緣境。其他時候，例如米滂在為艱澀文本撰寫論釋，且心中有所困惑時，常有光束從佛像心間射入米滂心間，令一切困惑消除。喇嘛米滂圓寂後，這尊佛像裝臧於康區雪謙寺大殿一尊偌大的文殊菩薩像中。文革期間，雪謙寺被夷為平地，所有大型佛像皆被摧毀。不過，一名信徒設法找到這尊小佛像，將祂藏起來。這名男子交代其子，將來有一天，若是頂果欽哲仁波切回到西藏，必須親手將佛像交給仁波切。一九八七年，男子之子在德格見到欽哲仁波切時，便將米滂的小佛像獻予仁波切。仁波切感動地落下了眼淚。為了表達感激之情，仁波切將當時身上的每一分錢都給了那個人。目前這尊佛像與頂果欽哲仁波切的舍利一起裝臧於尼泊爾雪謙寺（雪謙天尼達傑林）的金塔中。

致阿拉董阿勸言

在喇嘛米滂與阿拉董阿的辯經結束後，巴楚將阿拉董阿帶到一旁，交代這位弟子一項任務。他對阿拉董阿說：「我說過你應該禪修悲心與慈心！你非但沒有這樣做，反而用一些學術廢話來塡滿你的腦袋！」

阿拉董阿在上師嚴厲的斥責下，於眾人面前落淚。

後來，巴楚寫下這些忠告給他：

起初，你值遇無上具格上師，
爾後，你生起出離法喜充滿，
如今，你正於山林靜處禪修，
啊，具福吾友，你確實有福！

我值遇尊貴上師，卻未善加跟隨。
無論修練什麼法，都沒用於自心。
曾於僻靜處修行，卻無法精進專一，
變成我這般老狗，意味著惡習未改！

吾友，你已步上安樂途，
然當你孜孜培養精進虔敬時，
當留意時時警惕傲慢自大魔。
如此亦可快樂地終此一生，明白乎？

……

這段眞切話語，如彩虹從口中生起；由粗衣阿布於迪瓊山間靜處獻上，藉以遣除摯愛且志趣相投之吾友的傷悲。

願其深意彰顯！①

---

①這段偈頌由亞當．皮爾西（Adam S. Pearcey）英譯。摘錄自《結合內外靜修：巴楚仁波切致阿拉董阿嘉措勸言》（暫譯，*Uniting Outer and Inner Solitude: Patrul Rinpoche's Advice for Alak Dongak Gyatso*，2014，審註：藏文原文無題），參考網址：https://www.lotsawahouse.org/tibetan-masters/patrul-rinpoche/advice-alak-dongak（該網已更新），本書於二〇一六年十月節錄。

雷同的倆人

米滂和巴楚兩人在生活方式上有許多共同之處。米滂經常做在家行者的裝扮，也經常在雜曲卡、宗薩、丹豁和其他偏遠處獨自閉關，其行事作風亦經常跳脫常規。

有一次，米滂欲前往宗薩寺見蔣揚欽哲旺波。他揹著布包獨自一人徒步旅行。驀然，他被一群強盜搶劫，命他將布包交出。

米滂說：「拿去吧！我所擁有的你們都可以拿去！」

他將布包交給他們，便靜靜地坐在一顆大岩石上開始念誦祈願文。

當他坐在那裡祈願且放鬆的時候，從長袍皺褶裡取出一只小藥瓶，這只瑪瑙瓶子裡裝著中藥粉，米滂經常嗅取一些藥粉來緩解鼻竇問題。

強盜們見到此舉，其中一名盜匪走過來說：「喂，你！對一個剛被搶的人來說，你看起來高興得很！何不把那個漂亮小瓶子也交出來？」

聽到這句話，米滂站了起來，完全變了個樣。

「我是格薩爾王的大臣！」他大聲吼道：「你們這些無恥之徒膽敢打擾我！」

米滂拿起一顆又大又厚的石塊，口中念誦一些咒語並對著石塊吹氣，將這顆石塊當成巨大投擲物而放在彈弓上拋向土匪，石塊猶如一顆小卵石般輕巧拋出，所有的搶匪見狀都嚇了一大跳，紛紛逃之夭夭。

喇嘛米滂拾起（搶匪所遺留）布包，揹在肩上，平靜地繼續前往宗薩寺。

巴楚托缽化緣

有一次，巴楚一如往常身穿牧民服裝，來到一戶富裕的牧民家門前化緣。女屋主見巴楚一身破舊，便嫌惡地以衣袖遮鼻，使喚女兒拿一些糌粑至門外，以便打發巴楚，還叮嚀她不要太靠近那個乞丐。

她這樣說：「把糌粑扔給他就好，不要碰到他，他身上可能會有傳染病！」

巴楚聽到這話，大笑起來。

他指出：「無瑕之物何來傳染病。不過別擔心，這附近看來沒有誰會因為我而得到同樣的病！」

過了一會兒，他想想又說：「不過，我想我在那瓊的時候，應該有傳給龍多。❶後來我在佐欽的時候，應該也有傳給文波．丹嘎。」

❶龍多的部分請參考〈巴楚為龍多直指心性〉篇。

龍多告別上師

龍多和上師巴楚住在瑪莫平原附近時，他已經五十歲。當時巴楚有預感龍多的母親即將離世，於是要龍多在母親往生前回去探望她。他說：「回到你的家鄉，留在那裡教導一些具格弟子。」

龍多因爲即將要告別摯愛的上師而感到非常難過，他在上師身邊長達二十八年，視上師就像油燈少不了燈芯般，倚靠著上師帶來光明啓發。

龍多要離開時，巴楚以雙手捧住他的頭撫摸著，說：「摯愛的龍多，你無須傷心。在我一生中，永遠無法親見偉大的袞千龍欽巴尊者，但你會遇到的，這一點我很肯定。」①

龍多心裡萬分不捨，邊走邊轉身哭泣。

走了幾步路後，轉身回到上師身邊，將頭倚在巴楚心間，哭了起來。巴楚用雙手輕輕撫摸他的頭，向龍多保證他將會遇到無垢友的化身，並且這個化身將成爲龍多的學生。

龍多還是非常難過，再次起身前行，但他還是停了下來，第三次轉身回頭走向巴楚。

巴楚試著再次安慰他，溫柔慈愛地輕觸他的頭頂，說：「到時會有明確的徵兆，你一定會認出他來。屆時，你必須將一切持有的法教皆傳授給他，就算你今生一件利益眾生的事都沒完成，光是這件也就足夠了。你只須將所學的全數傳授給他，那就算是你的佛法成就了。」

龍多前後三次走向巴楚，每次都得到相同的安慰，最終還是告別了上師。

自此以後，師徒二人便不曾再相見。

龍多依巴楚指示返回家鄉，並得以在母親離世前見最後一面，將雜曲卡信徒所供養給他的物品全數獻給其母。

自那時起，龍多在巴楚的指示下，留在故鄉，教化無數弟子，其中包括巴楚先前所授記的無垢友兼龍欽巴的化身，也就是年少的堪布阿旺巴桑。①

此外，在大瑜伽士聶拉白瑪鄧燈②證得虹身成就之後，他的弟子們也成爲龍多的弟子。

紐修·龍多前後共有五名傑出弟子，分別是兩位林巴（伏藏師）和三位大堪布，其中阿旺巴桑是成就最高的。

紐修·龍多則是巴楚弟子當中證量最高的，於是在雜曲卡流傳著一句關於巴楚法脈的話：「巴楚若是沒有龍多，就沒有子嗣了。」③

①堪布阿瓊被認為是龍欽巴尊者之化身，而後者為無垢友之化身。
②伏藏師聶拉白瑪鄧燈（1816–1872）。
③此句擷自東杜祖古《大圓滿龍欽寧提傳承祖師傳》頁兩百二十二。

巴楚於江瑪隱修苑傳法

江瑪隱修苑（柳樹庵）①位於雜曲上方一片茂密森林的坡地上，俯瞰廣闊無垠而光禿禿的高原。在巴楚的年代，那裡尚無任何永久的建築物，沒有堅固的房子，甚至連一間小茅屋都沒有。巴楚和他的弟子，像康區鄉村牧民一樣住在帳篷裡。他們有些人住黑犛牛皮的帳篷裡，有些人則住在只夠一到兩人住的白棉布小帳篷裡。

在冬季來臨前，大家會在帳篷周圍製作一圈小土牆，作為防禦強冷風雪的屏障。帳篷下方則挖個洞，以羊糞填滿凹陷，一粒粒圓形的羊糞正好為寒冷的地面提供良好隔絕效果。在這層羊糞之上，再鋪上由死胎犛牛皮所製成的毛毯。師徒們便可終日坐在上面，聽取法教與實修。

①江瑪隱修苑，該山丘因長著許多小型的山林江瑪（柳樹林）而得名。

渴求蘭若靜修

於此俗世居所裡，
輪迴幻化之現象，
無間無斷而生起。
成為無盡之事務。
不為幻相所迷惑，
視其皆為非所需，
阿布心渴深山寂。

諸寺院與村莊裡，
出家在家之行者，
凡塵義務重擔荷。
狂行散亂無義利，
阿布心渴深山寂。

縱然死期已逼近，
世人視若永不死，
不斷擬定新計劃。
視其無果終哀傷，
阿布心渴深山寂。

親友為貪嗔薪材。
同僚使人陷欺誑。
視諸「友」皆非善源，
阿布心渴深山寂。

眾生存有三界中，①
煩惱乃為欺妄敵；
娑婆世間六道中，
散亂促使輪迴轉。
知其唯將造痛苦，
阿布心渴深山寂。

上師三寶恆護佑，
吾已入於山林居，
請賜加持得存活，
於此堅定而安住。

野地修持為助緣，
山隱加持願成就：
身之獨自蘭若修、
語之獨自蘭若修、
意之獨自蘭若修。②

①有情衆生三界，分別為欲界、色界和無色界。
②「身語意之獨自蘭若靜修」為法教中常見的修持準則，指停止一切身體活動，放棄無義空談（或一切言語），並放下一切妄念之流，直到其徹底耗盡。

巴楚接待一位超凡訪客

有一次，巴楚向營地裡同住的人交代，他正在等待一位非常重要的客人，預計在當天稍晚的時候到訪。他告訴大家，爲了接待這位特別的訪客，必須確保一切準備工作完美無瑕。因此，每個人都辛勤地準備著。

那天下午，巴楚營地眞的來了一個人。這名訪客是個衣衫破爛、行爲粗魯的乞丐。這名流浪漢的脖子上戴著一串非常奇怪的項鍊，那是一串由髒舊靴子鞋底所串成的項鍊①。

巴楚一見到這名奇怪的乞丐，毫不猶豫地立即朝他行大禮拜，並且恭敬地以頭頂碰觸這名骯髒客人的不潔雙腳。

在場的人全都目瞪口呆，一句話也說不出來。現場除了巴楚，誰都沒有對這名流浪漢禮敬，更不用說向他行大禮拜。

巴楚恭敬有禮地引導乞丐進入主帳篷，並囑咐弟子們不可讓任何人進來，接著便放下帳篷帷幕。人們這時聽到從帳篷裡傳來巴楚開始進行薈供（神聖法筵）的聲音。

他們聽到巴楚唱著迎請蓮師之曲：

吽！
蓮師空行母眾請現前！
十方三世善逝請垂鑒。

至尊聖師蓮華顱鬘力，②
速自持明空行界前來！

就在這時，一股不可思議且猶如薰香的甜美味道，從帳篷裡飄出來。有一些僧人忍不住好奇心，掀開帳篷帷幕的一角往裡頭窺視。眼前景象令他們震驚無比。他們看到帳篷裡，巴楚正在進行薈供儀式，然而跟巴楚在一起的，不是只有一個奇怪的乞丐，而是有八個！

薈供儀式③結束後，巴楚走出帳篷，和他一起走出來的卻只有一名乞丐，也就是原先那名脖子上戴著靴底項鍊的流浪漢。

巴楚恭敬地護送這名不尋常的訪客，一直到鄰近的山口，在那裡與乞丐分道揚鑣。

上師回來後，弟子向他詢問這名不尋常客人的身份。

巴楚回答說：「你們既然看得到他，那麼各位一定有些善業。然而，既然看到卻只是看到了乞丐，那麼顯然也有些惡業。」

「事實上，那是忿怒金剛上師本尊！」

然後，巴楚像是又想起什麼，補充道：「還有啊，蓮師的其他化身也被邀請來了，他們全都來了！」④

① 忿怒金剛上師（Guru Dorje Drolö，gu ru rdo rje gro lod）的常見形象為，脖子上披掛一條由五十個顱骨所串成的掛飾，這五十個顱骨象徵：（一）梵語的五十個子音與母音，代表語清淨與五十種清淨風（五大中的風大）。（二）自我以及五十種令心智迷惘的妄念之消亡。

② 貝瑪托誠匝（Padma Tötreng Tsal，padma thod phreng rtsal）為蓮師密名之一，意思為「蓮花顱鬘力」。

③ 來自這次獨特薈供的聖物有被保存下來，摻入特殊甘露丸中，一直用到今日（透過將少量原本的甘露丸與其他藥用物質混合來製造更多的甘露丸）。這些甘露丸會用來賜給人們當作加持物，或與其他舍利一起裝臟在佛像內。

④ 這裡是指「蓮師八變」，蓮師一生當中為饒益眾生之需而相應顯現了不同的形象。忿怒金剛上師為八變中兩個怒尊之一。此八變分別為海生金剛上師、釋迦獅子上師、日光上師、蓮花生上師、愛慧上師、蓮花王上師、獅子吼上師與忿怒金剛上師。

巴楚遇上兩名殺人兇手

有一次，當巴楚在雜曲卡的白騾洞修持禪定時，全身只裹著一件羊毛斗篷，別無他物。一時，他聽到有人大喊救命。

於是，巴楚拋下斗篷，一路往山下奔去。在山腳下，他看到兩名盜匪，旁邊躺著一個剛被他們刺死的婦人。搶匪將死者身上的珠寶首飾卸下來占爲己有。

巴楚那時身上一絲不掛，揮舞著木杖向盜匪衝過去。歹徒們被眼前可怕的景象嚇到，丟下珠寶逃走。

這名不幸的女子，幾天前遭其中一名搶匪誘拐，說服她離家出走。於是她按照雜曲卡富裕地區的風俗習慣，身上穿戴許多珍貴珠寶，如珊瑚、綠松石、瑪瑙、琥珀等便出門了。

巴楚先爲這名被害女子進行解脫心識的頗瓦法，爲她持誦願文。接著，他將女子的珠寶全數帶到雜加寺，以其名義獻予這座寺院裡的大彌勒佛像，用以作爲身莊嚴。

白騾洞（德卡普），巴楚位於康區瑪莫塘的禪修洞穴。（2016）

巴楚於扎瑪礱傳授大圓滿法

大圓滿法教的力量在於直接體驗。爲了修持這類法教，巴楚經常到曠野中修行。

位於上雜曲卡山谷的扎瑪礱，是巴楚的上師吉美嘉威紐固閉關多年的地方。在這裡，巴楚爲文波．丹嘎（烏金丹增諾布）和其他具福弟子，詳細說明禪修竅訣。

首先，他教授殊勝大圓滿法「區別輪涅」的前行修持。接著，他教授「立斷」、「頓超」這兩個正行。每當他傳授完一個法教，並給予如何實修的指示後，大家便各自修持，巴楚也會和學生們一起實修。

文波．丹嘎後來說道：「我們每個人之前都領受過這些大圓滿法和禪定竅訣，也做過實修。我們其中有些人甚至還教導過別人！

「然而，我們自認爲的『了解』只不過是猜測與想像而已。巴楚在扎瑪礱傳授給我們的詳細口

位於康區的雜加扎瑪礱，吉美嘉威紐固的主要閉關地點。巴楚仁波切在此領受了二十五次的《龍欽心滴》教學，促使他後來寫下《普賢上師言教》一書。（2016）

傳竅訣，乃是源於其自身禪定經驗。遵循其教示而修，我們得到了真實的直接經驗，進而能於修行獲得成果。那些教法就像是看著掌中之物般地直接與清楚。

「或許你已是一位大圓滿修行者，一位當覺知生起時能夠認出的人①，然而當你將上師瑜伽法的深刻虔敬心與『區別輪涅』等修行結合在一起時，你將獲得更多的進步。

「這一切在扎瑪巃時都變得格外清晰。」

巴楚曾經強調，若是缺乏對自己根本上師的熱切虔敬心，就無法成就大圓滿證量。

隨著年歲增長，巴楚會花一整晚的時間修行《龍欽心滴》的上師瑜伽法。附近的人都可聽到他以低沉的聲音唱著：「殊勝蓮師上師請垂鑒！」

---

①大圓滿行者可分為兩類：（一）能認出自身覺性之顯現現者（行者了悟到一切顯相都不過是本覺的顯現）（rig pa rang snang gi blo can），（二）仍將顯相視為外境者（snang ba yul gi blo can）。

一日之糧足矣

巴楚在扎瑪礱的時候，對他的弟子穆日祖古·貝瑪德欽桑波①說：「我今天原本想吃一些乾酪和糌粑，但不知是被狗刁走了，還是我沒想到那是僅有的食物而送人了。無論如何，我現在一點糧食都沒了，你能否幫我找一些吃的東西回來呢？」

穆日祖古對於能夠有機會侍奉巴楚，感到欣喜，於是出外去找食物。當他回來時，將食物供養給巴楚。

然而，巴楚卻沒有收下，反而將它還給了穆日祖古，他說：「喔，剛才有人給了我一點酥油和乾酪，我想就不用再拿了！」

①第三世穆日祖古·貝瑪德欽桑波，具有很高的成就。據頂果欽哲仁波切言，祖古具有無礙神通，仁波切在祖古很小的時候就見過他。

巴楚憂心如焚

吉美嘉威紐固圓寂後，他的許多弟子仍繼續留在雜加扎瑪礱。他們待在一頂頂黑犛牛毛的小帳篷裡，專心一意地修持禪定。

後來，領頭的人認爲他們所在的地點雜加扎瑪礱不適合閉關修行，太寒冷、風太強、過於荒涼、地勢太高、過於偏僻，住起來非常不舒服！

他們四下尋覓，發現了一處天候較爲宜人且舒適許多的地方，他們說那裡較溫暖、較和煦、地勢較低，更適人居！

於是，所有的人都往下搬到那裡去了，就位於當今雜加寺①江瑪丘陵後方的一個美麗山谷裡。

當他們遷移的消息傳到巴楚耳裡時，他感到憂心如焚，他說：「雜加扎瑪礱是一處由空行母和諸位大師所授記的吉祥地！若是他們待在原來的地方，那個營地將聚集滿山滿谷的修行者！證法②將因此繁榮昌盛！所聚集的弟子數目將多到必須向四方敲鑼，才能召集所有人集會修行！這是多麼大的不幸啊！」

---

①今日的雜加寺，也是吉美嘉威紐固目前轉世之駐錫地。
②證法（了悟之法）之相對為教法（教導之法）。

巴楚與博學格西

有一次，一名學識淵博的格魯派格西，決定要找著名的班智達米滂仁波切辯經。當時米滂住在雜曲卡的寂瘫寺，於是格西朝寺院方向走去。一路上，他心想自己應該先找幾位能力較差的寧瑪學者辯經，好測試自己的辯經能力，看看能否擊敗對方。

一晚，當他停腳過夜時，詢問當地人附近是否有任何學問還不錯的寧瑪學者，可以與之比劃辯經能力。其中一名男子說：「嗯，在上方樹林那邊的小屋裡有一位巴楚，他讀過一點書。」

格西一聽，煞是失望，竟無法找到知名學者切磋技藝。然而，他還是穿過樹林，爬上山丘來到巴楚的閉關小屋。巴楚的閉關助手事先向巴楚預告，格西拜訪和比劃辯經的意圖。

於是，當他的助手說格西已經到的時候，巴楚立刻拿起他的老皮襖翻面後穿上，將有毛的一面露在外面。他躺在床上，將腳置於枕頭上而頭下腳上。

格西敲門，巴楚並沒有應門。在敲了好幾次後，格西緩緩地推開了門，他看見巴楚躺在床上，雙腳放在枕頭上，頭朝床尾，身上穿著一件羊毛露在外面的皮襖。

格西說：「你爲什麼這樣躺著？你連床頭、床尾都分不清嗎？」

「親愛的喇嘛，您的因明學不怎麼高明，」巴楚善巧地回答：「我的頭所在之處就是床頭，我的腳所在之處就是床尾啊！」

格西略感惱火：「那麼，你穿皮襖的方式也很奇怪，羊毛在外，皮面卻在內。」

巴楚聳聳肩，指出：「我將毛面反穿，皮在裡面，不就跟羊一模一樣嗎！」

在這段辛辣的開場白後，格西對巴楚提出了幾個質疑寧瑪派見地的說法，巴楚皆以異常輕鬆的態度與廣博的知識接招。

當格西離開巴楚的閉關小屋下山回返住處時，喃喃地說道：「人們跟我說這個巴楚有讀過『一點書』，如果我連他都不能辯贏的話，那我如何能夠擊敗偉大的米滂？看來我只是自取其辱而已！」

於是格西打消了挑戰的意圖，直接回家了。

思緒敏捷之喇嘛

有一次，巴楚在康區行腳，沿著一條可通往故鄉雜曲卡的路行走。途中在距離果岔寺不遠處，看到一個喇嘛沿著路旁的樹叢東找西找、看上看下，著急地尋覓什麼。

看到這個情景，巴楚問喇嘛：「怎麼了？」

這名喇嘛叫卓曲貢美，他跟巴楚說自己的一隻犏牛跑掉了，正想辦法要找到牠。

於是，兩個人一起沿著往果岔寺的道路緩慢前進，喇嘛不停地在道路兩邊尋找，巴楚則信步緩行地陪在一旁。

最後，他們來到了喇嘛的家門口。

他們抵達時，巴楚禮貌地詢問喇嘛是否可以借宿一晚。卓曲貢美當然非常樂意接待一位遊方喇嘛。第二天早上，下起了大雪。卓曲貢美注意到這位客人腳上所穿的靴子舊得可憐，不僅皮面很薄，靴底也已磨損而破了好幾個洞，非常不適合在這種天氣下穿著行走。喇嘛告知巴楚，他還有一雙靴子可以給他。巴楚於是收下，穿上那雙狀況良好的靴子後，請喇嘛代爲將破舊的靴子扔掉。

當他正準備離開的時候，巴楚詢問貢美他們之前是否見過面。喇嘛回答說：「不，沒有，但我猜您是巴楚尊者，對嗎？您能否慈悲爲我祈福？」

巴楚應允祈福後，便啓程上路，留下十分雀躍的卓曲貢美。他之所以高興，是因爲他的願望實現了，不是因爲他找到了迷路的犏牛，事實上他的犏牛從一開始就沒有走失！

而是，他聽說偉大的巴楚可能會經過果岔。他知道若是正式向巴楚提出接待的請求，很可能會被拒絕。於是他想出一個特別之計，刻意來到巴楚行經的路上與之不期而遇，並整個捏造了一個正在四處尋找他那可憐犏牛的故事，好讓巴楚能夠漸漸地往自己家的方向走來，最後誘使巴楚接受自己的款待。不出所料，他的計劃完全奏效！

不光如此，他還得以用自己的新靴與巴楚的舊靴交換，並假裝會代爲丟棄舊靴，私底下卻將巴楚的靴子保留下來，視同聖者的眞實舍利般永遠珍惜。要不是這樣做，一名聖者絕不會允許任何人珍藏其破靴！

蓮苑之遊

在康區鄧柯地區美麗的直曲（通天河藏名，長江上游）山谷裡，住著一戶富裕且具影響力的人家，稱爲森本倉。他們的英俊兒子扎西格勒深愛居倉恭博達吉的小女兒。

扎西向這名少女求婚。兩方家人都同意這門婚事。他們婚後生活格外幸福，夫妻倆一心向佛，忠於彼此。然而，他們的幸福並沒有持續多久。一場致命的傳染病蔓延了整個直曲谷，許多人突然染上疾病，甚而死去，這其中也包括扎西格勒心愛的年輕妻子。

扎西格勒爲此悲慟不已。這位痛失新婚妻子的男子決定上山找隱士巴楚，詢求他的建議。

巴楚當時在高山上，一個可以俯瞰廣

貝瑪日的蓮花水晶洞（Pema Shelphuk，貝瑪謝普），位於鄧柯和直曲河谷上方。（1985）

大河谷的聖地，稱「蓮花水晶洞穴」①中閉關修禪。

為了回應扎西的懇切敦請，巴楚寫下了〈蓮苑之遊〉②，這是一篇關於兩隻蜜蜂的寓言，故事描述有一隻名為「大蓮翼」的金蜂和其摯愛，一隻名為「妙蓮韻」的青蜂，住在美麗的蓮苑③裡。牠們各自擁有高尚品德：金蜂強壯、年少、聰明、慷慨。青蜂性情溫和、善良、沈穩，充滿善德。牠們是一對琴瑟和鳴的恩愛夫妻，彼此總是溫柔以待。

雄蜂認知到世間之短暫無常，邀請伴侶一同尋求佛法的教示，而其伴侶也意識到世間乃因緣和合而成之不圓滿，於是熱切地同意了。

她說：

精緻美好，卻稍縱即逝，輪迴也。
宏偉堂皇，卻曇花一現，幻財也。
歡欣愉悅，卻滿是痛苦，五欲幻樂也。
全然無有實質，六道輪迴也！

兩隻蜂兒向一位偉大的聖哲正式求法，聖哲為牠們詳細講述了從頭到尾的所有修道次第要點：

噯瑪吙！
善哉！

解脫道之無上指引光明者，
乃爲具一切功德之善知識。
於此濁世其事業等同諸佛。
其無量悲心及恩德比佛深。
道上若不依止眞實善知識，
有如盲人上路而無有引導。
渴求安樂卻恆造苦因，
當以慈悲填滿汝之心，
立誓盡除眾生之痛苦，
披上無邊大勇之盔甲！
修習自他平等；
修習自他交換；
修習珍視他人更甚己。

這兩隻蜜蜂努力將法教謹記在心。他們不在意世俗欲樂，因此大都能做到。

有一天，當一場突如其來的大雷雨降下時，大蓮翼正在飛翔，妙蓮韻則正在一朵野花上汲取甜美花蜜。當天色轉爲灰暗時，野花的花瓣突然閉合，把妙蓮韻困在花瓣裡，她因無法掙脫而害怕。其伴侶大蓮翼也感到很無助。

妙蓮韻向大蓮翼呼救，他聽到了。妙蓮韻也懺悔自己過去沒有好好修行聖哲的教導。當她漸漸開始窒息時，懇請大蓮翼要努力學法，以免像她現在一樣，於離世時感到遺憾。大蓮翼想不出任何方法可以救他心愛的人，聽著她的呼喊深感悲苦。

妙蓮韻死去了。悲傷的大蓮翼從此心向正法，對娑婆世間生起厭離感。

巴楚在接下來的詩節裡說了許多法理，有些人讀來認為它是《普賢上師言教》的濃縮版本。留下來的這隻蜜蜂學著如何將一切緣境轉爲法道：

值順緣時爲惡。
值逆緣時爲善。
值順緣時，五毒煩惱**熾燃起**。
值逆緣時，往昔惡業**焚燒盡**。
苦難爲上師之慈悲。

得讚美時爲惡。
得貶抑時爲善。
得讚揚時，自我更甚膨脹。
得批評時，缺失得以彰顯。
誹謗爲本尊之加持。

此爲修行佛法之至要。
此爲生起確信之至要。
此爲靜處修持之至要。
此爲遊方行者之至要。

這隻雄蜂在聽聞此廣詳的教導後謹記於心，誓言要將法教付諸實修。這名年少鰥夫扎西格勒，確實將巴楚爲他寫下的教言銘記在心，並用餘生致力於佛法修行。

① 蓮花水晶洞（藏文：貝瑪謝普），位於鄔柯上方貝瑪日塘神山之山頂附近。
② 《蓮苑之遊》，參見《巴楚仁波切全集》（2003）第一函，頁三百零一至三百五十五。請參閱東杜祖古在《證悟生活》（暫譯，*Enlightened Living*）頁四十四至九十七中之英譯文。
③ 詩句中所指涉的真實人物和地點，在此改以寓言方式表示，參見東杜祖古《證悟生活》，頁第十至十一。另參考赤嘎發表於《知識火花》第三十五期之文章（北京：民族出版社），以及頂果欽哲仁波切對東杜祖古的口述。

一戶牧民計誘巴楚

有一次在雜曲卡，離巴楚紮營的犛牛毛小帳篷不遠處，一戶富裕游牧人家的祖父往生了。家人希望巴楚仁波切能夠前來為他們的祖父進行超度，但他們知道巴楚不太可能會答應。

這戶人家的長子知道巴楚的個性，尤其是深具廣大悲心這點。於是，他想出一個有趣點子，希望能夠幫助家人實現願望。

長子將祖父的屍體包裹在一塊又大又髒的舊毛毯裡。接著，他將祖父遺留下來的珊瑚、綠松石等寶石蒐集起來，用一個珍貴的黑色古董碗裝起來，再把碗收在一只破破爛爛的髒舊皮袋裡，隨後將髒皮袋隨便綁在包裹起來的屍體頂部，便把整具屍體像丟垃圾一樣，拋到冰天雪地的戶外，離家族帳篷門口的不遠處。

長孫耐心地等待，直到看見巴楚經過他們的帳篷前。他叫住巴楚，說：「喇嘛拉①，如果方便的話請進來喝一杯茶。」

巴楚同意後進入帳篷。家人帶巴楚安坐在一張小牛皮毯上，並奉上一些茶。

巴楚一邊啜飲著茶，一邊問長子：「扔在你帳篷門外的那堆東西是什麼？」

「噢！那個？沒什麼，」長子輕描淡寫地回答：「只是一個剛往生的僕人屍體。可憐的孤獨老人，一個親人也沒有。剛好我們這裡也沒有人可以幫忙把他的屍體帶到屍陀林（亂葬崗），所以我們就把他扔在那邊。我想也不需要請喇嘛為他唸經，進行頗瓦，因為說真的，又有誰會在乎呢？」

巴楚立即提出願意為他超度，進行頗瓦儀式。他甚至願意幫忙把遺體搬到最近的屍陀林處理。

當巴楚將包裹的屍體扛在背上時，注意到那只破舊的皮袋，便問長子裡面是什麼東西。

「噢！那個？沒什麼，」長子一如先前，輕描淡寫地回答。

「這個老僕人剛來的時候，就帶著這東西一起前來。我們也不知道裡面有什麼，誰也不想打開那個骯髒的東西看！您就一起帶走吧，任憑您處置！」

於是，巴楚連同皮袋一起帶走了。

這個機靈的長子對結果非常滿意。他不僅設法利用巴楚出了名的悲心為祖父進行頗瓦，還用計讓他為此舉收下供養！

①字尾「拉」是對人名之敬語。

另一戶牧民計誘巴楚

有一位年輕的牧民女孩往生了，其父親希望巴楚仁波切能爲她超度、進行頗瓦儀式。他很清楚巴楚甚少幫人做這樣的法事，但他卻希望能有辦法請巴楚爲自己的女兒超度。於是，他騎著馬，並牽著另一匹離開營地，前去見巴楚。

當時，巴楚住在雜曲卡的阿加山谷，這個地方因住著許多兇殘的土匪而惡名昭章，入夜後根本沒有人敢經過此地。

父親非常仔細地盤算旅程，希望能趕在黃昏前抵達巴楚的營地，他也如此照做，並成功地在路上遇見巴楚。

他們互相問候後，巴楚問他要去哪裡。

父親回答說：「我要前往佐欽寺，請佐欽仁波切過來爲我的女兒唸經祝禱，進行頗瓦。我的時間不多了，即使得連夜趕路，我也得去。」

巴楚警告父親：「太危險了！你絕對不能在夜裡騎馬穿越此地的任何一處！你肯定會被搶的！留下來過夜，明天早上再走！」

女孩的父親回答：「我沒有時間了。即使冒著會被土匪殺了的風險，我也得盡快找人爲女兒完成法事，這兒附近應該找不到會做此事的喇嘛，對吧？」

巴楚立即心軟而表示：「噢，好吧！好吧！你不必連夜趕路。我幫你做吧！」

聰明的父親如願以償，找到方法請巴楚爲他已故女兒進行合宜的法事。

巴楚高貴的行止

巴楚借住在一處富裕牧民的大營地時，一天，一群年輕牧民騎手正巧騎馬經過他的帳篷。其中一名騎手向巴楚的帳篷望去，說道：「我相信沒有人可以將巴楚仁波切視爲普通老百姓來對談。」

一名騎手逞強地說：「我可以！」

第一位騎手說道：「如果你做得到，這匹馬就送給你！」逞強的騎手接受了這個賭注。

於是，整群人騎馬來到巴楚的帳篷前。接受賭注的牧民騎手立刻進入了大師的帳篷內，其他人則留在外面，聆聽裡面所發生的一舉一動。

他們聽到傲慢的騎手一派輕鬆地問候巴楚：「閣下，您好嗎？」

一陣長長的靜默後，人們聽到巴楚以低沉的聲音禮貌地回答：「那麼閣下，您，好嗎？」

接著是更長的一陣靜默。

過沒多久，那名騎手以倒退的方式步出巴楚帳篷，臉色蒼白如幽靈，渾身顫抖，看來是打從內在深處受到震撼。

他告訴同夥，不知爲何，偉大的巴楚仁波切很清楚他爲什麼會來到帳篷，以及要做什麼。

「起初，我說完『閣下，您好嗎？』後，他沉默不語，我以爲他沒有聽到我的聲音，」騎手說。

「接著，突然間，他脫下帽子，深深地向我正式鞠躬，用他低沉的嗓音問，『那麼閣下！您好嗎？』

「我被他那不可思議的謙沖舉止給嚇到了，他手一揮地摘下了帽子、對著我彎腰鞠躬，還有他那一頭令人驚奇的白髮，這一切都讓我瞠目結舌，啞口無言！」

巴楚粗魯的行止

一位名聲響亮的高階貴族，遠從果洛一路步行來到雜曲卡，想要找機會面見偉大的巴楚仁波切。

巴楚不但不讓他進入帳篷，更別說接見他，還親身到自己黑氂牛毛帳篷的門口，開始無情地訓斥這位大人物，不僅罵得很大聲、很凶狠，還罵了很久。

這名果洛的大人物回說：「大人，您的聲譽如天空般寬廣，您的名字遠近皆知，但是您卻像把杉樹皮丟到火堆裡，劈啪作響地發出熊熊烈火，毫不留情啊！」

巴楚一聽到此，大笑起來：「你說得對！我有一個極爲粗魯的叔叔，我想我一定是遺傳了他的壞行爲！」

有人喜亦有人畏

曾有人對巴楚說：「有些人喜歡你，有些人卻敬畏你，甚至不敢在你面前說一句話。爲什麼會這樣呢？」

巴楚想了一會兒，最後回答：

「有些人喜歡我，或許是我恆時培養慈悲之故。其他人怕我，或許是因爲我視自身與諸法的本質皆空之故。」

一位當代上師①在解釋這段故事時提到，人們自然會受到滿懷悲心者所吸引，然而卻對眞正洞悉萬法空性者有敬畏之情。具有如此高深證量的行者，給人一種特別強大但又寧靜的感覺，人們很容易感受到他們像是一座不被世間希懼等八法所撼動的莊嚴高山一樣。

①堪布袞巴的直傳弟子，格孟寺堪布貝瑪旺嘉。當本書於二〇一六年完成時，堪布已屆八十八歲。

巴楚敬重四大元素的自然運行之道

巴楚嚴厲譴責那些依據人們請求，盡做些改變氣候、祈雨驅雨等施咒儀式的密乘行者。「這些施咒術士的心一定是被惡魔給佔據了，」他曾這樣說：「他們妄想大大成名，然而他們不切實際的詭計只會帶來大地的毀滅，其他什麼也達不到。

「看看他們的所作所為好了。我們短短三個月的夏季，正是大夥享受好天氣的時候。高原上覆滿五彩繽紛的花朵，鳥兒在唱歌，動物們也開心地四處嬉戲。然而在這個時候，這些作亂者卻大肆進行各種法會，企圖干擾天氣等大自然力量。嘴裡說著召喚神祇，被他們召喚來的卻只有荒蕪。

「他們的介入，傷害了農民與牧民，引來乾旱與瘟疫，光是想想他們用咒術所殺害的眾生，小至蝌蚪、青蛙、魚類，種類之多且無一倖免。他們可曾想過，傷害這麼多的眾生，只會為自己帶來更多惡業而已！」①

---

①巴楚文集中收錄了一封名為「致修持止息夏雨術士書」（dbyar kyi char gcod mkhan la spreng ba）的信箋，內容譴責一名稱為「諸櫛嚮銅」（Kune Phuri）的密咒師及在雨季（或正值節慶）行驅雨巫術等干涉自然大種力量的所有咒術師。見《巴楚仁波切全集》（2003）第一函，頁五百二十至五百二十一，本書節錄堪布袞巴於《信心妙藥》中關於此信箋之摘要，參見頁四百五十一。

告誡之詞

龍欽巴尊與心子，
與汝傳承持有者，
皆為吾上依怙尊
菩提心之主。
汝等藉大悲願力，
攝受六道輪迴眾，
絕不棄離流轉者，
於汝等我今祈願。

諸劫以來諸眾生，
悉皆曾為吾母親，
慈愛細心呵護我。
往昔惡業重擔荷，
痛苦折磨如雨降。
此情此景難堪忍，
吾之心痛欲裂已！

惡行惡業「友」難棄，
善於欺誑起困惑，
誘使我專注他處。
若非一心向正法，
輪迴獄中任敗腐。

吾於自身年少時，
他人影響禁不住，
佛法修持未能也。
年長卻陷感官欲，
佛法修持亦未能。
如今老矣根器衰，
佛法修持不能也。
現在還能有何為？
嗚呼，哀哉！
值此五濁之惡世，

思想行為皆敗壞。
與墮毀之人同行，
即是違背正法教。
任憑我盡一己力，
絕對無法皆取悅。
至此已夠吾厭矣！
深山閉關我定往！

無論獲取多少物，吾心不曾有滿足。
無論達成多少事，依然更多可為者。
無論阿諛多少人，總有靴子尚可舔。
至此已夠吾厭矣！
往來攀緣我定滅！

不論享受多少樂，欲望向來填不滿。
不論閱讀多少書，不過文字無義矣。
不論耗費多少時，散亂從未有減損。
至此已夠吾厭矣！
內在叨絮諸盤算，以及希懼我定除！

未能付諸修行，聞法有何益？
無端造作戲論，思量有何益？
橫生莫名希懼，修禪有何益？
至此已夠吾厭矣！
我定鬆坦赤裸離概念！

戒律若為虛矯，律藏有何益？
修行若為空談，經藏有何益？
智慧若為無稽，論藏有何益？
至此已夠吾厭矣！
我定如瘋子隨心而行！

既難贏得又難棄，財富有何了不起？
既難馴制又難悅，隨從有何了不起？
既難獲取又難離，家園有何了不起？
至此已夠吾厭矣！
我定如路旁乞丐化緣活！

聲聞行者若視現象為敵，有何益？
發菩提心若如多愁老婦，有何益？
密乘行者若被煩惱扭曲，有何益？
至此已夠吾厭矣！
我定鬆坦保任於心性！

於觀自身行為時，唯大笑矣。
於觀他人行為時，唯悲嘆矣。
此刻心中唯哀傷。
眼所見者令心憂。

五大如敵崛起時，
作嘔世間欲厭離！
虛矯欺誑生起時，
受夠眾生欲厭離！
無盡惡業滔滔流，
無義人生虛擲度，
受夠世人深厭離！
受夠一切深厭離！

汝為皈依怙佑主，
本然懷擁大悲心。
久處輪迴諸眾生，
於彼苦難若不涕，
則彼惡業重擔下，
誰人引彼步解脫？

「對，就是如此！」
「不，不是如此！」
只是無用之廢話！

「就像這樣！」
「就像那樣！」
只是謊言與話術！
冥頑學院理論欺瞞我，
我欲將彼「見地」逐門外！①
又見本尊又見魔，
真實禪定覺受少。

瞠目怒尊諸觀想，
其口大張令人狂。
盲修瞎練愚弄你，
我欲將彼「禪修」擲風中！

心繫成就世俗果，
汝之戒行虛表也。
唯求滿足感官欲，
汝之密乘私心也。
痴心追求無用果，②
我欲將彼「行止」拋溝裡！

利己心根深蒂固，
如何空談利他行？
自心尚未能認出，
豈能教導中陰法，於死屍言善引導！
自利尚且未能成，
怎可期盼利他人？
我欲將彼「利他」扔懸崖！

心中充斥諸偏見，
期望契入覺知中，
唯是癡心妄想也。
恍惚昏沉之止修，
唯有使你自縛於，
所謂「禪修覺受」蠶繭也。
竟敢大言不慚說，
自身已獲「高深證量」耶？
我欲將彼「果位」投深淵！

疏於實修卻說法，
學問為汝之大敵，
邪見毀壞汝心續。
爭辯名相無終盡，
所學誘你入歧途。
見此，我欲將彼「聞思」棄風中！

自身傳承學無成，
卻求其他傳承法。
不修此法而趨彼，
只因彼法更「深奧」！
汝心飄遊與渙散，
滿腦經典為患故！
見此，唯願專心一意實修也！

汝為慳吝守財奴，
只為得財而修法，
唯有招來「匱乏之魔」。
自身雖缺菩提心，
卻在照管其他人，
終將失於照管己。
怠修無上成就法，
盡辦法會諸儀式！
見此，我願努力調伏自心也！

計劃眾多無暇為，
所作皆成無義利。
行此修彼皆自欺。
見此，我願終生無謀無略也！

過多尋思，
看其如何引我入邪道？
過多言說，
看其如何令我心散亂？
過多行動，
看我如何落入事業阱？
好比流浪狗般而遊盪。
好比老狐狸般窩裡藏。
願隨心所欲而無計畫。
好比流浪漢般四處晃。

無需上師，因我能自覺心續。
無需侍者，因我能照顧自己。
無需盤算，因我知如何皈依。
從今爾後，諸法生起，如何生起，任由它去！
猶如死屍，無所動搖。
無有壯志，
就只是隻看似日漸衰損的「老狗」而已。

……………………

如此，願一切吉祥！

---

①參考《巴楚仁波切全集》(2003)，第八函，頁一百四十六。藏文應該唸成「degs snying 'dod」而不是「…'dor」。〔譯註：英文書中並未呈現藏文拼音。〕

②同上，參考第一百四十六頁，藏文應讀為「gnad med」而不是「gnang med」。〔譯註：英文書中並未呈現藏文拼音。〕

巴楚送走一只精美曼達盤

巴楚通常不接受供養。如果他收下供養，很快又會把它送出去。有時人們會爲巴楚獻上一些諸如金剛鈴杵、曼達盤、手鼓，供杯等行者實修所需要的法器。這類物品，他可能會收下後再轉送給其他修行者，因爲他知道收到的人會用於行持各種善法和實修。

格孟寺裡有一名叫貢培的僧人，是巴楚妹夫的侄子。由於出生極爲貧困，剛到寺院時，完全不識字，因此大家都不把他當一回事。他連買蠟燭或油燈的錢都沒有，若是想在晚上念書，就只能倚靠月光。

一次，有人供給巴楚由利瑪合金①製成的極精美曼達盤，貢培也在場。貢培竟敢開口詢問巴楚，是否可以將那個曼達盤送給他。眾人都對此感到驚訝不已，但更讓眾人詫異的是，巴楚竟然同意了。

巴楚回答說：「當然好啊！」

他將曼達盤遞給貢培，並說：「將來，當你向很多人傳法時，正需要一個如此精美的曼達盤，不是嗎？」有些人聽到這句話，或許認爲巴楚在諷刺他。但很顯然地，當時沒有人（除了巴楚以外）能預見這名出身赤貧家庭又平凡僧人的未來。他可是窮到沒有鞋子可穿以致腳底磨出血，窮到身上的髒衣縫縫補補，窮到必須仰賴月光來閱讀，因此沒有任何人注意到他，他們從未想過經由他的虔敬心、精進力與勇猛力，還有像巴楚這樣偉大上師的加持力，這名可憐的僧人最後將成爲一位著名的學者兼行者，也就是巴楚視如己出的——堪欽袞巴。

① 利瑪合金為融合銅、錫、鋅、鐵、鉛五種金屬的合金，有時候也會加入一些銀，以此製成的佛像或法器，會被視為是上等品。

乞士與嘛呢石匠

巴楚每次看到乞丐來化緣，都會極度開心，彷彿遇上美好事物一樣。他喜歡接待叫化子，勝過與普通人對話。如果巴楚能夠滿足乞丐的各種需求，他總是比受餽贈更快樂。

若是貧窮的嘛呢石匠也來向巴楚乞求衣食時，巴楚就會淚水盈眶，身體也會變得虛弱。如果他剛好有東西可以佈施的話，他會很高興地立即施捨出去。當他沒有任何東西可以施捨的時候，他會痛苦地凝視著虛空，憂傷地說：「怎麼辦才好呢？」

有一次，一位名叫普嘉的貧窮石匠，前來向巴楚乞討一些金錢。巴楚感覺到這個石匠有點貪心，於是對他說：「只要你複述『我不需要這些錢』，我就會把錢給你。」剛開始那個人感到迷惑，不敢跟著說。在巴楚重申三次要求後，驚愕的石匠終於說出：「我不需要這些錢。」於是巴楚給了石匠一些錢。

後來，有人請巴楚解釋這麼做的原因。

巴楚回答：「有一次，在家居士給孤獨長者為釋迦牟尼佛獻上了一種名為『拉杜』的可口甜食。當時，一名貪心的婆羅門在一旁看著，向佛陀乞求將甜點給他。佛陀回答說：「只要你說『喬達摩，我不需要這個拉杜』，那麼我就把它給你。」

婆羅門照做了，他重述了佛陀要他說的話，於是佛陀便把拉杜給他。

後來，佛陀的近身侍者阿難請問佛陀這麼做的含義。

佛陀回答說：「這位婆羅門有五百世未曾說過『我不需要』這樣的話。正因為他從未說過這樣的話，我要求他跟著我說『我不需要』這樣的字眼，以便在他心續中種下知足的習氣。」

巴楚懇求有更多乞士前來

有一次，連續好幾天都沒有窮人來到巴楚的帳篷前乞食。由於沒人上門乞討，巴楚的住處開始積聚許多食物、錢財和各種物品。

巴楚對於累積越來越多的供品感到不高興，於是要兩名學生立刻出門尋找一些乞丐並帶他們回來。最後，弟子們帶著一群窮嘛呢石匠回來。

「這不是很好嗎？」巴楚看到石匠們走進來的時候大聲說道。他開始把那些聚積成堆的供品放在一起。

乞丐們一進到巴楚的帳篷裡，還沒開口，巴楚就把錢財等物品全都拋給乞丐們，嘴裡大聲說著：「拿去！拿去！」

沒多久，他就把一切供品全都送出。

嘛呢石匠把所有供品都取走後，巴楚大大地鬆了口氣，說：「讚啦！終於擺脫躺在那邊，有如腐屍的恐怖東西！你說對不對？」

巴楚隨緣受供

巴楚一生當中絕大部分的時間，都拒絕接受任何貴重供養。不然，就是禮貌性地先收下，再將供品留置在原地，轉身離去。

這個習慣，巴楚一直維持到蔣揚欽哲旺波寄來這封信：

「巴給，你或許不收在世者以亡者爲名所獻上的供養。但是請不要將它們丟棄，更不要任其在荒地上腐爛。

這些供品很可能是施主以血汗與淚水賺取而得的。不應該就此扔掉，最好利用它們來做具有善德之事。」①

巴楚讀到這點，大聲說著：「看看頂果涅頓寫給我的東西！有時候他會胡說八道，有時候他的話卻頗有道理。今天，我認爲他的所言十分正確！」

往後的四、五年間，巴楚接受了所有人，無論貧富之人供養給他的一切錢財、珠寶和貴重物品。巴楚利用這些供品，聘請石匠認眞地雕刻嘛呢石。這麼一來，石經牆上不斷有新石板被添加上去，石牆的長度、寬度和高度都要比巴楚前世桑丹彭措所建造的石牆大了許多。因此，正好印證了下一個巴給轉世將使石經牆長寬加倍的預言。巴楚親自檢查每塊雕刻好的石板，嚴格監督成品，因此每塊石頭的雕刻都美妙清晰又無可挑剔。

巴楚說：「製作任何聖物都會爲有情眾生帶來利益。然而，陶瓶和佛像會因雨水而損壞；黃金佛像除非好好看管，否則會被偷竊；壁畫和唐卡則非常脆弱；經堂需要有人看管，需要有人看管就表示要有人護持這些看管者，然而你卻很難找到一個能夠把這種工作做好的人；經書很容易毀損或誤置，若是有人出錢雕刻經書的木刻板，即使檢查了九次還是會發現錯誤。要完成一套不增不減、完美無誤的木刻經書是非常困難的。

「但是，供養十萬嘛呢石牆本身就很圓滿了。不需要擔心夏天屋頂會漏水，冬天會下雪。牆壁不需要清洗或打掃，既不用擔心遭受鴿子或老鼠的破壞，也不需要煩惱經堂看管者是否有人護持等問題。

「一旦正確雕刻出六字大明咒，就沒有什麼要再檢查的了。不需要參考典範，因爲大家都對此咒語熟記於心。而且這觀音心咒乃由佛陀加持，將他的八萬四千法門總攝爲這六個種子字。

「簡言之，製作其他聖物就像持舉樹枝，建造嘛呢牆則等於創造此樹木的根。就算整個國土被侵略，也不必擔心這些石頭會被偷或破壞。這道石牆將延續好幾個世代。②

「俗話常說，若能爲一塊嘛呢石奠下基礎〔供養一塊嘛呢石的製作〕，將來死主要審判我們的善惡時，這個基石的重量將成爲我們的善德重量之一。

「說眞的，這道嘛呢牆是比用閻浮河之純金做奠基還來得更好的供品。我沒有辦法供養那麼珍貴的供品，但我可以藉由言語和心意，觀想整個世間皆爲這些嘛呢石牆的基礎並以此迴向。若要衡量福德的話，這不就數目可觀而意義重大了嗎？」③

巴楚親自爲這道嘛呢石牆加持，祈願這道石牆能爲往後無數世代的見者、聞者，甚至憶念者帶來利益。巴楚還經常說，凡是對此牆進行獻供、頂禮、繞轉，甚至是被石牆吹來的風所拂之人，都不會再次墮入輪迴之中。

當巴楚在爲第五世佐欽仁波切土登確吉多傑、堪布賢嘎（嘉瑟賢遍泰耶之轉世）、大堪布貝瑪多傑、堪布貢秋沃瑟與大約一千名僧人，傳授《秘密藏續》時，巴楚要求他們共同爲巴給嘛呢牆進行了整整兩天的開光法會。

法會開始前，巴楚派人將一條長哈達和一塊銀錠，送到宗薩寺並獻予遍知金剛持蔣揚欽哲旺波處，請求他爲新近擴建的巴給嘛呢牆進行開光儀式。

蔣揚欽哲旺波同意，但表示必須在遠處進行，因爲他正在進行永久閉關，無法出門遠行。他請信差帶回一小包藏紅花色的青稞穀物，並囑咐必須在藏曆六月十日那天拋撒。

這一天來臨，大家都準備好進行開光儀式。香火也點燃了。欽哲仁波切會在同一時間於遠處祈福。

巴楚說：「他本人不會來到這裡，但是老欽哲有時會做一些不尋常的事情，所以，大家等著看吧！」

開光儀式開始進行，他們拋撒了一些欽哲仁波切給的青稞粒。儀式結束時，一片巨大的雲彩出現在眾人頭頂上。

突然間，嘛呢石牆上降下一大片青稞雨。

這片青稞雨就和先前欽哲仁波切送來的那一把藏紅花色青稞粒顏色完全一樣④。

巴楚看到此景後，說：「頂果家族的祖古就像是印度的大成就者一樣！」

接著，一陣驚人的花雨，灑落在巴給嘛呢牆上整整持續了三天，直到石牆最後被花瓣覆蓋。

①其他如阿圖氏的虔誠貴族蔣揚羅卓等，也是這樣敦促巴楚將供品收下用於善行。
②如今證明巴楚仁波切當初所言確實為實。參考〈巴給傳承〉篇註釋5說明。
③參見堪布袞巴《信心妙藥》頁四百零六至四百零九。
④根據確吉尼瑪仁波切口述，這個故事在藏地非常有名，許多人仍保有這些青稞當作小紀念品，例如確吉尼瑪仁波切的父親祖古烏金仁波切就有幾顆穀粒。

巴楚修行瑜伽

巴楚在偏僻之地，根據《龍欽心滴》的傳統修習瑜伽。他在進行二十一式修持前，習慣脫光衣服，採取一種特定的瑜伽姿勢，以寶瓶氣屏住呼吸①。氣入中脈後，便能夠在一次屏氣間，持誦《文殊眞實名經》的長篇完整內容三次。

他的學生堪布袞巴在一旁觀察上師。

有時，巴楚在持誦過程中會打瞌睡甚至打鼾，驚醒之後，巴楚會說：「我的修行中斷了！我分心了！」

然後便從他剛剛中斷的地方，毫無錯誤地接續持誦下去。

有時候，當堪布袞巴在做這個修持時，巴楚正好在附近打盹。若是堪布中間犯了一點小小的錯誤，像是跳過一節偈頌，甚或是少背誦一個字，巴楚就會突然醒過來糾正他！

巴楚看似睡著但實際上是在明覺當中休息，所謂睡在「光明」②中，那是一種完全覺知、廣闊、明晰，超乎思惟的狀態。

① 「寶瓶氣」（Bumchen）。

② 光明瑜伽為那洛六法之一。光明是一種無概念分別的狀態，離於心思造作，類似於證得法身之經驗。受過這種瑜伽訓練的資深行者，能夠在深度睡眠中全程保持在此光明狀態。

巴楚以不尋常的方式旅行

有一次，當巴楚正在進行持誦《文殊眞實名經》的日課時，附近正好有一些人，巴楚一如往常，以藏文持誦經文。

在經文快要結束前，人們驚訝地聽到巴楚突然從藏文轉變爲梵文，還流利地持誦直到經文結束。

巴楚自己也小小嚇了一跳，看似回過神來，好像在解釋剛才所發生的事說：「突然間，我到了那爛陀那裡！」

那爛陀是印度知名的佛教大學，寂天菩薩在那裡教過，卻是在距今一千多年前！

巴楚接見洛昂祖古

一位名叫洛昂祖古①的喇嘛想拜見巴楚。

他來到巴楚停留的地方，開始在門外行大禮拜。

巴楚看到他便咕噥說：「看來有人在這邊行大禮拜，到底是怎麼回事？」

喇嘛起身自我介紹說：「我是洛昂祖古。」

在藏地，洛昂不僅是地名，也指生長在水邊的蘆葦。

「洛——昂祖古？」巴楚假裝驚訝道：「嘿！這是什麼五濁惡世！連蘆葦也有轉世了！」

洛昂祖古可沒這麼好打發。他知道巴楚的上師吉美嘉威紐固的轉世被稱爲扎瑪祖古②，而在西藏，扎瑪不僅是地名，也是「乾嫩枝」的意思。

於是，他說：「若說乾嫩枝都可以成祖古，爲何蘆葦不能成爲祖古呢？」

「至少蘆葦還是柔韌的！」巴楚的訪客俏皮地回答。

儘管巴楚沒有回應什麼，但顯然他對祖古的機智感到相當滿意。

---

① 根據紐修堪仁波切的故事版本，這位喇嘛名紐瑪祖古。紐瑪為「竹子」的意思。

② 雜扎瑪祖古．昆桑德千多傑（生卒年不詳）。

洛昂祖古與巴楚的地毯

洛昂祖古在巴楚的腳邊坐下後，兩位很快地就聊了起來。正當他們在聊天時，洛昂祖古偷偷從巴楚的地毯上拔了一些羊毛，想當作聖物留存。

巴楚注意到他的舉動之後，大喊：「你拿那個做什麼？」

洛昂祖古猜想巴楚可能不會同意他的行為，於是他隨機編了個故事：「噢！這個？嗯，最近我們的牛染上瘟疫，加上牛群又時常受到狼群的襲擊。我在想或許我可以將這些漂亮的毛，綁在牛的脖子上保護牠們！」

巴楚非但沒有被騙倒，反而被洛昂祖古為取聖物而捏造的故事逗樂了。於是，巴楚不僅讓祖古收集地毯的毛，還從自己的衣服上撕下一塊布料，一起送給他當作聖物保存。

遇見第三世多智欽

有一次，巴楚在繞塔時，收到一封來自多欽哲・益西多傑的信，信中託付他看管年少多智欽祖古①的教育。巴楚收到信不久，正走到繞塔路途的東側時，就遇到了剛被認證的祖古。

當時巴楚一邊繞塔，一邊持誦著《文殊眞實名經》，就在兩人相遇的時候，他正好唸到這句經文：

「於諸剎那能分別，
一剎那中正等覺，
持於一切正覺性。」

巴楚事後說道：「其他人可能有別的想法，但我認爲這種巧合是個吉兆，說明這位祖古日後將成爲一名大學者。」

①第三世多智欽・吉美丹貝尼瑪，出生於一八六五年，多欽哲則於隔年一八六六年圓寂。

遇見一名瑜伽士

一位名叫安丹達的瑜伽士，他可不是普通的修行者，而是一名相當有證量的瑜伽士，他前來拜見巴楚。

「你是哪裡的人？」巴楚問他。

「我是囊謙措尼①的弟子。」

「很好，很好。我聽過囊謙措尼的名字！他應該已證悟大圓滿見地。我聽說他對佛法之喜好，就像密勒日巴形容的『上午修行，上午佛，晚上修行，晚上佛，而那些積善有福者，甚至不用修禪打坐，光是聽聞法教就能解脫！』

「如果你的上師都這樣了，那麼請告訴我：他的弟子當中有多少人證得虹光身？」巴楚帶著戲謔的口氣說道。

「有一個弟子本來可以獲得虹光身，」丹達回答：「要是他沒有死於癲瘡的話！」

話說，世上沒有任何疾病可以阻止哪個高深行者獲得虹光身，所以一時之間巴楚無言以對。

最後他們倆都大笑起來。

① 囊謙的措尼仁增曲杰多傑（1789-1844）。

第三世多智欽首次開示

八歲的吉美丹貝尼瑪，來到雜曲卡接受巴楚的教導時，巴楚對這位小多智欽非常慈愛。每天巴楚教學的時候，都會讓多智欽坐在自己的枕頭上（巴楚每天枕著睡覺的枕頭），此舉被視爲對祖古極爲敬重的作法。

多智欽待在巴楚的住所，他們的房間只隔一道牆。每天，小祖古都會聽到巴楚日誦的聲音，他以低沈的嗓音持誦《龍欽心滴》中對蓮師的祈願：

至尊主，寶上師！
諸佛大悲加持吉祥現。
汝爲眾生唯一依怙主。
身、心、意、財諸受用，我悉供養無猶豫，
自此直至證悟菩提間，
一切苦樂好壞與起伏，
祈請蓮花生尊師垂佑。

有一天清晨，巴楚無意中聽到小多智欽在哭。他後來發現，原來是多智欽在早課修持時睡著，親教師因此用手打了他的屁股。巴楚不是很喜歡多智欽親教師的作法，認爲他的教導方式，對於資質稟賦的小多智欽來說過於粗暴。

巴楚對這位親教師的所爲非常不高興，因此告訴多智欽：「在你死後，不要去銅色吉祥山！如果你去那裡，蓮師會再把你送回來這裡，因爲他總是對藏人放不下心。你一定要去阿彌陀佛的極樂淨土，不要再回到這些壞人身邊！」

當他將全部的《入菩薩行論》教學傳授給多智欽後，巴楚便派人到整個雜曲卡山谷傳話，說這名八歲的孩子將公開傳授《入菩薩行論》。

巴楚本人在雜加寺諸多的出家和在家眾面前，親自向孩子獻曼達而請法。

當多智欽開始講法時，在場的每個人都對他的學養與自信感到驚艷不已。一開始，多智欽輕柔的聲音還無法傳到坐在後方遠處的聽眾。然而，漸漸地，他的聲音變得鏗鏘有力，直到每個人都能清楚聽到他的聲音。

巴楚爲此，派人向欽哲旺波送了一則喜訊：

「我以爲佛法的旭日就要西下，但在教法的智慧上，年僅八歲的多智欽祖古已能給予《入行論》的四品①教學！

至於證法方面，聶拉白瑪鄧燈最近亦證得了虹光身！

這麼看來，佛法的光輝尚未熄滅啊！」

①見〈神變花開〉篇註釋1說明。

三世多智欽再次來訪

多智欽再次來向巴楚求法時，這名年輕祖古身邊換了一位新的親教師，名叫阿古羅卓，他是一位溫和、謙敬的白髮老僧。巴楚對這個轉變非常歡喜，對多智欽說：「現在，這位看來才是適合大喇嘛的親教師！」

巴楚為多智欽傳法結束後，年少的多智欽承諾此生將教授一百次《入行論》，作為對巴楚仁波切的法供養，巴楚對此感到相當欣慰。而這點確實也是多智欽將來會持守的諾言。

巴楚營地

巴楚營地剛開始時，只有一頂帳篷，他自己的黑犛牛毛小帳篷。隨著時間推移，人們來到此處，紮上自己的帳篷。漸漸地，營地逐漸擴大，從零星的帳篷到很多的帳篷。全盛時期，就像大型游牧部落一樣，共有數百頂黑犛牛毛帳篷和白色棉布帳篷聚集此地，帳篷裡住著數千名前來聽取巴楚法教的修行者。這個修行人所聚集的營地被人稱爲「巴楚營」。

巴楚教導在那裡的每個人日日進行「三機會」的修心法。

第一個機會是在清晨醒來時，不要像在畜欄中的牛羊般急著起身，而是在床上停留片刻，放鬆自心，並向內審視自己的發心。

第二個機會是在前往聽取法教的途中，巴楚營地的人們必須擠身通過一座佛塔旁的狹窄小徑，才能前往教學帳篷。在擠身通過的時候，應該提醒自己發菩提心，誓願透過斷惡行善來利益眾生。

第三個機會是在教學期間，要再次知道自己的目標，並立下決心：

每一瞬間，再次導心入法。
每一片刻，再次提醒自己。
每一秒鐘，再次審視自己。
日日夜夜，再次確定決心。
每日清晨，再次立下誓言。

每座禪修，時時審視自心。
即使無意中，也絕不離佛法。
持續不間斷，此事切勿忘失。①

巴楚營地裡若是有任何人沒有遵守這一點，巴楚會眞的請他們離開。他會這樣說：「我們這樣是在愚弄彼此。此舉毫無意義！離開吧，去做讓生命有用的事情！去經商賺錢，去結婚生子！你在這裡，既不是修行人，也不是世俗人，這樣有何意義？不如去當個普通人，只要記得心持善念就好！」

巴楚到了七十一歲的時候，一反過去只留一天食物的習慣②，開始積蓄一週的糧食。此外，他會將收到的供養用於建造石經牆。有時，當人們供養他多餘的食物，他也會拒絕接受，並將之留在原地。

這些被留在原地的供品，經常引來一群乞丐，他們跟著巴楚，撿拾被留下來的食物或其他供品。

① 摘錄譯自《巴楚仁波切全集》（2003）第一函頁三百五十〈蓮苑之遊〉。
② 參見東杜祖古《大圓滿龍欽寧提傳承祖師傳》頁兩百零一。

旺秋多傑的出離

大伏藏師秋吉林巴的大兒子旺秋多傑，亦稱哲旺察巴，小時候就見過巴楚，並且和妹妹貢秋巴炯與同父異母的兄弟哲旺諾布一樣，很快地就成爲巴楚的虔誠弟子。

旺秋多傑在很小的時候就能憑著自己的了悟力自察心性。其才智非凡，發表的洞見也讓人折服。自十六歲起，就能寫出令人讚嘆的道歌及深奧的佛學論述。他甚至能夠閱讀空行文字。

他的身材高大壯碩，氣宇非凡，留著一頭與眾不同的髮型，長長的辮子纏繞在頂上，人們暱稱「迷人的冠冕」，意指他的頭髮從未剪過，乃至每根髮絲上都有空行母入住，其髮色閃耀著深藍光澤，每次洗髮的時候也從不糾結。

一八八〇年，當旺秋多傑二十歲時，旅行到了巴楚營地。在這個營地裡，許多巴楚的弟子本身就是偉大的上師，人們常說巴楚營地有如雪獅巢穴，這群雪獅後來將聖法的獅子吼傳遍十方。

旺秋多傑像他的伏藏師父親一樣，帶著盛大排場，浩浩蕩蕩地來到巴楚營地。他騎在馬背上，身後帶著四十名騎士和一整群犛牛隊伍。

這樣的排場與巴楚的簡樸生活形成強烈對比，巴楚幾乎沒有私人財產，還住在一頂牧民的小小黑犛牛毛帳篷裡。由於嚴守出家戒，他也沒有佛母陪伴。

巴楚經常熱切地舉素爾穹巴大師①的生活爲例，說他是「山中之子，以薄霧爲衣。」

旺秋多傑聽著巴楚讚美早期的噶舉行者，如何放棄奢華世俗財產而採取簡樸修行生活的善德。

巴楚說：「如果你想成爲一名好的佛法行者，那麼就該甘居下位、穿著一般的舊布棉衣。沒有人說一定得居高臨下、穿著錦衣華服才行。」

旺秋多傑一聽，受到激勵而回答：「我可以做到這點！」

他毫無保留地，將一切財產全都拋棄。解散了隨從，將馬匹送回秋吉林巴的寺院。遠離了女色，並將珠寶首飾、綢緞衣服全都送給他人，換上一身以廉價氆氌和羊皮製成的舊藏袍。

他剪掉了一頭華麗的長髮、剃度，領受沙彌戒而成爲一名出家僧人。

最後，這則旺秋多傑轉變的消息傳到了蔣揚欽哲旺波那裡。他氣憤地說道：「這一定是瘋子巴楚幹的好事！」

據說，欽哲旺波像個小孩子一般哭了起來。②

一八八一年，巴楚七十四歲時，開始進行《根本摧滅金剛地獄》③的淨障修法，整整有一年半的時間，他在其上師吉美嘉威紐固的舍利塔前修這個法。後來巴楚還做了十萬次火供。期間，也給予最親近之弟子們許多深奧的法教和竅訣④。

---

①素爾穹巴．喜饒扎巴（1014–1074）是一位很有成就的大師，曾在嚴峻的環境下閉關修行十三年。有關喜饒扎巴的法教，可參見頂果欽哲仁波切著作《素爾穹巴遺教：素爾穹巴喜饒扎巴八十品教敕論疏》（暫譯，*Zurchungpa's Testament: A Commentary on Zurchung Sherab Trakpa's Eighty Chapters of Personal Advice*，蓮師翻譯小組英譯，紐約州綺色佳，雪獅出版社，2006）。

②旺秋多傑身為秋吉林巴的兒子兼法脈，原本眾人期待他能延續大伏藏師的血脈，像他的伏藏師父親一樣擁有子嗣以延續傳承而不要受持出家戒。

③見〈巴楚教導堪布雲丹嘉措〉篇註釋1說明。

④巴楚授予文波．丹嘎的是龍樹菩薩之《中觀根本頌》。對其他人，則再授予阿里班禪貝瑪旺嘉之《三律儀》論疏（書名《三律儀決定論》）、《入菩薩行論》、龍欽巴尊者之《大圓滿心性休息論》根本頌及其論疏等法教。

旺秋多傑的歸來

旺秋多傑花了整整三年的時間，留在巴楚營地學法與實修。三年結束後，他回到宗薩寺。他不騎馬而以步行方式回去。身旁只有兩名助手陪同，不見四十名騎士大隊，手握一把木杖，看來像名化緣乞丐。他牽著一頭扛了幾本書和一些磚茶的無角犛牛，抵達了宗薩寺。

旺秋多傑頂著光頭，身著襤褸的羊襖，來到蔣揚欽哲旺波面前。大喇嘛看了一眼，說：「你居然把你的頭髮剪掉了！」

旺秋多傑說：「我想作一名四處漂泊而居無定所的捨世行者。」

欽哲旺波不悅而厲聲說到：「胡說！」

他對旺秋多傑說：「不要四處流浪，在一個地方安頓下來閉關修行。回到乃旦寺去，在那裡修行。不過在那之前，先把頭髮給我！」

旺秋多傑在受戒時所削去的長髮必然有保留下來，因此便將一綹頭髮交給欽哲旺波。欽哲旺波後來將這綹頭髮非常小心翼翼地收藏在宗薩寺的一個聖物盒裡。後來，欽哲旺波曾經以文字提到這件聖物，他說這些頭髮，每一根都是十萬空行母的居所。

旺秋多傑因立志成爲「優秀的行者」，繼續以獨身僧人的身份閉關，將自己安頓在一片草地中間的小屋裡獨自修行。

過了一些時日，有些人說過了幾天，有些人說過了幾年。旺秋多傑忽然高燒不退，不久後便圓寂了。①

當時，曾為秋吉林巴伙夫的貝瑪赤列，那時是蔣揚欽哲旺波的財務總管，只好擔起這份苦差事而將此噩耗傳給欽哲旺波。

欽哲旺波收到旺秋多傑的死訊後，難過不已，他認為沒有必要讓一個證悟瑜伽士之子剪去他的頭髮，欽哲旺波大喊道：「這個瘋子巴楚，讓旺秋多傑剪頭髮，成為出家人！「看看這是怎麼回事！真是不幸！這證明了末法時代的福德有多稀少！②「蓮師曾親自授記，這名伏藏師之子將廣傳其伏藏法，東達漢地邊境，西至岡底斯山，像一大片展開的白色哈達般裨益所有眾生。現在被巴楚搞砸了！」

欽哲接著用康巴人表達絕望的方式，以拳頭猛擊胸口。

「吉祥緣起沒有奏效，」他以極悲傷的神情哀嘆道：「他原本該是發掘與廣傳更多伏藏法的人！」

---

① 除了貝瑪赤列的證詞外，當祖古烏金督佳於一九八〇年回到西藏時，他在乃旦寺（秋吉林巴之祖寺）遇到一名年紀上百的女尼，她說自己約莫是在二十多歲的時候聽到旺秋多傑的死訊。

② 此處所指的是五濁惡世。所謂的「濁世」，分別指以下五種衰敗：㈠命濁（壽命衰敗）；㈡劫濁（時期衰敗）；㈢見濁（見地衰敗）；㈣眾生濁（根器衰敗）；㈤煩惱濁（情緒衰敗）。

堪欽扎西沃瑟求見巴楚

堪欽扎西沃瑟帶著一群朝聖者，遠從中藏回到康區，其中包括一名年輕女尼，為羊卓多傑帕姆的轉世祖古①。這群人來到雜加寺上方的上格澤山谷，巴楚在這裡度過人生的最後時光。當時，他已整整六個月獨自在黑犛牛毛小帳篷閉關修行，就如他多年來一直在進行的。

大家都跟堪欽說，他們不可能見得到巴楚，因為他已不再接見任何人。

然而，堪欽扎西沃瑟還是跟他的朝聖者一再保證：「別擔心，我們會見到他。」

隊伍的人靠近帳篷的時候，他們聽到巴楚從帳篷裡對著他們大喊：「喔—吹！大堪布扎西沃瑟來了！還帶著中藏出身高貴的年輕女尼來炫耀呢！啊—咦！你們這些不怕我死的，全都不讓我圖清靜！」

他們懇求覲見。

帳篷裡面傳來了答覆：「我說的話，你們還不懂嗎？我說的話，你們從來都不聽！」

「我們會聽您的話的！」他們堅持說。

巴楚喊道：「喔，好，那好！回到雜加寺去，到法體（古棟）②那邊，對著吉美嘉威紐固的身舍利獻供。他是觀世音菩薩的化身，在其法體面前等同在拉薩的覺沃佛像③面前。如果你們能在那裡獻供，這一生都不會遭遇障礙，生生世世皆能在解脫道上有所進展，在他法體前所做的一切祈願都得以實現！」④

這群朝聖者按照巴楚指示，來到雜加寺，念誦祈願文、供燈、行大禮拜、繞塔和行薈供，如此整整進行了三天。

接著他們回到巴楚仁波切的帳篷，心中擔憂巴楚是否會允許見他們。

堪布試圖安慰大家，說：「別擔心，這次我們一定可以面見。」

隊伍靠近帳篷，試圖進入，巴楚又像以前那樣厲聲斥責他們：「你們這些不怕我死的，又來了！」

堪布回答：「我們遵照您的指示，做了您所要求的，去了雜加寺，在吉美嘉威紐固的舍利前做了祈願和獻供，完全依照您的話而做。

「但是有一件事您錯了！您說在舍利面前所做的一切祈願，都會被應允，但我們的祈願卻沒有被應允！」

「什麼？」巴楚喊道：「你們哪個祈願沒有成眞？」

「我們祈願能夠見到巴楚仁波切——本人！」

雙方沉默了好長一段時間。

巴楚受制於自己所說的話，只好被迫讓步，粗聲地說道：「好啦，好啦。進來！」

他打開帳篷帷幕，讓他們進入，如願地給予他們教授。

①羊卓的多傑帕姆為一貴族家庭之女，在尋找桑頂．多傑帕姆的轉世活佛時，曾為最後一批的候選人之一。

②古棟指大師圓寂後而尚未荼毘之法體（身舍利），或不予火化而以防腐方式保存之法體。

③拉薩的覺沃釋迦牟尼佛像，為藏地最受尊崇的一尊佛像。據說這尊佛像曾由佛陀親自加持後送到漢地，最後由藏王松贊干布之漢族王妃文成公主將佛像帶往西藏，目前安奉在拉薩大昭寺。

④根據堪布袞巴《信心妙藥》頁四百三十七記載，每當巴楚在吉美嘉威紐固的舍利前禮敬時，都會念誦以下願文：

願我於諸未來生，
永不受惡友迷惑；
永不傷眾生毫髮；
永不失聖法光輝；
願諸與我有緣者——
經由聽聞吾言教，
見我、聞我、觸我、與我言，甚或憶我者——
最重惡行亦得淨。
願其下三道門閉，
往生大悲觀世音菩薩普陀拉聖淨土。

堪布貢卻卓美求見巴楚

堪布貢卻卓美①知道巴楚不再見客，也知道每當人們堅持要見他時，總是會受到巴楚的厲聲驅趕。然而，不論巴楚如何喝斥，只會增加大家的信心和景仰。堪布不顧必然挨罵的事實，一心想向巴楚求法，至少他想試一試。

當時巴楚剛好住在一個大型游牧營地最遠處的一頂小帳篷裡。堪布很清楚這個營地和多數游牧營地一樣，門口有藏獒、猛犬守護，這些犬隻夜裡沒有上栓，可以自由走動守護營地，避免外人入侵。

堪布不顧可能會被獒犬咬傷的風險，決定全力一試。

一天夜裡，勇敢的堪布安靜得像隻老鼠一樣爬上一個又長又窄的坑口。這個坑口的角度正好使趴在裡面的堪布，無論人、犬都看不到他，而這個長形坑口的尾端非常靠近巴楚的黑色小帳篷。

堪布來到巴楚帳篷的上方後，他探出頭來，一路跑下小山，溜進帳篷。進到帳篷後，巴楚聽到聲音，大喊道：「嘿！小偷嗎？」「是！我是小偷！」堪布說：「我是來偷你智慧的小偷！」

巴楚本人直率無畏，也欣賞他人擁有如此特質。堪布的勇行，非但沒有遭受嚴厲斥責，反而從巴楚那裡得到他想要的禪定竅訣。

一八八四年，德格太后來到瑪莫塘見巴楚仁波切。巴楚爲太后及其隨從，還有數千名群眾，開示《極樂淨土成就法》（祈求投生阿彌陀佛西方極樂淨土的願文）②與《嘛呢遺教》。人們爲此供養巴楚許多黃金和白銀等貴重物品，巴楚全數拒絕而將供品歸還給他們。

①多智欽寺之盧西堪布．貢卻卓美（1859–1936），簡稱堪布貢美。
②此極樂淨土之修持稱為「興竹」（Zhingdrup）。

扎瑪祖古領受教誡

吉美嘉威紐固的轉世，昆桑德千多傑，人稱扎瑪祖古，前來拜訪巴楚，度過一整日的時間。他想知道巴楚還會住世多久。巴楚告訴他：「我會再待三年。我走的時候，無論你在哪裡，不管多遠多近，你都必須前來。請不要碰觸我的身體，不要爲其建造佛塔。」

巴楚在格貢寺結束《極樂淨土成就法》教學後，說：「你們對『信心』與『邪見』有所混淆。所謂的『信心』，乃是將你的信心置於佛法上。而『邪見』，舉例來說，則是指你將信心置於特定個體而非佛法上。」

整整有六個月的時間，巴楚就《入菩薩行論》向堪布袞巴和一小群弟子進行廣詳的講解。

在那之後，他便很少教學。每當有人們向他請法，他都會把他們送到文波．丹嘎或其他親近弟子處。如果人們堅持，他便會訓斥他們一頓，但所有被他斥責的人卻是更加虔誠。

巴楚最後一次公開的大薈供

巴楚在雜加寺爲雜曲卡的人民，安排了一場盛大的薈供法會，並邀請第五世佐欽仁波切．土登確吉多傑前來。雜曲卡的每個人，無論在家或出家，祖古或堪布、隨從或眷屬、僧人或尼師等，所有的村民都被邀請來了。

上師、僧人和女尼們舉行了《持明總集》①的法會。在家眾則繞行寺院，行大禮拜。

現場有酥油茶、奶酪和稱爲「食子」的小紅薯分發給每個人。

精心製作的法會供品及加持品也一一分發給數千名群眾。

法會進行時，天空中灑下一陣柔和的吉祥花雨，出現幾道虹彩，還有雷聲隆隆作響。在太陽西下，從山頂照射出的最後幾道光芒中，現場有些人看到蓮花生大師的身形出現在一片虹彩之中。

一八八六年，巴楚回到出生地嘎瓊果莫廓魯，他一生當中曾數次停留這個地方，虔誠信徒將此地視爲等同桑耶寺和白顱雪山（岡日托嘎）一般的聖地②。

大約在這個時候，巴楚的行爲開始轉變。當人們徵詢他的忠告時，他不再提出任何建議，反而一再地說：「你自己決定，做你認爲最好的事。」

---

①《持明總集》（*Rigdzin Dupa*）為《龍欽心滴》法集的儀軌之一，其壇城主尊為蓮師、二十五大弟子和八大持明。

②桑耶寺為西藏第一座佛教寺院，由蓮花生大師在國王赤松德贊的資助下所建造。岡日托嘎（Khangri Thökar）為西藏中部著名的龍欽巴閉關聖地，他在此地寫出包括《七寶藏》在內的許多論作。

最後時日

巴楚的身體開始示現病兆。

自藏曆火陽豬年（一八八七年）四月十三日那天起，他便說自己感到有些不適。

無論任何人問他什麼，他皆以迥異往常的方式回答：「你自己決定。你比較清楚。」

人們找來巴楚的醫生蔣巴，也是林葱（游牧部落）的首領。同時，大家也爲巴楚進行長壽法會。

蔣巴在幫巴楚看病時，問他：「阿布，按照您在各個場合的言教①，我們應該祈求自己投生到阿彌陀佛的西方極樂世界。對嗎？」

巴楚想了一下，回答：「嗯，對你來說，是西方。對於我來說，是東方。」巴楚所說的東方，或許是指金剛薩埵的東方現喜淨土。

後來，巴楚問他的侍者索南次仁：「昨天晚上，是誰說要持誦〈阿羅漢獻供文〉的？」

索南次仁回答說是弟子們自行決定這樣做。巴楚說：「我在你們持誦儀軌的時候，睡著了一下。但是在你們持誦到衍拉炯尊者②那段偈誦時，我剛好醒來而聽到一個聲音說：『你將利益東方的眾生！』你說，像我這樣的人眞的能利益眾生嗎？」③

索南次仁沒有進一步詢問他所指的意思。

根據巴楚侍者轉述，藏曆火陽豬年（一八八七年）四月十七日那天，巴楚吃了一些食物，接著持誦《無垢懺悔續》，做了幾次大禮拜，隨後便進行五支瑜伽修行④，和一個令智慧氣經由中脈入於心輪的修持。

十八日清晨，他吃了一些乾酪，喝了一點茶。在日出時分，他解下衣服，以禪定姿勢坐直，雙腿呈金剛跏趺座，雙手置於膝蓋上。

當堪布袞巴為他穿上衣服時，巴楚什麼話都沒說。

除了他的侍者索南次仁以外，那天晚上還有三個人陪在巴楚身邊，他們分別是：堪布袞巴，一位名叫貢陽的人，以及巴楚的醫生蔣巴。

索南次仁回憶說，過了不久，巴楚兩眼凝視虛空，雙手彈指⑤後於長袍下結等持印，隨後便融入了超越生死、本自清淨的無盡光明虛空之中。

曾有一說：

> 一位完全了悟的瑜伽士，外表可能看起來像凡人，然而其內心卻無勤地保任於清淨覺性當中——當他的神識離開身體時，會與法身融為一體，就像瓶子破裂後，瓶裡的空氣與周遭虛空融為一體般。⑥

---

①有一次，巴楚在教學的時候說道：「若問哪個淨土有無盡善功德，以及哪個淨土透過祈請可順利投生。毫無疑問地，金剛薩埵的東方現喜淨土是無與倫比的，此外，阿彌陀佛的西方極樂世界則是至高無上的。」

②衍拉炯尊者（Yanlagjung），佛陀在世時的十六阿羅漢之一，為因竭陀尊者（梵文 Angaja）之藏文名稱。

③事實上，除了巴楚預言自己將投生東方金剛薩埵的淨土外，巴楚仁波切的一名轉世也出生在東藏安多措這個地方。見第一百四十一頁。

④《龍欽心滴》中二十一種幻輪瑜伽修持的前五項。

⑤偉大的行者圓寂時，會透過彈指來請安住於自身壇城的智慧本尊離開而前往各自的佛土。類似的情況也發生在頂果欽哲仁波切身上，人們看見他在圓寂前幾天，於身體不同部位附近彈指，如此請求住在色身壇城各部位的寂忿智慧本尊離開他的色身，因為其色身很快就會了無生氣。

⑥敦珠仁波切著作《山法．言簡易懂學處實修直接引導文．擷取成就精粹》（暫譯，*Extracting the Quintessence of Accomplishment: Oral Instructions for the Practice of Mountain Retreat, Expounded Simply and Directly in Their Essential Nakedness*），由昆秋丹增（馬修．李卡德）英譯與出版（大吉嶺，烏金昆桑丘林，1976）。

巴楚圓寂後

巴楚圓寂後，弟子們根據遺願，派出信差，邀請巴楚上師吉美嘉威紐固的轉世扎瑪祖古前來。另一人則被派去格孟寺請回巴楚的學生文波・丹嘎。文波・丹嘎抵達時，建議大家應該等巴楚圓寂後的禪定狀態「圖當」①結束，再進行後續工作。

藏曆二十日那天，扎瑪祖古一抵達，巴楚仁波切的圖當禪定就結束了。

文波・丹嘎、索南次仁和其他人負責完成一切必要工作。堪布袞巴和巴須喇嘛澤利②則負責去收集巴楚的私人遺物。

格孟寺的堪布雲丹嘉措抵達。一直住在下札溪的穆日祖古也到了，他進入巴楚仁波切的房間後，內心因過於哀傷而昏厥過去。當他醒過來後，人們聽到他彷彿對著巴楚本人說：「我以為您離開了！」自那一刻起，

在嘎瓊果莫廓魯地區，巴楚仁波切荼毗的地方，有一座小舍利塔遺址。（2016）

穆日祖古便完全不再憂傷了。文波．丹嘎說，穆日祖古一定是於淨相中親見巴楚仁波切，直接領受到上師的了悟功德。

《根本摧滅金剛地獄》的法會，由巴楚仁波切最親近的弟子們進行。

之後，來自各個教派的喇嘛陸續抵達。他們舉行各種法會。大約有兩千名學生聚集在此，每人都分配到一小塊巴楚仁波切的衣物作爲舍利。

在場許多人當下誓言，棄絕一切非善行，並致力於實現諸善行。人們內心既無執著、亦無仇恨，而是滿懷悲傷，斷除對輪迴的幻相，心懷虔誠而不分晝夜地修持。

荼毗儀式選在當月二十五日，藏曆空行母③日那天舉行。當天在場的每個人皆目睹萬里無雲的藍天裡，出現幾道彩虹及其他種種瑞相。

接下來的幾天，降雨豐沛，宛如夏日，

巴楚仁波切的遺物：上身披巾、轉經輪、茶壺、生火用皮橐和一尊佛像，由巴楚仁波切胞妹住在果莫廓魯的後代保存。（2016）

高原上鬱鬱蔥蔥的草兒生長，花兒綻放，雜曲河水忽然暴漲。儘管如此，不分老少在越過這條河流時，卻都沒有任何意外發生，人們深信這是來自巴楚仁波切的祈願與護佑。往後，即使是乾旱時節，到了巴楚仁波切入涅紀念日這天，都一定會下雨。

二十八日這天，人們將荼毗塔中的舍利收集起來。後來，這些舍利分別裝臟於巴給嘛呢石經牆四個方位的方形佛塔中，並依循傳統開光。

巴楚曾寫道：

一者：「讚譽」無意義，空無虛幻矣。
二者：「名聲」無是處，憑添我慢矣。
三者：「積聚供養財」，積聚惡業矣。
已棄離此三，
願我此老狗，離世亦如狗。

---

①圖當，為高階行者圓寂後進入的禪定狀態。
②這點證明巴須喇嘛澤利亦為巴楚弟子之一，然而我們並無更多的相關資訊。
③空行母（梵：Dakini，藏：khandroma，「於空中行走」之意）。空行母是以女性身形所展現的智慧化身。空行母有幾種層次，包括完全了悟的「智慧空行母」和具各種威神力的「世間空行母」。空行母這一詞也被用於稱呼偉大的女性上師，及佛法導師的佛母。

巴楚之獨有功德

從外表看來，巴楚和普通人並無多少不同。即使後來，他變得非常有名，還是能夠隱身匿名行腳。其一身不起眼的裝扮與謙卑的行爲，使得他鮮少被眾人認出來。

巴楚待在某處時，並非有特定計畫，而當他決定離開時，就直接走人，也沒有特定目的。他可以在任何想停留的地方停留，不論是森林、岩穴、山谷、雪山與任何荒郊野外，或是牧民的黑犛牛毛帳篷裡，他皆如其所願，想留即留，想走就走。

他曾這樣形容自己：

野地瘋狂瑜伽士，
世間摯愛之稚子，
眾生所依之怙主，
滋養慈與菩提心。

對於維護口傳法教的眞實性，巴楚絕不妥協。

一切經部法教，除非領受過該口傳，否則他不會教授該文本。有一次，人們請他講解龍樹菩薩著名的《親友書》①，他予以婉拒地說：「我不能傳法。我沒有口傳，所以不能教。」

至於密咒乘等續部教授和修行，除非領過如法口傳、受過灌頂並完成實修，否則他一個字都不會教授。

談到大圓滿法，他特別嚴格。曾囑咐心子紐修．龍多必須到五十歲才能傳授大圓滿法。

巴楚的教學能令聽講者的心徹底轉化。每一位學生都會變得沉穩且能自然安住於靜修當中。一個看似簡單的論點，在巴楚的教授之下，都能變成進入一百個甚深體悟的大門。其言語直接，能夠直下契入每個人的內在覺受。巴楚淵博的學識、煖熱的加持力，和高深的證量，促使聽講者從此領受的法教和別處截然不同。

巴楚對於龍欽巴《七寶藏》的內容幾乎了然於心。四十多歲以後，大多數的時間皆不依靠文本，而單憑記憶教學。於佐欽寺師利星哈佛學院任教的十三年間，亦從未使用過一頁文本，即使是在教授最複雜的佛學哲理時也是一樣。

儘管如此，他的教學卻格外清晰，沒有絲毫遲疑。

俗話說：「如來話語、勝者經典的衰敗，源於未慎讀經籍。」巴楚一直將此話謹記在心，並極爲熱衷於進行一切聞法、說法的相關活動。若是知道有人在聞法或說法，也會令他感到欣喜。他鼓勵人們對世間生起出離心與厭離心，善巧地引導人們趨於善法。因不忍見世人浪費自身生命，他會促使那些尚未步上法道者心續得以成熟。

巴楚前往任何寺院，經常不預先通知，以避免驚擾或舉辦迎接儀式。他也像普通僧人一樣，住在一般僧房裡。

在巴楚之前，除了寺院的圖書館，外面所收藏的文本僅有極少數，其中之一便是《入菩薩行論》。其教學受到許多在家與出家眾的一致珍視，經常教授的文本有《入菩薩行論》、《彌勒五論》②、《三律儀決定論》及《功德藏》。

巴楚的教學根據個別學派見地說明，不論是出自其心意③，還是基於該學派的傳統論釋教學，都未展現出絲毫的派系分別主義。透過其清晰且完整的教學方式，難易適中地爲聽者提綱挈領，並將理論見地與實修經驗結合。

在他的帶領下，小至十歲的沙彌，許多人都能夠持誦甚至傳授整部《入菩薩行論》。無數的人，不論出家或在家皆能明瞭，擁有善良的心和發菩提心才是佛法的根本。巴楚對任何人，無論出身高低，皆給予相同建言：「擁有善良的心，依慈愛而行，除此，沒有更高深的法了。」人們請求巴楚賜予法名時，他通常會給予以「寧傑」（悲心）④爲開頭的名字。

只要有人對佛法展現出一絲眞誠學習與修行的心，巴楚皆不吝於教導。若學生對佛法稍獲理解，巴楚往往比他們還要高興。那些在法道上有所進展者，巴楚會建議他們培養菩提心和實修三慧（對法教進行聞、思、修），以保護他們免墮邪見之中。

對於上等根器學生，則會給予最深奧的教學，如《秘密藏續》、龍欽巴《大圓滿心性休息論》、吉美林巴《功德藏》這些甚深著作的論釋，以及大圓滿法教。

經由巴楚孜孜不倦的努力，長久以來被忽視的大乘法教，得以再次於藏地廣傳。式微很久的《秘密藏續》，得以再度輝煌，被概念染著已久的大圓滿法，也才能再如黃金般發光。最終，他的許多學生都成爲具有成就的修行者。

巴楚曾說，他有四名弟子擁有超越他本人的功德，分別是：行持第一的木雅．昆桑索南；因明第一的嘉絨丹增察巴；講經說法第一的文波丹增諾布；以及見地領悟第一的紐修．龍多。

對一些密咒行者，他曾警示：「一些修行人，雖然讀了空性，對它有些理解，也觀想本尊、持誦心咒數月、乃至數年，最後還是有可能轉世成魔，因爲他們偏離了法教，受到惡意詛咒的影響。然而，行者的主要修法若爲悲心，則永遠不會讓自己有此風險。」

他鼓勵人們應該像初生苗芽一樣，勤修「懺悔四力」⑤來淨化自己。在這個濁上加濁的末法時代，像巴楚仁波切這樣的上師出現，就像一輪明月高掛在黝黑的夜空，散發出慈悲光芒。如此看來，有情眾生的善業應尙未完全耗盡。

巴楚的行持完美而圓滿，步伐殷實持重，不急不徐。若是他要回頭看，不會只是轉頭向後看，而是緩慢地將身體右轉來回頭看。於外，他是經教的完整體現。於內，他擁有菩薩堅定不移的悲心；於密，他無有垢染地持守著金剛乘的誓言。

巴楚對自身行爲非常謹愼，因而得以公正如實地表示，自己的行爲乃恪遵吉美林巴所寫下的那般：「大至金銀財寶，小至針線，我從未濫用任何財物供養，始終利用它們來行善。」

與多數喇嘛不同的是，巴楚拒絕用手加持人們，他說：「用我的手碰你的頭來加持，有什麼意義呢？你眞正需要的是，成爲一個好的禪修行者，從內在改變自心。」

他婉拒給予複雜的灌頂儀式。若是學生需要接受特定灌頂，他會送他們到別的上師那邊。

巴楚因已粉碎了驕傲與我慢，對於偉大名聲完全無求而視如鼻涕般棄於塵中。其行事作風簡樸、率直且自在，像個迎風奔馳的少年。

然而他的心卻深遠持重，修持的光輝如此獨特，使得任何居於上位、擁有財富的統治者或高階喇嘛，在他面前都感到謙卑而不知所措。

巴楚以隱密瑜伽士度過一生，喜好獨自閉關不願出名。出於眞實的謙沖之德，他得以透過自身修行，培養出無可動搖的自信與內在自由，使他於任何情況下都顯得寧靜安詳。無論是高坐在錦緞法座上爲數千人傳法，或是爲體弱的老婦清空便盆，巴楚都一視平等而全然投入、自在知足。

正如文波．丹嘎所說的：「我們對於因果這件事不夠認眞對待，以至於我們的修行成效甚微。否則，我們都可以像巴楚仁波切一樣。」

巴楚畢生所爲清淨無染、合乎佛理且令人景仰。無論從任何角度來看，他的生平典範都能增長人們對法教的信心。

他從不喜歡陷入無意義的世俗言談，所以他很少說話，然而一旦他開口，其低沈的嗓音會直率地說明一切。那些具有福報得以親近他的人說，他從來沒有說過一句與佛法無關的話。巴楚將一生致力於修行與傳法。

他那專注與醒覺的存在，總能啓發人們的敬畏與尊崇，只有那些眞心想要獲得眞實嚴謹之修行指導的人才敢去見他。

當巴楚罵人，或者異於尋常地嘲諷或取笑人的時候，通常都暗喻著修行訣竅。

他從不吹擂自身的內在證量，但有時人們可以從他的道歌中，一窺甚深的禪修經驗、了證和內在功德。

有一首他所作的道歌，是這麼結尾的：

已步上，解脱之道途，

已竭盡，諸迷妄念頭，
已開展，內在體驗與了悟，
已淨化，痴妄，
已領受，三根本⑥眾本尊加持，
已破除，執顯相爲實的粗糙信念，
這般古怪語，由一個衣衫襤褸的傢伙所寫，
此刻或可滿足地安住於法身相續中。

對一切有情眾生，巴楚皆如慈母護子般有無限關懷，並賦予深切柔情。巴楚的話語如黃金般眞實不虛，不矯飾虛僞。他的人生不存在矛盾，價值觀、目標和行爲與法道不相違背。

他在強權貴族面前從不阿諛奉承，對待一般百姓、卑賤者或貧窮者，亦從不驕慢輕視。他總是熱切讚揚那些言行與法教一致者的善德。任何人做出背離佛法的行爲，除非那人已無藥可救，他都會無畏地揭露其過失。即使他用最嚴厲、強勢，讓人沒有反駁餘地的方式責備人，他的言詞中也不會帶有任何敵意或執著。若是人們能夠用心理解其中含義，巴楚的建言總是特別意義深遠。

對於那些以禮貌掩飾不軌意圖的狡猾人士，巴楚完全沒耐心。對於凡塵俗事，他無所得失。一生從未偏離正言正行，其心意如大海，浩瀚且深不可測。

巴楚具備一切智識，熟悉建築、工藝等善巧明，也能巧妙處理複雜的人情義理與風俗習慣。同時，他對世間的關注與期待則無有攀執且超然其上。

他是善於出離的大師，因此全然無所憂慮。巴楚或許乍看粗魯唐突且令人生畏，然而和他相處越久，越能見證他不偏私的眞實面，正因爲他不執持任何希望與恐懼，才能一派輕鬆與開放。他其實極易相處，因爲一切好壞對境於他已毫無分別，皆爲一味。

最後，人們反而會發現自己捨不得與他分離。

---

①印度著名的佛教論師龍樹菩薩（約一至二世紀）所寫的這部《親友書》，是龍樹以偈頌形式寫給友人樂行國王（King Gautamiputra，或稱乘士國王、娑多婆漢那王、引正王、禪陀迦王）的建言。當代註疏有《龍樹親友書・甘珠爾仁波切註疏》，蓮師翻譯小組英譯（紐約州綺色佳，雪獅出版社，2005）。

②《彌勒五論》：《現觀莊嚴論》、《大乘莊嚴經論》、《究竟一乘寶性論》、《辨法法性論》、《辨中邊論頌》。

③「出自其心意」是指巴楚以其智慧自發表述，對教法提煉精要，根據其廣博學識加以解釋，並由心間引經據典而闡述說明，這和單純複誦記憶的經文著作截然不同。

④寧傑，通常譯為「悲」，字面含義為「心之主」。梵文悲心一詞為「嘎魯納」（karuna）。

⑤懺悔四力：㈠懺悔力：對過去不當行為感到悔恨之力；㈡依止力：依止上師或本尊之力；㈢對治力：以特定禪修對治惡行之力；㈣防護力：誓言從此不再犯下此惡行之力。

⑥「三根本」，金剛乘行者的三類依止對象：上師、本尊與空行。

虔心悲切遙呼上師祈請文

召請三傳承加持祈請文

恭敬頂禮吾上師。

本初基之廣境恆不變，
輪涅無別清淨剎界中。
無修整之空覺廣境裡，
諸法窮盡法性實相中。
法身上師，直美沃瑟①，本初佛，
善逝壇城遍主請垂念！

顯空無別清淨剎界中，
生起圓滿次第合為一。
大手印之廣大境界裡，

諸道次第本來圓滿成。
報身上師，欽哲沃瑟②，威光幻自顯，
本智之主，請垂念！

度化眾生之無數化現，
於本智中皆具此一味，
大樂，無緣大悲具善巧。
化身上師，根本上師，悲心體現，
菩薩之主，請垂念！

三身傳承體現於此一，
屬於勝者密意傳承中。
您為恆在本智之顯現，
覺空體性，無二諸法
壇城海之化顯基。
皈依總集，上師、佛陀，請垂念！
究竟佛智證悟菩提果，

本初廣境不離於明覺，
無上法海展現圓淨界，
證此智者乃成聖僧伽。
根本上師，三寶於一，請垂念！

法身佛自性，乃為諸法窮盡智慧心。
報身佛生起壇城，究竟覺性之妙力。
化身佛顯現，覺性本身之生起展現。
根本上師，三身於一，請垂念！

諸上師總集，善巧化諸相；
尊為不二廣界壇城海之主。
了證力故自性虛空任翱遊。
根本上師，三根本於一，請垂念！

無畏輪迴
汝心懷有悲憫不可遏，
無執涅槃，

汝智心界等同於勝者，
成熟見地種子轉為了悟果。
根本上師，諸佛親現，請垂念！

隨應諸眾善巧化現度。
悲智極淨乃菩薩標誌。
入定後得皆於本智圓。
成就勝者之殊勝行持，
無畏菩薩，勝者芽③，請垂念！

失去安樂恆受苦逼之有情，
汝心滿溢四無量④，
勝喜一味無緣悲心所遍佈，
諸菩薩堅韌子嗣，請垂念！

……………………

隻手撥開顛倒妄想，
指引步上殊勝法道，

您於法道引領我等，
您以實修體驗為證，
您修持佈施等六度。
具四攝法⑤攝受度化眾，
成就利他之無畏芽，請垂念！

……………………………………

菩提體性圓淨之廣界，乃為基法身。
淨化道之了悟，乃為等持之法身。
二淨⑥為淨化果，乃為究竟之法身。
三傳承於一之師，請垂念！

藉由見地，真實自性無礙覺空中保任。
享用證果，本自解脫離於迎合與拒斥。
您之示現，乃無造作本智之無誤勝道。
見修行果合一之師，請垂念！

因邪念迷妄之諸有情，

無明引妄增生致苦惱，
步上邪道而偏離正軌，
您示離惑完整之正道。
解脫道上指引之導師，請垂念！

一旦自性實相中解脫，
惡尋思念
不如往常般增生。
一旦引介自心之本性，
了悟之力自行而生起。
不迎不拒行持自勝妙。
賜予法身本智之上師，請垂念！

無勤（本然）狀態中，
意樂自成無須作勤修。
本智實修離於分別念，

無有迷妄之徹底單純⑦。
本覺狀乃無修之等持。
引介我等本智心之師，請垂念！

……………………

見（一切遮障）斷盡之智，乃為究竟果。
所達勝觀含攝諸所知，
故成有情眾生之導師。
成就超越輪涅之果位，
悲心之主慈恩永難報，請垂念！

祈請上師賜垂念！
祈請上師恆眷顧！

悲切遙喚上師文，
深切虔敬中生起。
至慈者，願此懇切之偈誦，
到達您之智慧耳，

祈尊悲心垂觀照。

具信者步虔敬道而即解脫。

法身相續中，日常、座下、了悟合無別，

藉由佛行事業⑧常增上，

解救老母有情諸眾生。

祈願無勤成就得圓成！

上師，請垂念！

基於倫珠多傑之請求，阿布師利寫下心頭字句。

這些建言因述及上師之殊勝功德，或許會帶來一些利益。若有任何利益，

願迴向無盡眾生。

①直美沃瑟，「無垢光」，龍欽冉江的名號之一。
②欽哲沃瑟，「悲智光」，吉美林巴主要名號之一。
③無畏（吉美）菩薩，勝者（嘉威），芽（紐固），意指這段願文主要向巴楚仁波切的根本上師吉美嘉威紐固祈請。
④四無量心：慈、悲、喜、捨四梵住。
⑤四攝法，上師以此四種方式來攝受弟子：㈠佈施；㈡愛語：為弟子應機教化；㈢利行：為弟子指引解脫法；㈣同事：以身示教。
⑥「二淨」指佛性乃本初清淨且無染清淨，不具阻礙凡夫眾生了悟自性的客塵染污。
⑦「有絲毫迷妄、徹底的單純性」：通徹，「通，不滅」或無礙，然而，按照祖古貝瑪旺嘉仁波切的解釋，這段可解釋為「zang kha ma thal du 'byung」，zang kha ma（自然狀態）意指「無造作的實相」，「thal du 'byung」則是「毫不存在」，意味著「沒有迷妄分別」（'khrul pa'i mam rtog）。
⑧字面為「普賢事業」。這個詞表示無邊的證悟事業。普賢菩薩為八大菩薩之一（在這裡非指同名的本初佛普賢王如來），由其放射出無數道光，每道光的尖端都是一尊普賢的化身，其後又發射出無數道光，每道光的尖端又是另一尊化身，就這樣直到整個虛空都充滿能行使佛行事業的普賢菩薩化身。

巴楚仁波切傳承法脈圖

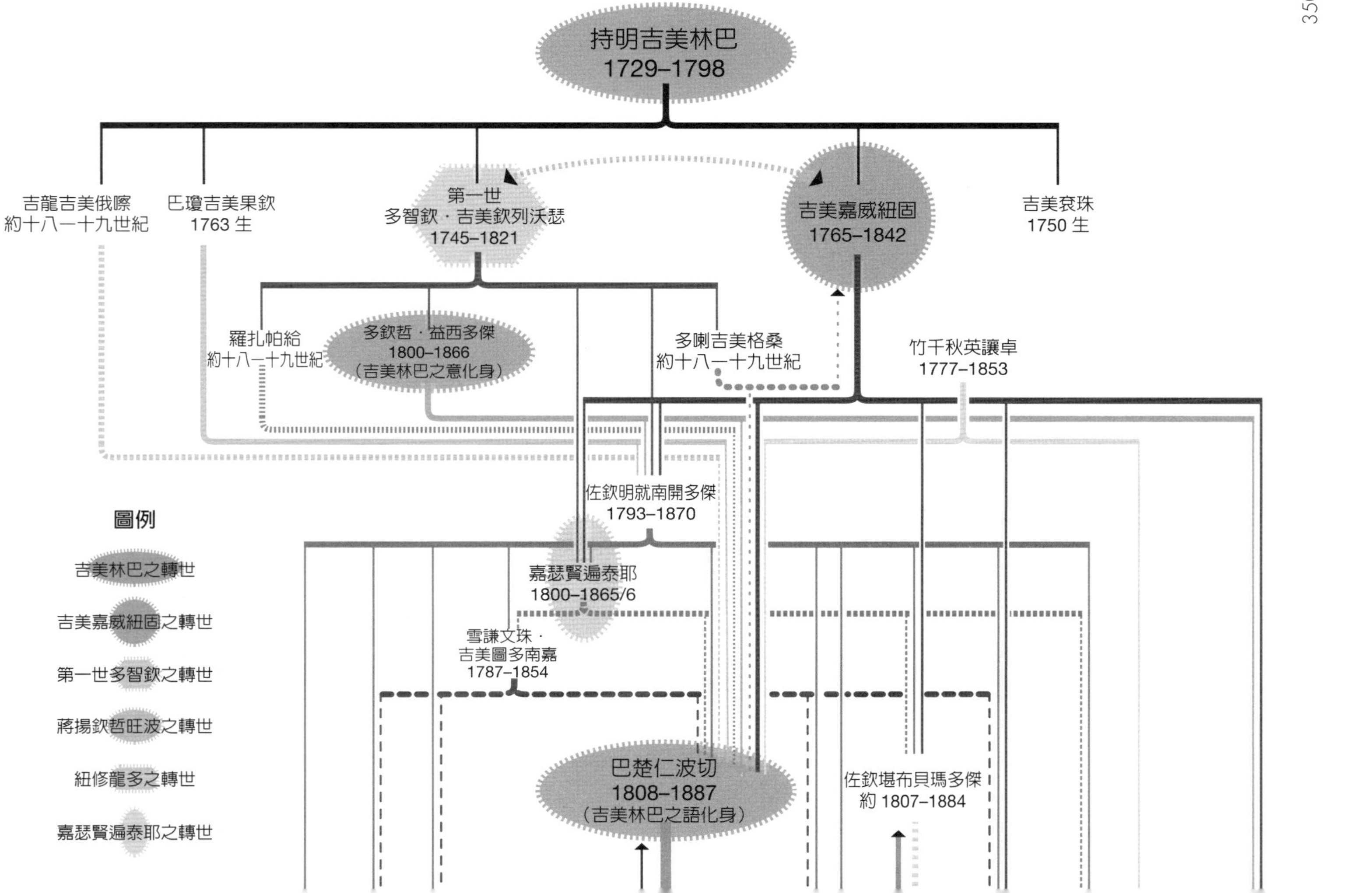
持明吉美林巴
1729–1798
吉龍吉美俄嚓
約十八—十九世紀
巴瓊吉美果欽
1763 生
第一世
多智欽．吉美欽列沃瑟
1745–1821
吉美嘉威紐固
1765–1842
吉美袞珠
1750 生
羅扎帕給
約十八—十九世紀
多欽哲．益西多傑
1800–1866
（吉美林巴之意化身）
多喇吉美格桑
約十八—十九世紀
竹千秋英讓卓
1777–1853
佐欽明就南開多傑
1793–1870
嘉瑟賢遍泰耶
1800–1865/6
雪謙文珠．
吉美圖多南嘉
1787–1854
巴楚仁波切
1808–1887
（吉美林巴之語化身）
佐欽堪布貝瑪多傑
約 1807–1884
圖例
吉美林巴之轉世
吉美嘉威紐固之轉世
第一世多智欽之轉世
蔣揚欽哲旺波之轉世
紐修龍多之轉世
嘉瑟賢遍泰耶之轉世

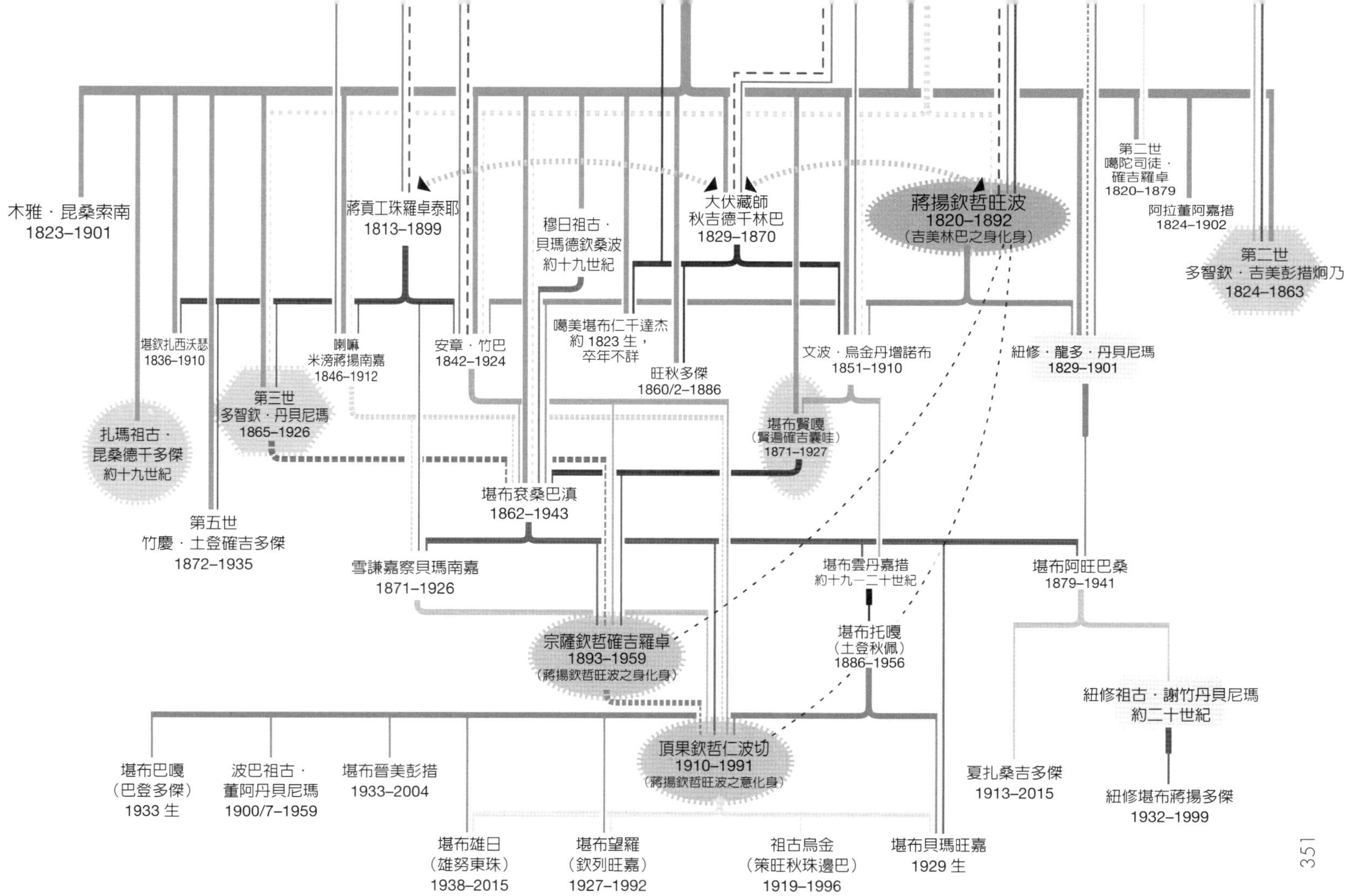

木雅．昆桑索南
1823–1901
蔣貢工珠羅卓泰耶
1813–1899
穆日祖古．
貝瑪德欽桑波
約十九世紀
大伏藏師
秋吉德千林巴
1829–1870
蔣揚欽哲旺波
1820–1892
（吉美林巴之身化身）
第二世
噶陀司徒．
確吉羅卓
1820–1879
阿拉董阿嘉措
1824–1902
第二世
多智欽．吉美彭措炯乃
1824–1863
堪欽扎西沃瑟
1836–1910
喇嘛
米滂蔣揚南嘉
1846–1912
安章．竹巴
1842–1924
噶美堪布仁千達杰
約 1823 生，
卒年不詳
旺秋多傑
1860/2–1886
文波．烏金丹增諾布
1851–1910
紐修．龍多．丹貝尼瑪
1829–1901
扎瑪祖古．
昆桑德千多傑
約十九世紀
第三世
多智欽．丹貝尼瑪
1865–1926
堪布賢嘎
（賢遍確吉囊哇）
1871–1927
堪布袞桑巴滇
1862–1943
第五世
竹慶．土登確吉多傑
1872–1935
雪謙嘉察貝瑪南嘉
1871–1926
堪布雲丹嘉措
約十九－二十世紀
堪布阿旺巴桑
1879–1941
宗薩欽哲確吉羅卓
1893–1959
（蔣揚欽哲旺波之身化身）
堪布托嘎
（土登秋佩）
1886–1956
紐修祖古．謝竹丹貝尼瑪
約二十世紀
堪布巴嘎
（巴登多傑）
1933 生
波巴祖古．
董阿丹貝尼瑪
1900/7–1959
堪布晉美彭措
1933–2004
頂果欽哲仁波切
1910–1991
（蔣揚欽哲旺波之意化身）
夏扎桑吉多傑
1913–2015
紐修堪布蔣揚多傑
1932–1999
堪布雄日
（雄努東珠）
1938–2015
堪布望羅
（欽列旺嘉）
1927–1992
祖古烏金
（策旺秋珠邊巴）
1919–1996
堪布貝瑪旺嘉
1929 生

巴楚仁波切之血脈圖

（直至現代）

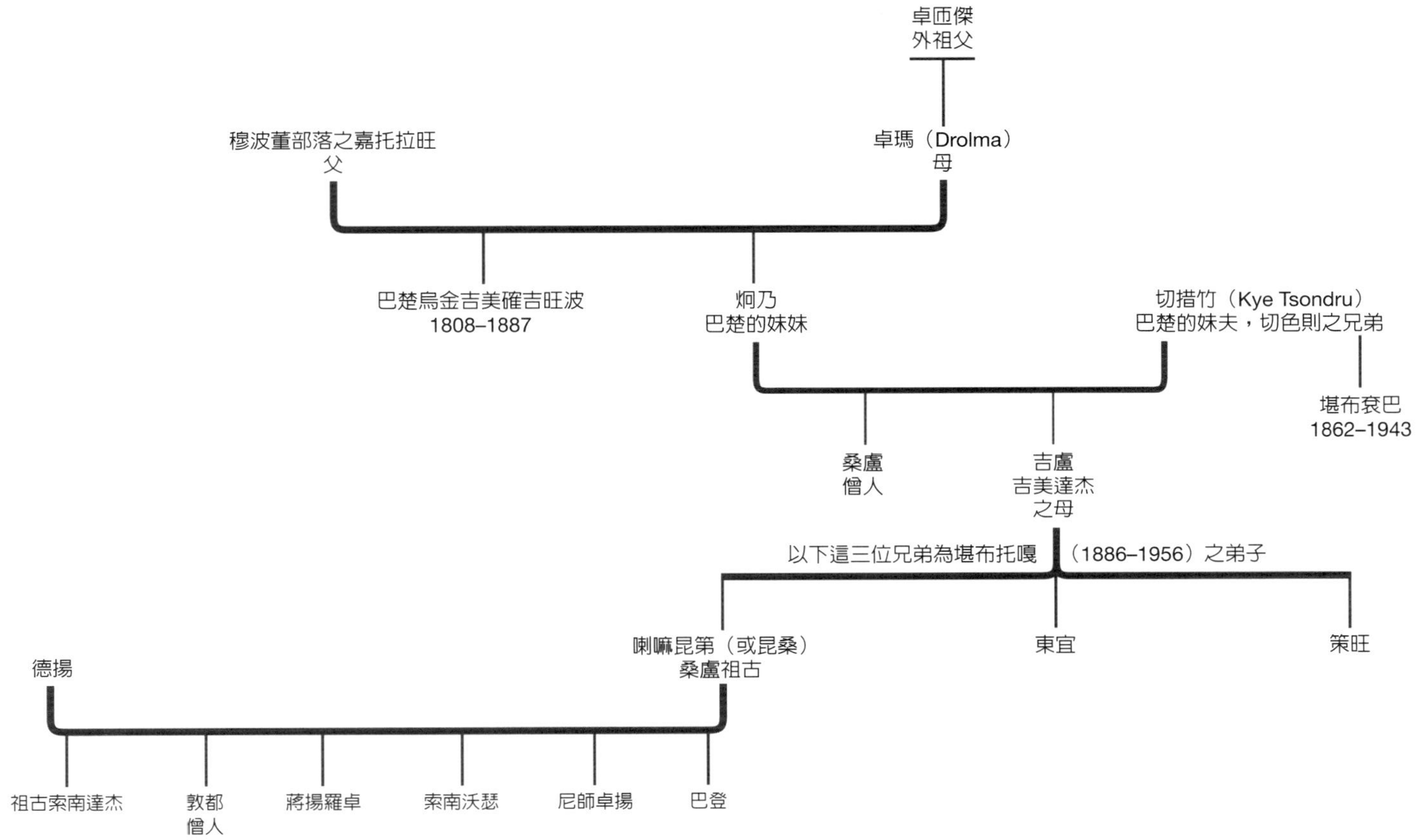
卓匝傑
外祖父
穆波董部落之嘉托拉旺
父
卓瑪（Drolma）
母
巴楚烏金吉美確吉旺波
1808–1887
炯乃
巴楚的妹妹
切措竹（Kye Tsondru）
巴楚的妹夫，切色則之兄弟
堪布袞巴
1862–1943
桑盧
僧人
吉盧
吉美達杰
之母
以下這三位兄弟為堪布托嘎（1886–1956）之弟子
喇嘛昆第（或昆桑）
桑盧祖古
東宜
策旺
德揚
祖古索南達杰
敦都
僧人
蔣揚羅卓
索南沃瑟
尼師卓揚
巴登

【簡傳】與巴楚仁波切有關之重要人物、大師及弟子

以下簡傳介紹一些與巴楚仁波切有關之著名上師與弟子，藉以幫助讀者更加認識仁波切。其中有一些大師，儘管巴楚從未與他們見面，卻對仁波切的一生有重大影響（如嘉華龍欽巴尊者和持明吉美林巴）。此外，還有教導與啓發他的人（如吉美嘉威紐固和多欽哲・益西多傑），和一些與他維持親近修道關係者（如蔣揚欽哲旺波）。有關巴楚仁波切弟子的簡介，在兩本文字傳記或口頭故事中都佔有一席之地，因此我們也收錄了一些，但爲使本書簡潔，故事比重較少或是値遇巴楚時年紀較輕的弟子，便未收錄於此。

巴楚仁波切的上師，最重要的莫過於吉美嘉威紐固和多欽哲・益西多傑。其他重要上師尚有多喇吉美格桑、吉龍吉美俄嚓、嘉瑟賢遍泰耶、明就南開多傑（第四世多智欽）、雪謙翁楚（雪謙大班智達昂珠圖多南嘉）、竹旺羅扎巴給和秋吉德千林巴。

於巴楚仁波切的眾多弟子裡，最傑出者有紐修・龍多・丹貝尼瑪、文波丹嘎（烏金丹增諾布）、木雅・昆桑索南、蔣貢喇嘛米滂和堪布袞桑巴滇。其他重要弟子尚有吉美彭措炯乃（第二世多智欽）、吉美丹貝尼瑪（第三世多智欽）、佐欽堪欽貝瑪多傑、穆日祖古貝瑪德欽桑波、格孟堪欽雲丹嘉措、扎瑪祖古昆桑德千多傑和安章・竹巴卓堆帕沃多傑。

其餘弟子尚有確吉羅卓（第一世噶陀司徒）、直美信炯、姑秀格孟丹貝尼瑪（嘉瑟賢遍泰耶之祖古）、堪布賢嘎（堪布賢遍確吉囊哇）、嘉絨朗智昆桑帖秋多傑、林楚土登堅贊、堪布貢秋沃瑟、貝瑪帖秋丹貝嘉參（第五世雪謙冉江）、久美貝瑪南嘉（第三世雪謙嘉察）和第四十五任德格王奇美達貝多傑（1840–1896）及其家人。

巴楚的學生中，屬於噶舉派弟子的有噶美堪布仁千達杰和堪欽扎西沃瑟，格魯派則有木雅·昆桑索南、阿拉董阿嘉措、霍爾康薩台吉和色須拉然巴土登。

安章·竹巴（1842–1924）

安章·竹巴·卓堆帕沃多傑那措讓卓，出生於康區的昌台地區，被認爲是蓮師二十五大弟子中大譯師瑪仁欽卻（西元八世紀）的化身，以及阿宗仁增桑吉扎西的直接轉世，也有一些人認爲他是偉大的竹巴噶舉上師白瑪嘎波（1527–1592）的化身。

主要上師除了巴楚仁波切外，還有雪謙文珠·吉美圖多南嘉（1787–1854），十二歲時師從噶陀司徒確吉羅卓，及聶拉白瑪鄧燈（1816–1872），後者建議他繼續以在家人方式修行，像「那巴」（藏文：ngakpa，梵文：mantrika，密續在家行者）一樣蓄留長髮。其他上師有蔣揚欽哲旺波、蔣貢工珠羅卓泰耶和佐欽堪布貝瑪多傑。安章·竹巴自十三歲起，就致力於離戲的竅訣實修。

巴楚仁波切根據自己所撰寫的《普賢上師言教》，爲安章·竹巴說明前行修持法要，並授予各種灌頂與口傳。欽哲旺波則授予他《龍欽心滴》等伏藏法口傳，並使其成爲大圓滿法教《傑尊心滴》法脈之一。此外，他也從學於喇嘛米滂、堪欽扎西沃瑟（1836–1910）和第四世佐欽木雅·昆桑索南（1793–1870）。

一八八六年，安章·竹巴在昌台建立了主要駐錫地安章營，其行跡遍布康區各地，爲藏傳佛教各個教派的無數弟子廣傳法教。

其子安章嘉瑟局美多傑（1895—約1959）憑藉己力，成爲了一名傑出上師。

安章·竹巴的主要弟子有堪布袞桑巴滇（參見以下簡傳）、伏藏師索甲列饒林巴（1856–1926）、第三世噶陀司徒烏金確吉嘉措、宗薩欽哲確吉羅卓（1893–1959）、玉科夏扎瓦秋英讓卓（1872–1952）和昆奴仁波切丹增堅贊（約 1894–1977）。

當年輕的祖古頂果欽哲扎西帕久（1910–1991）和家人前來拜訪安章．竹巴時，安章．竹巴將此男孩納入其羽翼，授予沙彌戒，並爲他清除壽命上可能的障礙。

阿拉董阿嘉措（1824–1902）

賈巴董阿嘉措，常稱阿拉董阿，有些人認爲他是安多拉卜愣寺住持兼格魯派大學者貢唐貢卻丹貝仲美（1762–1823）的轉世之一。

阿拉董阿有許多上師，其中最重要者爲夏嘎．措珠讓卓和巴楚仁波切。他精通格魯與寧瑪的經文和密續，然而其作品如今多已佚失。

其弟子有第三世多智欽吉美丹貝尼瑪，以及多智欽寺的四位主要堪布：噶華堪布吉美沃瑟（生年不詳–1926）、堪布昆秋仲美（1859–1936）——又名盧西堪布洛桑袞洽、安耶堪布當曲（生卒年不詳）和色須堪布昂旺（生卒年不詳）。此外，阿拉董阿既是林楚貝瑪龍多嘉措（1852–卒年不詳）的上師，也是其弟子。

阿拉董阿在安多的扎卡嘉貝林（Drakkar Gephel Ling）閉關處，以十二年的時間禪修菩提心，隨後又花了六年的時間閉關專修密咒乘生圓次第的修持。

秋吉德千林巴（1829–1870）

秋吉德千林巴，亦稱悉波林巴，簡稱秋林，出生於康區囊謙。據傳他是國王赤松德贊次子穆茹贊布的轉世。

在他小的時候，有一天正在放牛，蓮師以印度瑜伽士的形象親自出現在他面前。

有一天，他發現了一個小擦擦[1]，是個裡面藏有一卷紙片的小型佛塔，在那卷紙片中詳列了其一生當中所應當取出的伏藏。

秋吉林巴最初在直貢噶舉的帕密寺出家，接著又到了寧瑪的囊謙寺。在那之前，他已取出幾個伏藏法，但都密而不宣。

在囊謙寺，他被派任爲金剛舞的首席。有一次，他在帶領一場金剛舞表演時，於淨相中看見蓮師帶領二十五位大弟子跳著完全不同的舞步，於是他加入隨之起舞，結果連累到寺院舞者，害他們紛紛跳錯。這在寺院裡被認爲是不可原諒的行爲，於是他被趕出了寺院。

其後，他前往德格，留在蔣貢工珠仁波切在八蚌的寺院。當他告訴人們自己是一名伏藏師時，眾人紛紛嘲笑他。

二十五歲時，遇見了第九世八蚌司徒·貝瑪寧卻旺波（1774–1853），八蚌司徒認證其爲一名眞正的伏藏師。接著，蔣貢工珠生了重病，要求秋吉林巴爲他舉行長壽法會，於是秋林回到了他身邊。

由於秋林非常想要見到蔣揚欽哲旺波，於是他來到宗薩寺，欽哲旺波見到他後，立即表示秋吉林巴與蓮師無二無別，隨後又補充說道：「你我曾在十三次轉世中情同父子。」

欽哲旺波將許多口傳授予秋林，而在龍欽冉江的《上師殊勝心滴》（喇嘛仰提）灌頂中，秋林則看到蔣揚欽哲即是印度大班智達無垢友本人。

當秋林向欽哲旺波展示一個裡面載有《意修·遣除一切道障》（突竹巴切昆些）伏藏法的黃皮卷時，欽哲旺波說他也有一個幾乎一模一樣的伏藏法，但是還沒有寫下來，並建議應該將這兩個伏藏法合而爲一。

欽哲旺波也幫助秋林謄寫許多他未能寫下來的伏藏法，並且親手抄錄了這些文本。然後，他要求秋林爲他口傳所有法教。

秋林隨後回到家鄉囊謙，陸續取出三十六部重要伏藏法。其中，他取出名為《甚深七法普巴》的普巴金剛伏藏法集，其過程是這樣的：秋林先在岩石上挖了一個洞，洞內出現七十五支放射火花的普巴杵，他取出其中一支以天珠製成的主要普巴杵，橛桿上綁著一個羊皮卷，裡面以空行文字記載的正是這部普巴法。

在此之後，秋林返回宗薩，在水晶蓮洞（Pema Shelphuk，貝瑪雪普）與蔣揚欽哲旺波和蔣貢工珠一起在眾人面前取出一個伏藏。當三位上師在洞內進行法會時，秋吉林巴身體一度飛起來，頭頂碰觸到洞穴頂端，在那裡取出一個內含黃皮卷的「寶篋」，卷軸內記載了《大圓滿三部》（佐欽得桑）伏藏法。在場的每個人無不看得目瞪口呆。

秋吉林巴隨後接受第十四世噶瑪巴帖秋多傑的邀請（1798–1868），來到中藏。他在桑耶寺裡親見了蓮師，並取出一部珍貴伏藏法。秋林的一生中，曾三次造訪蓮師的「銅色吉祥山」淨土。此外，也有許多關於蓮師的淨相。

回到康區後，在囊謙的也甲南卡佐建立了乃旦寺，並在這一帶取出更多伏藏。

秋吉林巴圓寂後，蔣揚欽哲在淨相中見到他身處佛土，並從他那裡領受了許多法教。

秋英讓卓（1777–1853）

措普竹千局美秋英讓卓，出生介於新龍與昌台的下桑。他是竹托仲巴南卡嘉措（十七—十八世紀）的轉世，竹托仲巴南卡為噶陀寺的一位大成就瑜伽士，曾經教導過偉大的噶陀仁增澤旺諾布（1698–1755）。

秋英讓卓對求法有強烈的渴望。例如，有一次，他在接受伏藏師仁千林巴的灌頂時，於伏藏師手上所搖的金剛鈴聲中，不斷地聽到法教的聲音。然而他卻無法理解所聽到的語句含義，於是心中生起學修佛法的強烈企圖心。

然而，他必須先當一陣子的牧童，即使年紀非常小，有時也會顯現出非凡之力。例如，有一次，他的同伴注意到，在他過河後，腳上的靴子一直保持乾燥，沒有浸濕。

秋英讓卓一生主要研修持明龍薩寧波大師（1625–1692）的伏藏法。上師包括宗給昆敦仁波切索南仁千、著名學者格澤大班智達・久美澤旺秋珠（1761–1829），以及隱士寧貢夏扎瓦・南開多傑，後者為他賜名為久美秋英讓卓。

秋英完成學習後，大部分的時間都在不同地方閉關，包括多年待在扎木措普修行，因此他被稱為措普竹千，意思是「措普的大成就者」（或昌區之大成就者）。

其主要教導的法，為伏藏師龍薩寧波所取出的《龍薩金剛藏》伏藏法集。弟子包括侄子第二世噶陀司徒・確吉羅卓烏金丹巴南嘉、住在龍薩寧波主寺的仁增索南巴登、竹千寧達昆澤、大瑜伽士兼伏藏師聶拉白瑪鄧燈（1816–1872）和第三世信雍・吉美雍敦恭布（1837–1898）。

多欽哲・益西多傑（1800–1866）

多欽哲・益西多傑，出生於藏東果洛的阿炯土匪部落。一歲時就開始對父母說，他必須見到一位名叫索南卻登的喇嘛，否則自己就會死去。

第一世多智欽來到果洛這一區時，多欽哲的父親想辦法面見了他。他的父親向多智欽詢問，是否知道一個名叫索南卻登的喇嘛。

多智欽回答說，他知道索南卻登這個人，於是就準備前往面見小多欽哲。

兩人見面的時候，多智欽問小多欽哲說：「你認識我嗎？」（世上只有一兩個人知道多智欽曾被叫做索南卻登。）

小孩回答：「認識，你就是索南卻登。你不要我了嗎？」

多智欽眼中泛著淚水，將孩子抱在懷裡說：「我一直找不到你啊！現在我會照顧你的。」

多智欽認出多欽哲是自己上師吉美林巴的意化身，但是卻一直對此緘默，直到被正式確認為止。後來，多欽哲在多智欽、攝政王后、王太子、眾喇嘛、官員和吉美林巴之子的見證下，正確無誤地認證出其前世的私人物品，並通過一切測試，在場所有人無不法喜充滿，深受感動。多智欽將多欽哲帶到位於多柯的寺院殊欽達果，那是他自己建造的寺院。

多欽哲十歲的時候，必須被帶到中藏，以吉美林巴意化身的身分正式坐床。這個小男孩因為要和上師分別而傷心欲絕。

在直貢羊日崗寺，他面見了吉美林巴的兒子、佛母以及他自己的侄子。同時還拜訪了吉美林巴在次仁炯的駐錫地，也去了蓮師主要五聖地之一「雅礱玻璃洞」，洞裡供奉了一尊名為「如我一般」的蓮師聖像。在場的人們看到一道光束從蓮師聖像的心間射出，融入小男孩的心間。後來，多欽哲說，那時他對清淨本覺以及諸法本自清淨有了甚深體會。

他在十二歲的時候，回到了康區，住在雅礱貝瑪貴的寺院，並從第一世多智欽處，領受包括龍欽巴《四部心滴》②在內的密集口傳。十五歲時，遇到了吉美林巴的另外兩位傑出弟子，吉美嘉威紐固和吉龍吉美俄嚓。

多欽哲第一次見到多智欽本人，即視之與蓮師本人無別，並看到其身邊圍繞著他人所看不到的神妙聖眾。有一次，多欽哲在吉美嘉威紐固面前看似睡著了，持續三天。當年輕的祖古醒來後，他說在一個甚深淨相中，見到蓮師現身於一座水晶宮殿，自己從蓮師的佛母耶喜措嘉和曼達拉娃處領受灌頂。

多欽哲二十歲時，住在德格王宮裡，一天，他決定要放棄祖古這個被責任義務、貴族與侍者充斥的複雜生活。於是，他向德格王稟告，自己想要成為一名遊方瑜伽士。

「如果您不允許的話，」多欽哲告訴德格王：「那就把我關起來吧！」德格王和其他人都感到震驚。

他們決定諮詢多欽哲的上師多智欽。於是他們送了一封正式書信，徵詢多智欽的意見。多智欽回信表示，多欽哲應該立即離開王宮，到他附近居住一年並領受他的法教。就這樣，多欽哲被允許離開王宮。

多欽哲抵達後，多智欽告訴他，自己應該不會活得太久。他要多欽哲留在此地一年，之後，他就可以做任何想做的事情。

多欽哲將自己所有的財產，全都供養給上師，多智欽則賜給他一件瑜伽士的白長袍，並加持了多欽哲的頭髮，自那時起，多欽哲便不曾再剪髮。

在那一年期間，多智欽授予這位學生大圓滿法教的重要口傳和竅訣，如《空行心滴》和《大圓勝慧》③。多欽哲則在夢中受到龍欽巴授予更多關於《空行心滴》的詳細竅訣指導。

一年結束，多欽哲告訴多智欽，自己仍然希望成爲一名捨離家園和財產的雲遊行者。因此，多欽哲忍痛告別了根本上師，開始浪跡天涯。首先他與羅扎巴給一同前往安多。

幾個月後，多欽哲在淨相中見到多智欽。他以虹光身端坐虛空中，周遭散射著七彩光芒，口中傳唱著遺教。多智欽身上的光束融入多欽哲心間，後者因一時失去知覺而昏厥，當他醒過來時，認知到這必然是上師圓寂之兆。

在上師圓寂後，多欽哲不再穿著瑜伽士的白長袍，改穿牧民的普通黑長袍。這點引來很多人的批評，尤其是德格王。

多欽哲自此在果洛最荒涼的地帶漫遊，行爲不守常規，外表看來像是獵人，儘管如此，他卻是那種獵殺動物後，能再予以起死回生的獵人。

有一次，多欽哲殺死了一隻高原小土撥鼠，他的叔叔責備他，說：「祖古怎麼能像個惡棍般殺死動物！」多欽哲於是用鞭子打了一下土撥鼠的屍體。小小的土撥鼠一下子就起死回生並躍身鑽進了森林。這點對他叔叔來說並不稀奇，嘲諷地說：「喔喔，現在連你也會施展神通了？」④

多欽哲在新龍待了一段時間後，轉往定居於打箭爐（康定），此地簡稱為「多」，因此，眾人稱之為「多欽哲」。

多欽哲所取出的伏藏及法教，包括現今仍被廣泛修行的《斷法・執著自解脫》（*Chö Dzinpa Rangdröl*），現代版本共收錄為九函。其座下弟子無以計數。

多欽哲在人生的最後幾年又回到康定。一八六六年他圓寂後，人們說他已融入吉美林巴的身化身蔣揚欽哲旺波之中，使得這位大喇嘛變得比以前更神采奕奕。為此，蔣揚欽哲旺波曾說：「現在這個瘋瑜伽士到我這裡來了。」

多喇吉美格桑（19世紀初）

多喇吉美格桑，是第一世多智欽吉美欽列沃瑟的重要弟子。他憑藉己力成為一名成就者，同時也是《龍欽心滴》傳承的主要持有者之一。

有一次，當他在瑪曲（黃河）岸邊的一個山洞裡，正準備開始進行三年閉關時，他聽到一名朝聖者正吟唱一首不可思議的動人旋律，那是由吉美林巴所取伏藏《斷法》中的供養文。多喇吉美格桑忍不住從他的閉關洞穴走出來，向朝聖者詢問此儀軌內容。朝聖者回答說，雖然吉美林巴已經圓寂了，但他的上首弟子吉美欽列沃瑟就住在果洛。多喇吉美一聽到欽列沃瑟的名字後，心中立刻生起無邊的虔敬心，並在深切渴求的心念驅使下，離開閉關處，找到這位日後成為他根本上師的人。

多喇吉美為吉美嘉威紐固（於一八一五、一八一六和一八二〇年接受多喇吉美教導）和巴楚仁波切的上師，並認證巴楚為巴給桑丹彭措的轉世。曾在佐欽寺、雪謙寺和噶陀寺幾個寧瑪大寺廣泛傳法。其後半生多半在安多青海湖附近度過，為許多藏地和蒙古弟子說法。

頂果欽哲仁波切曾敘述多喇吉美格桑如何圓寂的故事：「有一天，多喇吉美於漢地朝聖時，來到人潮聚集的市井廣場。當他靠近人群時，發現人們正要用極為殘酷的方式將一名盜賊處死，迫使盜賊跨坐於一個燒得火紅的鐵馬上面處死。多喇吉美推開人群，大聲宣告：『我才是小偷！』現場一陣異乎尋常的沉默。主持行刑的漢地官員，冷冷地對這個闖進來的人問道：『你準備好承擔剛才自己所說的後果嗎？』多喇吉美點了點頭。於是他被處死在鐵馬上面，而那個盜賊因而逃過一劫。」

多喇吉美以無緣悲心解救了一個素昧平生者的性命，那個對象甚至還是一名盜賊。凡人很難揣測菩薩智慧與慈悲的深度，但很顯然地，多喇吉美視有情眾生的利益勝過自己的所欲。

嘉瑟賢遍泰耶（1800–1865 / 66）⑤

嘉瑟賢遍泰耶，出生於康區雜曲卡的格孟。從很小的時候就感受到強烈的出離心，一心致力於佛法的學習與修行。其根本上師為多喇吉美格桑，此外，他也不分派別地在各個學派的許多上師座下學習，包括他視為與佛陀無別的第一世多智欽欽列沃瑟、吉美嘉威紐固、第四世佐欽．木雅南開多傑、僧珠貝瑪扎西，以及敏林澈清⑥和敏林堪仁波切這兩位敏珠林寺的主要上師。嘉瑟賢遍泰耶被認為是敏林德欽究美多傑（1646–1714）的轉世。

賢遍泰耶曾到許多聖地修行，西達藏西的岡底斯山，東至漢地的峨眉山。

他成為一名學識淵博、慈悲為懷的大學者，以至於在康區不論舊譯派（寧瑪）或新譯派，每一個喇嘛或修行者，無不認爲自己是他的弟子。

在第一世多智欽圓寂後，賢遍泰耶擔任多智欽寺的攝政數年，並發起一年一度爲期四十五天的《秘密藏續》教學與實修，因而復興了寧瑪派最重要密續的法教傳承。巴楚仁波切在第一年擔任他的助教，並在接下來的兩年，負責主持法會的工作。

一八四二年，受地震重創的佐欽寺，由賢遍泰耶擔任住持，負責重建寺院，並於一八四八年創建師利星哈佛學院，在那裡開啓了密集講述⑦經教《十三部大論》的傳統。

他還彙集了自蓮花生大士時代以降，經由師徒口耳相傳、毫無間斷的寧瑪教傳主要法本。依怙主敦珠仁波切（1904–1987）曾說：「嘉瑟賢遍泰耶對延續佛陀法教的貢獻與善德難以想像。」

最重要的學生有巴楚仁波切、堪布貝瑪多傑和雪謙文珠・圖多南嘉這幾位心子，以及中藏的達波土登雍津。同時，他也是多欽哲・益西多傑、蔣揚欽哲旺波和第七世敏林澈清・僧給貢噶董阿丹增諾布（the 7th Minling Trichen, Sangye Kunga Do-ngak Tendzin Norbu）的上師。

第三世雪謙嘉察・久美貝瑪南嘉（1871–1926）

第三世雪謙嘉察・久美貝瑪南嘉是十九世紀末二十世紀初的主要佛法導師與作者之一，被認爲是喇嘛米滂仁波切的上首弟子。

同時也是巴楚仁波切、蔣揚欽哲旺波、蔣貢工珠羅卓泰耶、久美昆桑丹貝尼瑪（1864–1909，第五世雪謙冉江）、堪欽扎西沃瑟以及蔣揚羅迭旺波（1847–1914）的弟子。

他是二十世紀幾位知名上師的上師，包括頂果欽哲仁波切、蔣揚欽哲確吉羅卓（1893–1959）、第六世雪謙冉江・南增珠巴多傑（1910–1959）。

久美貝瑪南嘉一生大部分的時間，都在東藏雪謙寺上方的貝瑪歐瑟林隱修處度過。其中有一次，他宣布將進行三年閉關，但卻在六個月後，沒有多做任何解釋就出關了。出關那一天，人們在他的關房石階的大石頭上，看見一個清晰的足印。這個足印現在仍保存在康區的雪謙寺。這個實爲非凡的徵兆，證明他已經完成那次閉關所需達成的成就。（該足印照片可見於馬修·李卡德《邁向證悟》〔*Journey to Enlightenment*，紐約Aperture出版社，一九九六年〕一書。）

其著作共計十三大函，堪稱是西藏文學中最豐富、最多樣的作品之一，其中包括對佛教哲理和修行各個方面深奧清晰的論釋。

蔣貢工珠羅卓泰耶（1813–1899）

蔣貢工珠羅卓泰耶，也稱工珠雲丹嘉措，生於康區苯教家庭中，取名爲丹增雲卓。自很小的時候，就顯露出非凡能力的徵兆。隨後接受佛法教育，在雪謙寺跟隨雪謙大班智達昂珠圖多南嘉學習四年，並在二十歲時於雪謙寺領受比丘戒。

他的導師兼功德主卓德頗章宮的官員次培（也是一名竹巴噶舉僧人）將工珠帶到八蚌寺。在那裡，工珠遇到主要上師之一，第九世大司徒·貝瑪寧杰旺波（1775–1853）。工珠的資質非常聰慧，大司徒擔心他會被受召進入德格王宮服務。爲了避免這種情況發生，大司徒便利用轉世祖古擁有受召豁免權之規定，遂認證這位年輕人是他已故學生工波班登祖古的轉世，這就是工珠一名的由來。工珠在噶瑪寺第十四世噶瑪巴帖秋多傑（1798–1868）座下領受菩薩戒，受賜羅卓泰耶的法名。之後他從噶瑪諾布處，領受香巴噶舉的口傳，並從佐欽明就南開多傑及其他上師處，領受許多寧瑪派的法教。

但蔣貢工珠的主要導師是人稱「遍知珍寶師」的蔣揚欽哲旺波。蔣貢工珠在其後六十年的人生當中，所做的事業和著作大部分都是基於欽哲旺波的啓發，或是與之共同完成的。他們一起開啓聖地、取出伏藏、彙編法集，並在東藏率先開啓對復興金剛乘有重大貢獻的利美（不分教派）運動。

蔣貢工珠後來也與秋吉德千林巴非常親近。世人泛稱這三位上師爲「蔣—工—秋—松」，意思是「欽哲、工珠、秋林三師」。

蔣貢工珠對藏傳佛教無與倫比的貢獻之一是編寫了《五寶藏》，這部鉅作收錄了大量法教、儀軌、灌頂法本、修行引導、佛法哲理與修行釋論。蔣貢工珠曾在自傳中表示，他從未想過要編纂這些作品，是在其恩師蔣揚欽哲旺波的要求下所做的。

當時，欽哲旺波在爲蔣貢工珠說法，期間他做了一個預示夢，他看見一座高大有著五扇門的莊嚴佛塔，塔基的每個方位皆有一扇門，塔身的上方瓶座處也有一扇門。佛塔裡有一些美麗的佛像和珍貴的法本。當欽哲詢問這些法本的內容時，有人回答說它們是《五寶藏》。欽哲旺波告訴工珠，這個夢說明了他是注定要完成《五寶藏》的人。他還爲工珠指引每部論中應該包含的內容。

因此，蔣貢工珠花了許多年的時間，持續地收集、編纂而完成這五部大論：㈠噶舉密咒藏：噶舉阿佐，根據版本不同而收錄爲三函或八函。㈡大寶伏藏：仁千登佐，六十三函至七十一函，收錄了寧瑪派最重要的再伏藏法，其中也包括了蔣貢工珠自己所取出的伏藏法《不共秘密藏》。㈢所知寶藏：謝佳佐，共四函，一部記載一切佛教知識和傳統科學的百科全書。㈣廣大教言藏：嘉千嘎佐，十六函，蔣貢工珠自身寫作的集結。㈤口訣藏：旦阿佐，十三至十八函，八大「車乘」實修傳承的口訣彙編。

正因爲這五部大論的彙集（二十世紀時，在頂果欽哲仁波切的指導下重新修訂出版），使得無數主要且稀有的口傳能流傳至今。

蔣貢工珠也在兩處閉關地進行多年閉關，分別爲八蚌寺上方的尼古六法閉關中心，以及位於宗薩與噶陀之間的宗雪得謝都帕岩洞。一八六七年在宗雪寺，欽哲旺波與秋吉林巴爲蔣貢工珠正式舉行坐床儀式，認證其爲一名伏藏師，並賜予伏藏師名爲奇美滇尼雍仲林巴，敦促他開啓由蓮師所託付的伏藏，而工珠的確在往後數年取出了那些伏藏法。

蔣貢工珠的弟子無以計數，其中包括蔣揚羅迭旺波（1847–1914）、喇嘛米滂、大瑜伽士（托登）夏迦師利（1853–1919）、吉美丹貝尼瑪（第三世多智欽）、第五世佐欽仁波切土登確吉多傑（1872–1935）、第五世雪謙冉江．貝瑪帖秋丹貝嘉參（1864–1909），以及女性上師阿育康卓多傑巴登（1839–1953）。後來共認證了五位蔣貢工珠的轉世。

蔣揚欽哲旺波（1820–1892）

蔣揚欽哲旺波，出生於康區德格宗薩寺以西登龍谷的頂果家族，由薩迦上師塔澤堪欽蔣巴貢噶丹增（**Tartse Khenchen Jampa Kunga Tendzin**，1776–1820）命名爲欽哲旺波貢噶丹貝堅贊，並認證爲塔澤堪欽蔣巴南卡奇美（1765–1820）之轉世。

欽哲旺波在薩迦傳承下，領受薩迦法王貝瑪敦都旺秋（1792–1853）、薩魯羅薩天詠（約 1804），和哦堪欽蔣巴貢噶丹增（1776–1862）的法教。

十八歲時跟隨寧瑪傳承的雪謙文珠．圖多南嘉學習，並在宗薩寺的明就南開多傑與堪布貝瑪多傑座下學習。

然而他本人最爲珍視的上師，則爲吉美嘉威紐固。吉美嘉威紐固在欽哲旺波十九歲的時候，來到其出生地登龍。據說兩人就像父子重逢般一見如故，嘉威紐固傳授欽哲旺波許多法教，從《龍欽心滴》的前行修持，直到最深奧的大圓滿「立斷」與「頓超」法。

根據頂果欽哲仁波切之口述，欽哲旺波在修持「轉心四思量」此稱爲「翁卓」的前行修法（雖謂前行，實際極爲深奧）時，對輪涅自性及所有後續修持都有了全然領會，而當他從嘉威紐固處領受大圓滿法時，則體悟到萬法皆爲清淨覺性的顯現。

嘉威紐固認證欽哲旺波爲持明吉美林巴之身化身，並視其爲自身傳承之法嗣。

欽哲旺波一生擁有無數淨相。例如，他在十五歲時，於淨相中來到菩提伽耶，在那裡接受印度八大持明之一妙吉祥友的教導，妙吉祥友最後融入欽哲旺波。當欽哲旺波領受完法教，欲從正覺塔之第八層向下走時，眼前一片熊熊大火，欽哲受其吸引而無可抵擋，縱身躍入了大火中，使得一切粗大身蘊之染污皆被烈火焚燒殆盡，轉爲光與意之身，欽哲遂開口自言「我是無垢友」。

十六歲時，於淨相中參訪銅色吉祥山淨土，在那裡蓮師授記欽哲旺波將成爲七傳承（kabapdum）之持有者。

二十四歲時，於中藏南木林，清楚憶起曾有一世爲傑尊僧給旺秋，並於之後取出且寫下大圓滿《傑尊心滴》伏藏法集。

事實上，據說欽哲旺波是唯一受過七傳承的上師。此七傳承爲：㈠教傳，師徒之間無間斷的口耳相傳教法；㈡地伏藏；㈢意伏藏；㈣再伏藏；㈤隨念；㈥「淨相」中受法；㈦由蓮師或其他上師親授伏藏師之法——耳傳。

欽哲旺波曾兩次前往中藏。二十一歲於敏珠林寺領受具足比丘戒，並從堪欽久美仁增桑波處得法名貢噶丹貝堅贊，從第七世敏林澈清．僧給貢噶董阿丹增諾布處領受菩薩戒。在那裡，他還向偉大的女性上師傑尊欽列秋準（十九世紀初）學習。

往後的十三年裡，他像個簡樸的朝聖者徒步行旅至許多地方，拜訪數百個聖地、寺院、經堂、禪修洞和閉關所，無論去到哪裡，都會去接受灌頂、口傳與講解，如此而得以從一百五十多位上師處領受法教。

作爲國王赤松德贊的化身，欽哲旺波取出許多伏藏法，被視爲「諸伏藏師之封印」，其著作總計多達十三大函。伏藏師名號為貝瑪沃瑟董阿林巴與沃瑟竹貝多傑。在著作中可見到的其他名號尚有：金剛威光及妙音。蔣揚欽哲旺波、蔣貢工珠、巴楚仁波切及喇嘛米滂四人皆為不分教派利美運動者，而欽哲旺波則是此運動的指引明燈。

欽哲旺波與蔣貢工珠、秋吉林巴三人非常親近，彼此會互相傳法與分享好幾部重新發掘的伏藏法。

蔣揚欽哲旺波二十四歲時，於德格縣的麥宿建立主座宗薩寺，並自三十七歲那年起，決定一心致力於靜慮禪修，誓言不再步出其住所門檻。

他一生擁有無數本尊與祖師之淨相，其中一些淨相甚至與現實生活結合。例如，有一次，欽哲在進行嚴格閉關時，侍者聽到從最裡面的房間傳來說話聲，納悶是誰能夠在上師閉關時偷偷潛入，於是掀開門簾偷看，他見到欽哲旺波正與一位老喇嘛交談。過了一會兒，侍者回頭進房打理上師所需，便詢問上師：「剛才那個在你閉關時進來的人是誰？」欽哲旺波回答說：「你看見他了？這表示你的業力相當清淨。那是無垢友。」

欽哲旺波將眾多儀軌集結編寫成總計十四函的《成就法總集》，並啓發蔣揚羅迭進行類似的彙編，而成就三十二函的《續部總集》，彙整了薩迦派主要修持的儀軌與灌頂。

一八六一年，欽哲旺波在經歷一場清明夢境後，激勵蔣貢工珠進行《五寶藏》這部大論的編纂（詳見蔣貢工珠簡傳）。

欽哲旺波一生教化弟子無數，可說是當時康區最具影響力的上師。

他在一八九二年圓寂以前，預言自己將以五種化身（身、語、意、功德、事業）再現。其中兩位傑出人物分別是：事業化身宗薩欽哲確吉羅卓（1894–1959）與意化身頂果欽哲仁波切（1910–1991）。

吉美嘉威紐固（1765–1842）

吉美嘉威紐固出生於康區雜曲卡之雜加谷。自小便對世間凡俗的生活毫無興趣，而對佛法修行擁有強烈渴望。長大後，家族內的部分親人卻希望他結婚並負擔家計，讓他備感壓力。

但嘉威紐固的母親知道世俗生活會爲他一心向佛的願望帶來極大障礙，於是建議他出走。她給了他一錠白銀和一些糧食，讓他悄悄離開。嘉威紐固於是先去面見第三世佐欽仁波切（1759–1792），再啓程步行前往中藏，而那需要幾個月的行旅時間。

嘉威紐固隨後來到中藏蓮師時代建立之藏地首座佛寺桑耶寺，遇到了第一世多智欽仁波切．吉美欽列沃瑟。後者邀請他一起在桑耶寺上方的青浦閉關處修行，並建議他在閉關前，先去次仁炯寺拜見其上師持明吉美林巴，領受其教示。

嘉威紐固一見到吉美林巴，此生所有凡俗的顯現盡皆消亡，內心感受到一股難以言喻的喜悅。在次仁炯，他領受的法教與口傳，包括《持明總集》（吉美林巴取出的意伏藏，屬《龍欽心滴》）的灌頂、吉美林巴著作《功德藏》的口傳，以及其他大圓滿法教之甚深教示。

結束後，嘉威紐固回到桑耶，於多智欽仁波切住所附近實修。後來，他們一同前往拉薩時，多智欽生了一場重病，其身受重病卻欣然自若於一切病苦的態度鼓舞了嘉威紐固，這段期間，嘉威紐固經常背著患疾的多智欽行走很長的路程。後來，嘉威紐固便在後藏（藏地西區）進行三年閉關修行。

三年結束，他回到次仁炯向吉美林巴領受其他法教，包括《單尊大樂佛母》之空行母灌頂。隨後便前往藏南聖地扎日神山朝聖。在朝聖途中，他將腳上的鞋子佈施給乞丐，一路赤腳行走，連在雪地裡也不例外。他穿過靠近印度的低地叢林並越過高原和雪山，如此繞轉了扎日溪谷（需花費幾個星期的時間）。

途中，他一度冒著生命危險，救出埋在雪地裡的幾位朝聖者。在這次朝聖期間，嘉威紐固不斷經驗到，一切現起皆爲諸法的無盡清淨顯現。

經過漫長且危險的轉山之旅後，吉美嘉威紐固抵達扎日正中央純水晶山（達瓜西日，扎日神山）附近的扎日高地，待在該處進行九個月的獨自修行。期間若是糧食用盡，就倚靠煮熟的蕁麻和其他野生植物維生。一次，吉美嘉威紐固在中藏閉關時，他來到洞口，面朝其摯愛上師吉美林巴所在的方向望去，一股強烈的虔敬心油然生起，對輪迴產生前所未有的厭離心，因而悲泣了好一段時間。

吉美嘉威紐固也曾經在禪觀心的究竟本質時，一度昏厥過去。當他醒過來時，一切關於見地與修持的先入之見都消失了。他將這段經驗報告給多智欽仁波切和吉美林巴。吉美林巴非常高興嘉威紐固已了悟到心的究竟本質。

回到康區後，嘉威紐固花更多的時間閉關，後來再次前往中藏，面見其上師吉美林巴。

在結束這次與上師的最後會面後，嘉威紐固回到家鄉雜曲卡，在極爲嚴峻的環境下修行了二十年，大多數時間皆在上雜曲卡之扎瑪礱山谷裡的一些洞穴或野地閉關，因而有「雜曲卡隱士」和「扎扎瑪喇嘛」之稱。（其轉世被稱爲扎瑪祖古或雜扎瑪祖古．昆桑德千多傑。）

漸漸地，一些弟子聚集在其閉關地點附近，於迎風坡面上搭起一些帳篷。嘉威紐固爲了履行上師的指示，於後半生中毫不倦怠地教導了所有來熱切請法的學生。在這段時間，他爲巴楚傳授吉美林巴《龍欽心滴》的前行修法——前後至少有二十五次，以及氣脈修行的瑜伽法和大圓滿法教。他的前行教授，後來由巴楚仁波切寫成《普賢上師言教》一書。

吉美嘉威紐固成爲吉美林巴四位「無畏」心子之一，他們皆以吉美（無畏）爲名，其他三人分別爲吉美欽列沃瑟、巴瓊吉美果欽（一七六三年—卒年不詳）和不丹的吉美袞珠。

嘉威紐固於一八四二年圓寂後，其法體由後人保存在雜加寺內奉爲聖物禮敬。巴楚仁波切經常說，在這個法體面前所做的一切祈願均會實現。中共入侵西藏期間，該舍利遭到破壞，但其心舍利得以留存下來，目前裝臟於雜加寺大殿的蓮師聖像中。

有關吉美嘉威紐固之成道傳記（關於修行之傳統傳記），紀錄在一百六十頁對開本中，作者不詳。一九八五年，一份以無頭體書寫的手抄本，當時被獻予回到康區的怙主頂果欽哲仁波切。目前這個手抄本於尼泊爾雪謙寺轉成電子檔，並由雪謙出版社發行。

根據格孟寺的堪布貝瑪旺嘉和已故的雜加寺堪布本德口述，此傳記的開頭和結尾偈頌皆爲巴楚仁波切所撰寫，一位雜加寺的匿名學者僧收集彙編了大部分的傳記內容。另根據雜曲卡巴瓊寺堪布益陽所述，其中有一些內容是嘉威紐固自己所寫的自傳，也被這名學者一併收入傳記中。

吉美林巴（1729–1798）

持明吉美林巴，被世人認爲是觀世音菩薩、無垢友和國王赤松德贊的化身。六歲時，進入有「吉祥山」之稱的白日寺出家，獲得貝瑪欽哲沃瑟之法名。十三歲時，值遇其根本上師持明帖秋多傑。此後便從許多上師處獲得教傳與巖傳（伏藏法）的教示，並以自身的內證力而不須經歷艱苦學習，便能領會與詮釋全部的佛法教義。二十八歲時，於白日寺附近的靜修處進行三年閉關，獲得許多成就徵兆。在那裡，他有過蓮花生大師和佛母伊喜措嘉的淨相，因而取出稱爲《龍欽心滴》的伏藏法。在桑耶寺上方青浦的美多普（花洞）又進行三年閉關。在那裡，前後三次親見嘉華龍欽冉江，因而得到龍欽巴的身語意加持。在第二次淨相中，龍欽巴交給吉美林巴一書，說：「這文本裡，有我在《三休息論》中未提及的一切甚深要義。」這個來自龍欽巴的語加持乃是一種開許，讓吉美林巴後來寫出了《功德藏》（或稱《雍登措》）。在《功德藏》的十三章偈頌中，吉美林巴精闢闡述了從根基的經部一直到大圓滿法教（佐巴欽波，簡稱佐欽或竹慶）的佛法修行九乘次第。

由於這部偈頌文本既簡潔又深入，很快地就有不同版本的注疏。吉美林巴自己寫了一部包含上下兩函的釋論，稱《二車乘》，其中一函專門解釋經部，另一函則闡釋續部。巴楚仁波切則爲《功德藏》法教撰寫引導，包括短、中、詳的科判，並闡明其艱澀之處。後來，格孟寺的堪布雲丹嘉措（見以下簡傳）則根據巴楚仁波切的著作，寫了一部包含兩函的注疏，此疏以內容清晰、透徹，被後人廣泛使用而聞名。其他現存的注疏尚有，由甘珠爾仁波切隆千耶謝多傑（1897–1975）所寫的論釋，目前已由蓮師翻譯小組翻譯成英文，書名爲《功德藏釋・三道甘露精華》（靈鷲山出版社，上冊，二〇一四年；下冊，二〇二〇年）。

在藏南的次仁炯，吉美林巴建立了貝瑪沃瑟帖秋秋林閉關所，吸引了無數來自藏地或鄰近國家的弟子來此修行。

吉美林巴的直接轉世有：身化身蔣揚欽哲旺波（1820–1892），語化身巴楚仁波切（1808–1887），和意化身多欽哲・益西多傑（1800–1866）。

吉美俄嚓嘉措（18世紀—約19世紀）

吉美俄嚓嘉措，亦稱格西喇嘛索南丹增，是持明吉美林巴早期重要弟子之一。吉美俄嚓嘉措根據上師吉美林巴的指示，在康區雜曲卡建立一座寺院，也就是後來的吉龍寺。吉美林巴將此寺命名爲奧明仁增佩吉林。

吉美俄嚓繼承吉美林巴之職，擔任德格王和王后的皇師。一生攝受眾多弟子，其中亦包括巴楚仁波切。吉美俄嚓圓寂後，部分舍利由穆日祖古混合入了雜曲卡巴給嘛呢石經牆中。

第一世多智欽・吉美欽列沃瑟（1745–1821）

吉美欽列沃瑟出生於果洛的多山谷，是持明吉美林巴最重要的弟子，因而也是《龍欽心滴》傳承的主要持有者。他由吉美林巴認證爲穆茹贊布（國王赤松德贊之子）的意化身，賜名吉美欽列沃瑟，並在第二世雪謙冉江．久美昆桑南嘉（1713–1769）座下領受皈依戒，得名昆桑賢遍。

欽列沃瑟一生當中，前後共四次到中藏行旅，面見了許多傑出上師。第一次朝聖始於二十一歲，期間從司徒確吉炯乃及第五世岡波巴．蔣巴聽列旺波處領受法教。

回到康區後，他在雪謙冉江（雪謙寺創始人）和第二世竹慶本樂．貝瑪桑嘎丹增座下學習。

第二次前往中藏朝聖期間，面見了第十三世噶瑪巴．堆督多傑。回到康區後，欽列沃瑟在佐欽寺上方森林的次仁普（長壽洞）進行四年閉關修行。他在那裡以非常艱苦的方式生活，修行持明嘉稱寧波的《三寶總攝》。這個岩穴之所以被後人命名爲「長壽洞」，正是因爲長壽護法長壽母曾多次在欽列沃瑟面前現身，爲他帶來凝乳作爲維生所需。欽列沃瑟在這個岩穴裡經歷了許多淨相。隨後，他搬到下方的文殊閻摩敵窟，在那裡修持惹那林巴所取出的再伏藏⑧《普巴金剛》伏藏法和達波傳承的《勝樂金剛》法。這個岩穴的名稱源自欽列沃瑟在此對忿怒本尊文殊閻摩敵的淨相，以及他在此山洞岩壁上所繪製的文殊閻摩敵心咒。

欽列沃瑟本著對吉美林巴無盡的虔敬心，決定前去拜見他。於是，他在第三次前往中藏的時候，遇到了他的根本上師。

吉美林巴立刻將這位新弟子認定爲其《龍欽心滴》意伏藏的主要法嗣，並授予自己各個著作和包括桑傑林巴《上師密意總集》在內的許多口傳。

後來，欽列沃瑟在中藏生了一場重病，當時吉美嘉威紐固隨身照顧他，後者甚至背著他走了好幾天。康復後，便回到康區開始弘揚《龍欽心滴》的法教。他也在殊欽達果建立了一座小寺院，稱爲卓敦倫珠寺，距離後來成爲主寺的多智欽寺約幾英里。

在第四次也是最後一次前往中藏的旅程中，吉美欽列沃瑟與另一位吉美林巴的親近弟子吉龍吉美俄嚓（日後成爲巴楚的上師）同行，並從他們的根本上師吉美林巴處領受許多的法教。

欽列沃瑟的另一位學生是具有蒙古血統的安多王・親王阿旺達吉，他是大瑜伽士夏嘎・措珠讓卓的根本上師。

吉美欽列沃瑟一生共建立三處主要法座。第一處爲位於其出生地多柯山谷的殊欽達果卓敦倫珠。於一八一○年，在色達的扎欽雅礱建立了第二座寺院和閉關所，名爲雅礱貝瑪貴嚓松康卓林（即亞龍寺）。最後於後半生居所建立了第三座寺院，後來亦成爲第三世多智欽丹貝尼瑪的駐錫地，亦即位於黃河岸的阿瑞拉加寺。

吉美欽列沃瑟本人是一名伏藏師，所取出的意伏藏名爲《正法大樂勝道》。此外，他也對吉美林巴的《功德藏》撰寫了一篇簡明的註釋。

第一世多智欽圓寂時伴隨了許多瑞相。多欽哲・益西多傑後來認證吉美彭措炯乃爲吉美欽列沃瑟的轉世。

第二世多智欽・吉美彭措炯乃（1824–1863）

第一世多智欽・吉美欽列沃瑟在圓寂前，曾對其轉世作出明確預言。後來，多欽哲・益西多傑根據該預言認證了年輕的祖古吉美彭措炯乃，並經由薩迦法王[9]確認。

彭措炯乃是一位天賦異稟的孩子，外表英俊，以神通聞名，曾多次展現他心通和令牲畜起死回生的神通力。

他從吉美嘉威紐固和多欽哲・益西多傑處，領受《龍欽心滴》的主要口傳，並且在其短暫的生命裡，經常伴隨在兩位上師身邊學習。此外，他也是巴楚仁波切的學生。彭措炯乃在其前世的駐錫地色達的雅礱貝瑪貴停留了一段時間，後來由於該地區很可能會遭受新龍殘暴族長貢波南嘉的入侵，彭措炯乃應其信徒之請求前往多柯，並在那裡建立了多智欽寺，後來漸漸發展成一座大型寺院。

隨後，彭措炯乃前往多欽哲經常待的打箭爐。那裡一度爆發嚴重的天花疫情。據說，彭措炯乃以其無邊的慈悲願力，將疫情取入自身。在他圓寂不久，該地的疫情就平息下來了。

根據口述傳統的內容，彭措炯乃曾在臨終前說：「眞正的瑜伽士應該像野狗一樣死去。」於是，他在一條街上躺下，就地圓寂。不久後，多欽哲抵達現場踢了一下他的身體，喊道：「你爲什麼死得像一條狗？」多智欽於是起身而採禪定坐姿，停留在圓寂後禪定狀態（圖當）整整一個星期。當時，多欽哲年幼之子日貝饒智見到此景，感到極大的震撼並生起無盡的虔敬心，因而促使其了悟自心本性。他後來說，儘管自己無緣親見彭措炯乃，但他將彭措炯乃視爲其根本上師。

第三世多智欽・吉美丹貝尼瑪（1865–1926）

多智欽・吉美丹貝尼瑪，簡稱多智・丹貝尼瑪，大伏藏師敦珠林巴（1835–1903）之子，由佐欽明就南開多傑認證，五歲時於前世駐錫地雅礱貝瑪貴坐床。

多智欽・丹貝尼瑪自很小的時候就在佐欽寺學習，當時他向堪布貝瑪多傑學習，沒多久便因無法理解經書含義而感到沮喪。對一個七歲孩子而言，這種沮喪的感受似乎極爲不尋常！後來，一天晚上，他夢見三位喇嘛，坐在中間的喇嘛手裡拿著一本書。

「你是誰？這是什麼書？」小丹貝尼瑪問道。

喇嘛回答：「我是多欽哲・益西多傑。這本書專門幫助那些無法理解法教的人。」

丹貝尼瑪向多欽哲要這本書，上師應允，他感到極爲高興。自此夢境之後，丹貝尼瑪便能無礙地理解最深奧難懂的經典，這點使得包括巴楚仁波切在內的所有人都感到驚訝無比。丹貝尼瑪八歲的時候，便已向雜曲卡的大眾宣講《入菩薩行論》。

儘管他只偶爾會談到這件事，但他一生當中有過無數次關於祖師及智慧本尊的淨相。

丹貝尼瑪除了向巴楚仁波切學習外，也在當時最偉大的上師座下學習，包括蔣揚欽哲旺波、蔣貢工珠、扎瑪祖古、雪謙文珠・圖多南嘉，以及伏藏師索甲列饒林巴。此外，他也在宗薩寺向喇嘛米滂學習很長一段時間。

自二十一歲起，丹貝尼瑪開始陸續撰寫許多甚深著作，後來總集成五大函（根據不同版本，也有收錄成七函）。

丹貝尼瑪離開佐欽寺後，前往主座多智欽寺，在那裡重建了主經堂並設立了一座大佛塔。他在多智欽寺持續教學了多年。特別是，他曾經教授過一百次的《入菩薩行論》，以實現他答應過巴楚仁波切的諾言，以及四十次的《秘密藏續》。

丹貝尼瑪的後半生，由於身體狀況欠佳，多半在格培日珠（Gephel Ritrö）閉關，該地位於多智欽寺上方約兩英里，是他稱爲「眾鳥林」的僻靜處。在這裡只偶爾與少數人見面，專心致力於禪修、研讀，以及撰寫被後世著名學者讚揚的著作。其兄弟看他如此孜孜不倦地努力，曾經詢問他什麼時候會休息，他則回答說：「在我獲得圓滿證悟後。」

他在閉關的時候，許多大師都前來探望他並接受指導，其中包括經常到訪的索甲伏藏師。一九二〇年，宗薩欽哲確吉羅卓也來此接受幾個月的教導。有一天，確吉羅卓獨自在丹貝尼瑪座下，領受《持明總集》的灌頂（《龍欽心滴》之一部分），其間幾道光束從壇城中央的主寶瓶射出，使得房間佈滿紅光，光芒的強度幾乎令確吉羅卓看不到丹貝尼瑪。當光芒褪去後，確吉羅卓看見現場出現一名身穿莊嚴瓔珞的美麗女子，在灌頂儀式進行時擔任多智欽的事業金剛。後來，丹貝尼瑪告訴確吉羅卓說，這名女子正是《龍欽心滴》的女性護法「金剛玉燈女」。確吉羅卓之後在領受《具明點印》[10]的上師瑜伽法時，便將丹貝尼瑪視爲與龍欽巴本人無別。

與丹貝尼瑪同時期的人，形容他的個性很像孩子，非常親和而無一絲傲慢，然而其證量之深，就算最傲慢的人，在他面前也會感到謙遜。在他圓寂時，出現許多包括大地震動和天上虹彩的非凡瑞相。

噶美堪布仁千達杰（約1823–卒年不詳）

噶美堪布仁千達杰被認證為是與蓮師、國王赤松德贊共同為藏傳佛教奠基的寂護大師之轉世。他是伏藏師秋吉德千林巴的弟子，也是康區噶瑪袞寺的住持。一生清淨持守戒律，也是一名具影響力的上師與學者，為秋林新嚴藏做了很多注疏，作品總集為四大函。

第二世噶陀司徒——確吉羅卓烏金丹巴南嘉（1820–約1879）

第二世噶陀司徒．確吉羅卓烏金丹巴南嘉，是第一世噶陀司徒．烏金謝竹吉美確吉僧給（十八世紀中至十九世紀初）的轉世，後者曾從持明吉美林巴領受法教。他從學於莫扎祖古秋英多傑、雪謙文珠、巴楚仁波切、蔣揚欽哲旺波等許多上師。其後轉世為第三世噶陀司徒．確吉嘉措（1880–1925）。

噶陀司徒在擔任噶陀寺住持一段時日後，便效仿巴楚仁波切而成為一名遊方隱士，於昌根的扎金甲博神山及更遠處雲南的卡瓦博格峰進行密集閉關。

曾經有一則傳聞是，一名朝聖者隨同蔣揚欽哲旺波的年輕侄女來到噶陀司徒的閉關洞穴求見。這名少女在領受上師的加持後，供養上師一些糌粑。

噶陀司徒當時已成為隱士，說：「嗯，我沒有可以裝的容器，就把它堆在這塊扁平的石頭上吧！」

「請連同糌粑的袋子一起收下！」女孩說。

那時噶陀司徒前面剛好放著別人供養給他的一顆特別「天珠」，這是一種上面有線條和眼睛花紋的罕見瑪瑙石，在西藏是極為珍貴的寶石。司徒將天珠遞給少女，告訴她應該將它戴在脖子上用來護身與加持。

少女原本不好意思接受如此珍貴的禮物，但司徒卻堅持要她收下，說：「你必須收下，它具有重大意義。」

少女結束那場朝聖之旅，回到家中。不久後，她聽說噶陀司徒圓寂了，而後來，那名少女所生的兒子被認證為噶陀司徒的轉世。

堪欽扎西沃瑟（1836–1910）

堪欽扎西沃瑟，小的時候就展現出自然而然的慈悲心。他在八蚌寺蔣貢工珠羅卓泰耶座下領受居士戒，後來又從堪欽達瓦桑波處領受沙彌戒。他在蔣貢工珠座下學習了很長一段時間，領受藏傳佛教一切主要和次要的法教。二十四歲時，又在蔣貢工珠的親近弟子噶瑪涅頓寧波這位閉關大師兼學者的指導下，於八蚌寺進行三年閉關。

完成閉關修行後，前去面見巴楚仁波切，接受《入菩薩行論》的廣詳教導，尤其是其中〈智慧品〉一品，前後總共領受了七次的講解。二十七歲時，在堪欽達瓦桑波座下領受具足比丘戒律。之後更進一步向第十四世噶瑪巴帖秋多傑、蔣揚欽哲旺波和秋吉德千林巴學習。在堪欽達瓦桑波圓寂後，堪欽扎西沃瑟成為八蚌寺的大堪布。他是嚴守寺院傳統的典範，並為數千名僧人和尼師傳授具足比丘戒。

堪欽扎西沃瑟後來成為第十一世大司徒．貝瑪旺秋嘉波（1886–1952）的親教師，以及十九世紀末和二十世紀初許多康區大師的上師。

堪欽扎西沃瑟晚年時，返回了其上師蔣貢工珠曾度過大半人生的八蚌寺尼古六法閉關中心。

堪布袞桑巴滇（堪布袞巴，約 1862–1943）

堪布袞桑巴滇，人稱堪布袞巴，生於距離巴楚仁波切出生地數公里遠之雜曲卡上格澤山谷的一個家庭中。他是巴楚仁波切的遠親⑪，在很早的時候就成爲巴楚最親近的弟子之一。他也是喇嘛米滂的虔誠弟子。儘管袞桑巴滇的家庭不算貧窮，家裡也有許多綿羊、犛牛等牲畜，但他的父親卻非常吝嗇，在他出家之後就沒有提供多少物資。因此，袞桑巴滇在學習之路上經歷很大的艱難，由於買不起油燈，他經常倚靠月光，或單靠焚燒一支香的亮光來讀書。他的一些同學基於欣賞之情而逗弄地說：「一般人在日光下看羊，袞桑巴滇在月光下看書。」

堪布袞巴從文波丹增諾布（嘉瑟賢遍泰耶的侄子文波．丹嘎）處領受了比丘戒，並在佐欽寺的師利星哈佛學院學習，此外，他也向當時許多偉大上師學習，包括第五世佐欽仁波切．土登確吉多傑（1872–1935）、師利星哈第八任院長堪布貝瑪多傑（1807–1884）、蔣揚欽哲旺波（1820–1892）、第三世多智欽．吉美丹貝尼瑪（1865–1926）、穆日祖古貝瑪德欽桑波（生卒年不詳），和堪布賢嘎（堪布賢彭確吉囊哇，1871–1927）。

總之，堪布袞巴陪伴巴楚仁波切多年，從巴楚那裡得到《秘密藏續》等諸多法教和竅訣。由於曾多次從巴楚仁波切、喇嘛米滂及文波丹增諾布處領受《入菩薩行論》的詳細講解，於是在第三世噶陀司徒．確吉嘉措的敦請下，堪布袞巴撰寫了一部對寂天菩薩著作的詳註，這部著作已由蓮師翻譯小組翻譯爲數個西方語言，英文書名爲《入菩薩行論詞句釋．妙音上師言教甘露滴》（*The Nectar of Manjushri's Speech: A Detailed Commentary on Shantideva's Way of the Bodhisattva*，英文書名直譯：寂天菩薩之入菩薩行論詳註．文殊菩薩言教甘露滴，波士頓香巴拉出版社，2010）。他在接受巴楚仁波切教導時所寫下的筆記手稿也被保存下來，目前收藏在尼泊爾雪謙寺頂果欽哲仁波切的圖書館中。

他在學習佛法之初，便立下傳法之志，曾說：「我已答應阿布（巴楚仁波切），今生會持續傳法，若身邊無人聽講，我教一根柱子也無妨。」

堪布袞巴後來撰寫了巴楚仁波切的簡傳（書名《信心妙藥》，參見資料來源說明）與喇嘛米滂的簡傳，以及一部對米滂仁波切著作《定解寶燈論》的註釋，和《毗奈耶經廣因緣集》一書。

一九〇六年，在第三世噶陀司徒的請求下，堪布袞巴遵照喇嘛米滂的建議，成爲新落成的噶陀佛學院首任院長，期間堪布阿旺巴桑，又名堪布阿瓊（1879–1941），擔任助手。在噶陀寺待了三年之後，他回到雜曲卡，待在那裡教學直到圓寂。

他的主要學生有第三世噶陀司徒．確吉嘉措、第三世雪謙嘉察．貝瑪南嘉（1871–1926）、宗薩欽哲確吉羅卓（1893–1959）、博巴祖古多昂丹貝尼瑪（1900／7–1959），和昆努仁波切．丹增堅贊（約 1894–1977）。

堪布貝瑪多傑（約 1807–1884）

堪布貝瑪多傑（Khenpo Pema Dorje），亦稱爲堪布貝多或堪布貝瑪班雜，出生於佐欽的汝塘地區。

他是佐欽明就南卡多傑、吉美嘉威紐固、嘉瑟賢遍泰耶、巴楚仁波切和僧珠貝瑪扎西的學生，被視爲教傳之偉大持有者素爾千秋英讓卓（1604–1669）的轉世化身。

堪布貝瑪多傑後來擔任師利星哈佛學院的院長，其學生有文波丹增諾布、喇嘛米滂、蔣揚欽哲旺波、安章．竹巴、伏藏師索甲列饒林巴、第三世多智欽吉美丹貝尼瑪，和頂果欽哲仁波切的根本上師第三世雪謙嘉察久美貝瑪南嘉（1871–1926）。

堪布賢遍確吉囊哇（堪布賢嘎，1871–1927）

堪布賢遍確吉囊哇，廣稱爲堪布賢嘎，出生於康區介於石渠與玉樹之間的牧區雍薩裡的嘉科氏。他是直貢噶舉竹節寺年輕祖古安陽土登的親戚。

根據口述傳統，賢嘎在年輕時是一名獵人，曾經射殺一隻懷孕的母鹿，當他靠近母鹿正準備給予致命的一擊時，其目光正好與母鹿的目光交接，因而看見母鹿因害怕死亡而充滿恐懼的眼神，心中突然湧現無限的慈悲與懊悔之情。在懺悔自身罪行後，賢嘎放棄了狩獵的行爲，一心向法。他來到佐欽寺，在巴楚仁波切的弟子文波丹增諾布座下學習，因而也曾在年少的時候見過巴楚。

在一次淨相裡，經由親見妙音天女的加持，賢嘎很快成爲當時最博學的上師之一。他收集許多論釋再撰寫注疏而成爲《十三部大論注疏》。該著作內容完全依據印度原始論著，並因內容清晰而富有美名。有別於其他寧瑪上師，堪布賢嘎是該教派中支持「自空」見地的唯一學者。「自空」又稱「自性空」或「體性空」，相對於「他空」，主張究竟實相中並無任何遮障，亦即沒有任何相對、依緣及分別造作者，而本具佛性（如來藏）之功德。

堪布賢嘎在佐欽寺師利星哈佛學院教學多年，因而弟子遍及藏傳佛教各大學派，屬於薩迦學派的有宗薩旺丁欽饒，噶舉派有第十一世大司徒貝瑪旺秋嘉波（1886-1952），寧瑪派有堪布拉嘉、貝瑪帖秋洛登、佐欽寺土登年扎，以及據說其學問更勝上師的瑟喀土登秋扎。

堪布雲丹嘉措（堪布雲嘎，約19–20世紀）

格孟寺的堪布雲丹嘉措，簡稱堪布雲嘎，巴楚仁波切及格孟寺文波·烏金丹增諾布的學生，於佐欽寺和雪謙寺接受佛法教育。學生有頂果欽哲仁波切的上師托嘎仁波切（巴圖堪布．土登秋扎，1886-1956）、堪布貝瑪旺嘉、堪布旺底、堪布旺羅（三位均爲格孟寺堪布）、堪布晉美彭措及當時許多著名學者。據說格孟寺的堪布旺羅（全名欽列旺嘉）乃堪布雲嘎之轉世。其著作有：爲阿里班禪大師《三律儀決定論》所做之註釋、《秘密藏續》注疏，以及特別爲吉美林巴《功德藏》所寫之十分清晰詳盡的兩函註釋。

喇嘛米滂仁波切（1846–1912）

喇嘛米滂，米滂蔣揚南嘉嘉措，也被稱爲蔣貢居米滂或蔣巴嘉貝多傑，出生於東藏雜曲卡湄公河岸之雜曲。他天賦異稟且智力驚人，據說在七歲左右，僅藉由聽聞一位喇嘛的詳細解釋，就能背誦阿里班禪貝瑪旺嘉的《三律儀決定論》根本頌。

自十歲起，米滂開始針對各式主題撰文，其中包括佛教哲理中一些最複雜的部分，因而有「小學者」之暱稱。

十二歲時，進入雪謙寺位於雜曲卡的分支宜牛寺學習。十五歲時，值遇法道上第一位重要上師明就南卡多傑，後者預言他將成爲一名高度成就的行者。

其後米滂花了一年半的時間在宜牛寺上方一處隱修處閉關，在那裡親見了象徵智慧的文殊菩薩。直至今日，人們仍可以在宜牛寺的兩顆大平石上看到由米滂親自雕刻的文殊菩薩像及文殊心咒。

在雪謙寺裡，喇嘛米滂在第五世雪謙冉江．貝瑪帖秋丹貝嘉參（1864–1909）處領受了惹那林巴重取伏藏法《長壽修法．秘密總集》這部關於無量壽佛的口傳。接著，他依據這部伏藏法中的四大儀軌分別進行六個月的閉關。在閉關修行過程中，壇城中央盛裝長壽所依物之主長壽寶瓶自然湧現源源不絕的甘露，並且出現了許多成就徵兆。

在雪謙寺上方的閉關中心，喇嘛米滂繞轉由大成就者喜饒雅培所建的嘛呢牆，並持誦十萬遍咕嚕確吉旺秋（1212–1273）所取出的伏藏法《文殊眞實名經》七句攝要文。

十八歲時，前往中藏朝聖，在那裡有了甚深的修行覺受。回到康區後，接受巴楚仁波切的《入菩薩行論》教導，短短五天便完全掌握文本之深義。

隨後，在蔣揚欽哲旺波的座下學習數年，視其爲根本上師。從蔣揚欽哲旺波處獲得無數灌頂與法教。此外，還向蔣貢工珠羅卓泰耶、堪布貝瑪多傑、蔣揚羅迭旺波以及其他學派的上師學習，其中蔣揚羅迭旺波後來更成爲他的弟子。

喇嘛米滂與蔣揚欽哲旺波的師徒關係可上溯至好幾世以前。當欽哲旺波身爲前世吉美林巴時，喇嘛米滂是他的弟子秋傑扎普巴，而這位來自後藏拉多的大學者當時請吉美林巴爲其著作《功德藏》撰寫詳註。他在吉美林巴的指導下，於次仁炯進行了三年的閉關。

米滂在欽哲旺波的敦促下，開始撰寫一些主要佛法哲理論述的廣博釋論，並特別強調寧瑪派的見地。欽哲旺波曾說過：「在我們這個時代，世界上沒有人比喇嘛米滂更博學。」米滂仁波切的著作，目前收錄成二十七大函⑫。

喇嘛米滂在八蚌寺，遇到了當時最有學問的學者之一堪欽扎西沃瑟，兩人成爲親近的善知識。

喇嘛米滂同時也是成就極高的行者。他曾有許多智慧本尊的淨相，並多次展現神通力，對於大圓滿擁有究竟的了證。

有一次，他在康區旅行時，正好與一位博學的格西走在一起。格西一時對米滂嘲諷：「你們寧瑪巴的密續行者總是吹噓持咒的力量，甚至說只要持誦某種咒語，就可以讓一隻老鷹飛過來。哈哈！」

米滂什麼都沒說。但過了一會兒，他嘴裡念誦咒語並朝拇指吹了一口氣，然後將拇指高舉空中，不到一瞬間，一隻老鷹突然猛撲下來，把格西的帽子給叼走了。

還有一次，當時米滂正在宗薩寺附近的山谷，蓮師八變之一忿怒金剛上師（Dorje Drolö）的聖地「嘎莫當倉」（白雌虎穴）閉關修行十三年。他在那裡根據十二世紀大師嘉祥沖的重取伏藏法[13]，成就了普巴金剛、馬頭明王，以及特別是文殊菩薩之忿怒相文殊閻摩敵。

有一天，正當喇嘛米滂在進行以黑馬頭明王爲主的除障儀式時，有人對他說：「據說修持馬頭明王法，力量特別強大，法本本身就描述了許多因此可得的成就徵兆。」米滂仁波切對此並沒有說什麼。在儀式結束後，食子被拋往嘎莫當倉對面的岩石峭壁上，喇嘛米滂緊盯著那座山丘，並在大聲持誦本尊心咒時，打了一個手印。第二天早上，整座山丘便崩塌了。

當喇嘛米滂在撰寫佛學論著時，總是在面前擺放一小尊文殊菩薩像。有時，若是寫作主題特別困難時，會有幾道光束從佛像心間射進米滂心間。隨後，一切疑問均會迎刃而解。

在沙嘎[14]上方的貢第閉關處以及在昌都，喇嘛米滂密集地修持時輪金剛密法。他在貢第閉關時，一次，在一個寒冷的冬天裡外出散步，回來時手裡拿著一朵美麗新鮮的藍色花朵。在嚴冬時分，附近實在很難找到任何花朵，於是幾個同住在閉關處的人對此感到困惑，便詢問喇嘛米滂是怎麼在這個季節找到花的。米滂沈默了一會兒，回答說：「是香巴拉國王利格登王給我的。」喇嘛米滂是修持時輪金剛的成就者，他曾告訴人們自己有過造訪香巴拉秘境的淨觀經驗。但很顯然那不只是淨相而已[15]。幾年之後，米滂仁波切就在貢第關房裡採雙足跏趺坐姿，雙眼定視虛空而圓寂。

喇嘛米滂的弟子眾多，最傑出的弟子包括第三世雪謙嘉察・久美貝瑪南嘉（頂果欽哲仁波切的根本上師），米滂仁波切將所有著作都交給他；還有心子與近侍者喇嘛沃瑟、堪布袞桑巴滇、文波丹增諾布、第三世多智欽・吉美丹貝尼瑪、伏藏師索甲列饒林巴（1856–1926）、第五世佐欽仁波切・土登確吉多傑（1872–1935）、第五世雪謙冉江・貝瑪帖秋丹貝嘉參、第三世噶陀司徒確吉嘉措（1880–1925）、安章・竹巴、托登夏迦師利、蔣揚羅迭旺波，和格西巴日洛桑饒謝（1840—卒年不詳），後者先是與米滂仁波切針對其《入菩薩行論》

第九品〈智慧品〉的注疏進行辯論，之後就對米滂仁波切的智慧表示深深的景仰。

龍欽冉江（龍欽巴，1308–1364）

「遍知」龍欽冉江（Longchen Rabjam），人稱龍欽巴，被視爲自蓮師以來，寧瑪派史上最主要的代表人物。

出生在西藏中部，是密乘瑜伽士丹巴松之子。其母親懷孕時，夢見一頭獅子頂上出現一輪太陽，太陽的光芒照亮整個世間。出生時，護法女神惹瑪蒂（譯註：瑪哈嘎里）以黑皮膚女子現身，將嬰兒抱在懷裡，說：「我會保護他的。」隨後，便將嬰兒歸還給母親，消失無蹤。嬰兒被命名爲多傑堅贊。

據說龍欽冉江是國王赤松德贊之女蓮花光（貝瑪薩）的化身，蓮師曾將空行母之心要《空行心滴》囑託於她。

多傑堅贊的母親在他九歲時離世，父親則於他十二歲時去世。多傑堅贊因而前往桑耶寺出家，在堪布桑珠仁欽座下受沙彌戒，法名慈誠羅珠。

十六歲時，親見智慧本尊妙音天女，授記他將能無須勤作而精通佛陀一切法教。

十九歲時，進入桑浦寺佛學院，在學習佛教哲理、因明、文法、詩詞與梵文上均相當有成就。

龍欽巴從許多傑出上師處領受諸多外內密續的灌頂與教示，包括雄努嘉波、雄努多傑、喇嘛丹巴索南堅贊（薩迦法王，1312–1375）以及第三世噶瑪巴·讓炯多傑（1284–1339）。

幾年後，龍欽巴因受不了康巴一些學者的蠻橫行爲，決定離開而前往僻靜處修行，此舉讓他的一些同修和上師感到相當沮喪。隨後，他在烏茹的察山谷上方山洞裡進行五個月的「黑關」（於完全黑暗的環境中修行）。閉關結束後，獲得空行母授記他很快就會遇到根本上師仁增固瑪燃匝（或益西雄努，1266–1343）。

二十七歲時，龍欽巴在桑耶上方的雅多嘉瑪高地遇到仁增固瑪燃匝，龍欽巴當下便生起無盡的虔敬心，對於終於值遇根本上師生起勝信。他將固瑪燃匝視爲與大班智達無垢友本人無別。

固瑪燃匝是大成就者梅隆多傑之弟子，也是無垢友之心滴法門《無垢心滴》傳承持有者。

在龍欽巴抵達的前一晚，固瑪燃匝夢見一隻神鳥領著一大群鳥前來，把固瑪燃匝所有的著作帶往十方世界。固瑪燃匝認爲這個夢預示著將有個人出現，且其註定要成爲他的傳承法脈。後來，在夢裡，無垢友告訴他，龍欽巴將成爲其法教的主要持有者。

龍欽巴與噶瑪巴和其他弟子一起在固瑪燃匝座下學習兩年，接受大圓滿的所有竅訣教授。爲了避免對任何地點產生執著，固瑪燃匝不停地更換紮營處，因此他們過著嚴苛和苦行的生活。龍欽巴的糧食很少，寒冷的冬天裡，就只靠一個破布袋來充當床墊和毯子。最終，固瑪燃匝將所有心滴法門傳給龍欽冉江，並宣稱他爲其法脈的傳續者。

接下來的六年，龍欽巴在桑耶寺上方青浦的各個岩穴裡閉關修行，擁有許多淨相和禪修經驗，並定期回到固瑪燃匝處尋求指導。在那段時間裡有五次，儘管龍欽巴自己的物資相當稀少，本著完全出離和深切的虔敬心，他還是將一切物資供養給自己的上師。

三十一歲時於閉關期間，龍欽巴開始爲自己的弟子傳授《無垢心滴》的灌頂與教示。

不久後，他的親近弟子沃瑟果察獲得一本《空行心滴》。《空行心滴》爲蓮師於直貢德卓大岩洞傳給耶喜措嘉的大圓滿法集，也是龍欽巴的前世貝瑪勒遮嚓（1291–1315）所取出的伏藏法。這一世，龍欽巴也曾自護法女神賢巴索珠瑪（Shenpo Sodrupma）手中收到同樣文本。然而，爲了顯示此法乃透過無間斷傳續而領受的重要性，龍欽巴還是向貝瑪勒遮嚓的弟子嘉瑟勒巴堅贊領受了《空行心滴》的口傳。

後來，龍欽巴三十三歲時，在一場《空行心滴》的口傳中，一些弟子看到龍欽巴在一片花雨中顯現爲報身形象，整座高山上更出現一圈圈的光彩。龍欽巴自己則親見蓮師和耶喜措嘉佛母授予他《空行心滴》的灌頂，並將此法教再次託付予他。蓮師還爲龍欽巴賜法名爲鄔金智美沃瑟，耶喜措嘉則賜法名爲多傑滋濟。

接著，在護法女神金剛玉燈女的勸請下，龍欽巴前往並留在拉薩以南、吉曲河邊的崗日托嘎峰一處岩洞裡修行。在那裡，他成就了大圓滿的究竟了悟，寫下許多重要論著，包括著名《七寶藏》的部分內容。

他也曾親見本初佛普賢王如來與無垢友尊者，後者敦促他寫下《無垢心滴》的精論，爲此，龍欽巴寫下《上師仰提》（*Lama Yangthig*）一法。無垢友也要求龍欽巴修復由蓮師和無垢友的上首弟子之一娘定增桑波所建立的夏益寺。

當時在直貢附近，有一位勢力強大的首長貢巴袞日，威脅要奪取當時掌管西藏中央的大司徒絳曲堅贊（1302–1371）之政權。曾有預言，會有一位身上有一把劍做印記的惡魔之子，若是未受到文殊菩薩化身的降伏，此人就會下地獄。貢巴袞日認爲這個預言說的就是自己，而龍欽巴就是那個文殊菩薩化身。於是袞日邀請了龍欽巴，並成爲他的弟子。不出多久，貢巴袞日受到龍欽巴的影響，放棄了對絳曲堅贊征戰的打算。但是這點卻沒有減少絳曲堅贊內心的疑慮，甚至懷疑龍欽巴將與之作對，於是派遣軍隊準備要殺他。

龍欽冉江決定前往不丹尋求庇護。在那裡，他攝受無數弟子，並在不丹各地建立了八座隱修處和寺院。他在布姆塘的塔巴林主寺，寫下《七寶藏》的部分內容。龍欽巴在那裡與佛母奇巴拉生下一女一子，其子嘉瑟祖古扎巴沃瑟（較多人稱爲圖謝達瓦）後來成爲一名大學者，也是龍欽巴法教主要持有者之一。

大司徒後來了解到龍欽巴的作爲，其實成功地勸阻了貢巴袞日征戰的意圖。他向龍欽巴致歉，並請求龍欽巴回到藏地，日後也成爲龍欽巴忠實的弟子。

一次，龍欽巴前往拉薩停留兩個星期，在那裡受到盛大的歡迎，並爲廣大信眾傳授菩薩戒和許多法教。隨後，他到各地爲數千名信徒廣爲講解大圓滿法教。

五十六歲時，龍欽巴開始口授其遺教，其中包括《空行仰提》裡的《智瑪美貝沃》（無垢光）。

接著，前往青浦隱修處修行，但不久就被請下山，來到桑耶寺給予大圓滿的廣詳灌頂。在那段時間，他的身體狀況越來越差，並對外宣布他即將離世。在陰水兔年十二月十八日（根據文本記載的藏曆換算應爲西元一三六四年一月二十四日，而非一般紀錄常見的一三六三年），龍欽巴以禪定姿端坐，其意融入法界中。在法體保存的二十五天內，發生了許多神妙徵兆。最後在荼毗時，大地震動了三次，虛空中一連發出七聲巨響。人們在其骨灰中同時發現了心、雙眼和腦的舍利，完全沒有被荼毗的烈火燒毀。

龍欽冉江一生著作多達三百本，內容涵蓋了各個類別。主要的著作有多個集結，其中包括完整介紹佛法哲理與實修的《七寶藏》，介紹法道修行次第的《三休息論》，專論闡述大圓滿修行的《三自解脫論》，解釋《秘密藏續》的《遣除黑暗三論》，以及關於大圓滿修行最甚深、最完整說明的《四部心滴》。這四部心滴分別是：㈠《空行心滴》蓮花生大師傳給耶喜措嘉，由貝瑪勒遮嚓所取出的伏藏法；㈡《空行仰提》由龍欽巴所作，關於空行心滴的精要說明；㈢《無垢心滴》，由傑尊僧給旺秋（約十一—十二世紀）於淨相中取出之伏藏法；㈣《上師仰提》，龍欽巴針對《無垢心滴》所作的精要注疏。此外，還有《甚深心滴》，爲龍欽巴針對《四部心滴》所寫之精要，因此並不屬於第五部。至於上下兩函的雜文集，也被保存下來。

龍欽巴一生攝受弟子無數，據說在不同年代都有其轉世出生，其中又以不丹的伏藏師貝瑪林巴（1450–1521）最爲著名。

明就南開多傑（1793–1870）

明就南開多傑，佐欽寺創始人佐欽貝瑪仁增的第四世轉世，由南卡澤旺秋珠迎請回佐欽寺而陞座爲住持，並於其座下領受許多法教。

明就南開多傑七歲時，便能清楚憶起過往的生生世世。十二歲起，連續七年，每年皆進行六個月的閉關修行。

他是吉美林巴三名主要學生多智欽吉美欽列沃瑟、吉美嘉威紐固、巴瓊吉美果欽的弟子，也是第三世仁增尼瑪扎巴・明就貝德嘉措（1772–1817）、第一世雪謙嘉察・貝瑪桑阿丹增確嘉（1760–1817）、第三世雪謙冉江・仁增帕久嘉措土登寧傑（1771–1809）的學生。

透過多欽哲・益西多傑爲其引介心性，明就南開多傑從此離於希望與恐懼，並止息了對於「好、壞」的分別而能視之爲「一味」。

他的行爲變得不可預測，行事也不因循陳規。有時他會用輕描淡寫的方式解釋最艱澀的文本，有時卻在解釋最淺顯的文本時，用了對某些人來說稍嫌古怪的方式，因爲它們與內容不大相干。或許那些並不依循文本，而是從內心自然湧現的教導。

一八四二年，一場地震震毀了佐欽寺。明就多傑當時人在德格，當晚做了一個夢。翌晨，他宣布說應趕回佐欽寺，那裡需要他的幫忙。人們勸他留在德格參加剛開始的重要法會。幾天後，地震的消息終於傳到德格，人們才知道爲何當時明就多傑急著返回寺院。後來，德格王提出願意擔任寺院重建的功德主，而寺院的重建是由嘉瑟賢遍泰耶負責執行。

當新龍殘暴的首領貢布南嘉和他的軍隊抵達佐欽寺時，本樂仁波切爲了避免寺院遭受攻擊，力勸明就多傑讚美軍閥，並謊稱說佐欽寺很窮，雖然眞實情況並非如此。因此，當貢布南嘉來到寺院時，明就多傑按照指示說話，最後坦率地加上一句：「這是竹慶本樂要我這麼說的。」

貢布南嘉問說：「我將來會投生到哪裡？」明就多傑毫不猶豫地回答：「地獄裡。」貢布南嘉對這位上師所展現出來的無畏直率，感到敬佩不已，非但沒有搜刮佐欽寺的財產、傷害當地的人民，反而向明就多傑獻上一塊銀錠，請求他在自己死時爲他祈禱。

由於明就多傑內心從無憂慮，使得他身邊的幾位侍者皆以粗心大意出名。明就多傑年老的時候，在一個陽光明媚的冬日下午，他的侍者將他安頓在住所露台的椅子上，卻忘記在寒冷的夜晚將這位住持帶回室內。第二天早上，侍者在房間裡找不到明就多傑，才發現他仍然坐在露台上，前臂都是凍傷的水泡。明就多傑對他的侍者喊道：「看啊，看啊，我的手臂上開了些粉紅色和藍色的花。很奇特吧？」

明就多傑的弟子有巴楚仁波切、喇嘛米滂、安章．竹巴、蔣揚欽哲旺波、蔣貢工珠和秋吉德千林巴。

在他圓寂後，嘉瑟賢遍泰耶繼任爲佐欽寺的住持。

木雅．昆桑索南（1823–1901）

木雅．昆桑索南，又名土登曲吉扎巴，是一位偉大的格魯派學者，也是巴楚仁波切非常親近的弟子，陪伴後者行腳多年。木雅．昆桑索南來自嘎塔的白洛僻靜處，並因康區木雅地區而得名。在接受巴楚仁波切多次教授《入菩薩行論》後，他爲此論撰寫了一部廣解，並針對嘉瑟戊初東美（1295–1369）著作《佛子行三十七頌》撰寫過一部論釋。

紐修．龍多．丹貝尼瑪（1829–1901）

紐修．龍多．丹貝尼瑪，出生於德格王穆波董氏的紐修家族。自小就對佛法展現出非凡的意樂。他先在佐欽寺嘉瑟賢遍泰耶的座下學習，領受比丘戒，受賜法名爲龍多丹貝尼瑪。

紐修．龍多在巴楚仁波切身邊長達二十八年，被巴楚視爲最親近的弟子，從巴楚處領受不下八十次的《入菩薩行論》教授。他被認爲是與蓮花生大師、赤松德贊共同將佛教奠基於西藏的大住持寂護大師（725–788）之轉世。

此外，龍多也接受蔣揚欽哲旺波對龍欽巴《四部心滴》的教導。當龍多在宗薩寺時，他對蔣揚羅迭旺波、喇嘛米滂在內的上師，講解了吉美林巴撰寫的大圓滿法教《大圓勝慧》。

龍多五十歲的時候，遵循巴楚仁波切的指示回到了家鄉，定居在昌台地區貝瑪日陀雪山上的一個營地中。在昌台，他攝受了年輕堪布阿瓊和許多弟子。巴楚仁波切曾預言紐修會遇到無垢友的化身，而這個預言所指的便是堪布阿旺巴桑，亦稱堪布阿格或堪布阿瓊，此人後來成為他親近的學生。

龍多在聶拉白瑪鄧燈（1816–1872）的佛法營地度過九年的光陰，並在那裡教授伏藏師一些最重要的弟子，包括聶拉讓如多傑（1847–1903）。

文波．烏金丹增諾布（文波．丹嘎，1851–1910）

文波．烏金丹增諾布[16]，亦稱文波．丹嘎，偉大上師嘉瑟賢遍泰耶之侄子（藏音：文波），自小便由其照顧。文波．丹嘎十三歲時，從嘉瑟賢遍泰耶處領受了沙彌戒、《龍欽心滴》之前行修法引導等許多法教。

嘉瑟賢遍泰耶於文波．丹嘎十五歲時圓寂。後者懷著沉痛哀淒之情與強烈虔敬之心不斷祈請，賢遍泰耶在一個淨相中現身，光耀地端坐在一片雲彩上，身穿印度班智達服裝，說：「我的孩子，勿傷心！即使我住世的時間再長，也沒有更多更深奧的法教可以傳授你。」之後便給予丹增諾布關於大圓滿見、修、行、果的至深教示，讓文波．丹嘎的精神為此大大提振。

文波．丹嘎後來在佐欽寺從明就南開多傑領受龍欽巴尊者大部分著作的口傳，其中包括《七寶藏》與《四部心滴》的灌頂。

一八六八年，在他十七歲時，遇到了巴楚仁波切[17]，後者成為他的主要上師，他也自此追隨上師直到其在一八八七年圓寂。

文波．丹嘎所密集從學的上師還有，蔣揚欽哲旺波、堪布貝瑪多傑、伏藏師秋吉德千林巴、竹千索南巴給、木雅．昆桑索南等。他經常眼泛淚光地說：「就功德而言，我所有偉大上師的功德都沒有區別。然而就對我的恩惠而言，三有界中沒有人比得上阿布（巴楚仁波切）」。

多年來，文波．丹嘎跟隨巴楚仁波切到各個僻靜處閉關。他前後花了十二年的時間閉關修行，一生中有過幾次蓮師和眾多智慧本尊之淨相，並獲證大圓滿修行的究竟了悟，也是一名戒律清淨而堪爲典範的出家僧人。

雖然他渴望像上師一樣以遊方隱士的方式度過餘生，巴楚仁波切卻指示他要傳授佛法，因此，他毫不倦怠地遵守著上師的教言。舉例來說，根據堪布賢嘎所著的文波．丹嘎傳記中所描述，其一生教授過《入菩薩行論》兩百次以上、《中觀根本慧論》二十五次、月稱的《入中論》十九次、《大乘經莊嚴論》三十九次、《三律儀論》三十八次、《秘密藏續》二十次、龍欽巴的《如意寶藏論》九次、《心性休息論》十三次，以及《功德藏》超過四十次。

巴楚仁波切自一八八三年起不再公開教學後，便引導人們向文波．丹嘎請法。

巴楚仁波切圓寂後，文波．丹嘎將巴楚仁波切一切可取得的著作彙編成六函，委託堪布賢嘎在佐欽寺的師利星哈佛學院裡，將文本雕刻在木板上，再交由堪布洛薩校對。米滂仁波切爲此寫了一份詳細的科判⑱。

在文波．丹嘎眾多弟子當中，包括一生多數時間都在佐欽寺上方古冰蝕地（佐欽甘卓）湖旁洞穴閉關的心子大瑜伽士貢噶巴登，以及佐欽寺的堪布赤洛。

一九一〇年，文波．丹嘎六十歲時，身體示現病兆。儘管弟子和其他上師們全都念誦祈請文而希望他能繼續住世，他卻說：「我的上師授記我能活到六十歲。現在我來到這個年紀了，我唯一能做的頂多就是延長一個月的時間。」

儘管他的身體承受著極大的痛苦，他仍然告訴弟子：「當死亡的時刻來臨，如果你遵照兩位遍知（龍欽巴尊者與吉美林巴持明）的竅訣，那麼你肯定不會因身體的任何病痛所苦。」

那時候，他經歷了很多淨相，並看到周遭虛空裡恆時充滿著多位本尊，他們的光耀身出現在許多的彩色光點中。他也夢到有信使邀請他前往蓮師淨土「銅色吉祥山」。然而，他卻說：「相信這些迷妄的感知有什麼用？」

在圓寂前幾天，他說：「我這一生，都奉獻給佛法及幫助他人改變自己。現在我明白，生死轉化只不過是必經歷程，全無實有。面對死亡，我的心全然鬆坦自在，沒有任何希望與恐懼。然而那些心有遮障且將表相執以爲實之人，汲汲營營於此生俗務之人，他們於面對死亡時，將背負如山一樣沉重的惡業，在不具佛法的情況下，充滿悲傷痛苦地離開人世。想到他們，內心就有一股不可抑遏的悲憫之情。」

有些時候，他會看著天文曆書，說著哪幾天不是吉祥日，又說著藏曆初五是圓寂的好日子。

那一天來臨時，他以聖者禪定姿直身安坐，如蓮師般右手結降魔印，左手置於大腿上施禪定印，抬頭凝視著法界虛空，便圓寂了。

當天晴空萬里，天空出現數個彩虹光圈，還有轟隆聲響從西方一陣陣傳來。

荼毗等一切相關儀式由穆日祖古負責。數以千計的弟子和信徒前來致敬。米滂仁波切建議興建一座舍利塔來安置上師舍利。舍利塔主要在靈蔥的杰仲祖古和沙嘎的頂果家之子（頂果欽哲仁波切的父親）的護持下完成興建。

文波・丹嘎常說：「正因爲我們對因果業則不具確信，修行才會沒有多少成果。如果我們具備這樣的確信，就能像我們最恩慈的上師巴楚仁波切一樣。」

第三世穆日祖古・貝瑪德欽桑波（約十九—二十世紀）

穆日祖古・貝瑪德欽桑波，由佐欽明就南開多傑認證爲雜曲卡大師穆日仁增嘉措的第三世。穆日仁增嘉措以無盡的慈悲而聞名，據說他已獲致大圓滿的究竟了悟。頂果欽哲仁波切年少時曾見過穆日祖古，因而轉述了些許這位偉大上師的軼聞⑲：有一次，穆日祖古被幾名殘暴的土匪抓走後釋放，他告訴學生：「《大圓勝慧》（吉美林巴關於大圓滿法教之聞名著作）說到，一個已達『諸法窮盡』頂峰的人，即使被一百個傭兵包圍威脅要取他的性命，也不會有一絲恐懼。你們知道嗎？這正是發生在我身上的情形啊！」穆日祖古與其佛母非常親近，暱稱她爲「阿樸」（Apu，通常用於男性的稱謂），並常常說如果沒有她的話，自己也不會活太久。然而，佛母卻在一次暫時離開穆日祖古住所幾小時的期間內離世了。弟子們非常憂心，不知該怎麼把這個消息告訴穆日祖古。最後，幾位親近的弟子聚在一起，其中一位語氣相當沈重地對上師說：「很遺憾，有一個很不好的消息要告訴您：阿樸去世了。」然後他們在一旁沈默著。穆日祖古看著他們說：「你們看來爲何如此沮喪？好像這是一件難以置信和天大災難的事情？難道你們不記得我一次又一次地教導你們關於死亡和無常的道理嗎？你們這算什麼修行人啊？」

穆日祖古是巴楚仁波切的弟子。穆日仁增嘉措生前所開始建造的穆日嘛呢石經牆也由這一世的穆日祖古擴建，後來這道牆被中共摧毀，目前已重建爲半英里長而堆滿嘛呢心咒與佛經的石牆。

穆日祖古的弟子有第五世佐欽仁波切．土登確吉多傑、喇嘛米滂仁波切、第三世雪謙嘉察．久美貝瑪南嘉、堪布雲丹嘉措、堪布袞巴、堪布托嘎和頂果欽哲仁波切。

羅薩．索南巴給（十八—十九世紀）

竹旺（意思：大力成就者）羅薩．索南巴給，出生於果洛色達的洛薩村，其主要上師爲吉美欽列沃瑟（第一世多智欽）和多欽哲．益西多傑，兩位授予他《龍欽心滴》法教的完整口傳，使得羅薩巴給在脈氣修持（tsalung，瑜伽關於氣與脈上的修煉）和大圓滿修持方面特別有所成就。

欽列沃瑟圓寂後，羅薩巴給跟隨多欽哲多年，當時多欽哲在果洛和安多地區以遊方瑜伽士方式四處行旅，有時羅薩巴給作為多欽哲的侍者與弟子陪伴上師同行，但多欽哲則視羅薩巴給更像是同修，而非弟子，因為他們有著同一位根本上師。

據說，羅薩巴給跑步速度相當快，能夠趕上野生鹿和西藏野驢，並騎在牠們背上。離開多欽哲後，竹旺羅薩．索南巴給在噶瓊果洛（巴楚仁波切之出生地）以及附近地區閉關了許多年，同時也在那裡教授一些具福弟子，其中包括了巴楚仁波切、多喇吉美格桑和文波．丹嘎。

索南巴給在雜曲卡上格澤的仁增奇美竹巴謝竹嘉措寺度過了他後半生。

索南巴給和巴楚仁波切一樣，行事風格極為低調，平常作在家人裝扮，不接受任何名聲與認證。目前並無關於索南巴給的書面傳記，據說他在八十歲時於麻穆那卡村的多林山谷圓寂。

夏嘎．措珠讓卓（1781–1851）

夏嘎．措珠讓卓，出生於安多熱貢地區一戶寧瑪瑜伽士家中。這些瑜伽士以精熟密咒乘修行聞名，經常數千人聚集在一起禪修與進行法會。他們以神咒力受人敬仰，有時亦令人生畏，也因頂上蓄留長髮，髮長經常超過六英尺並盤纏於頭頂而聞名。

夏嘎自幼就極為嚮往禪修生活，連他的童年遊戲都與佛陀法教有關。六、七歲時已強烈渴望修行，那些需有高深大圓滿修行證量才會有的淨相，自然在其面前顯現。

十五歲時，夏嘎感受到一股「向加持之源殊勝上師蓮師祈願」的強烈願望。他完成了一百萬次蓮師心咒持誦，此後便擁有數次如於空中飛翔、見到日月同時升起、尋得寶藏等吉祥夢兆。「在那之後，」他寫道，「憑藉著蓮師的福佑，我對上師充滿了強烈的虔敬心，對同修感到慈愛，對有情眾生擁有慈悲，並對法教生起清淨觀。無論我修持什麼法門，都能具福成就，毫無障礙。」

隨後，夏嘎遇到蔣揚嘉措這位他極爲尊崇的大師，並有許多關於他的淨相與夢境。

儘管他對母親有深切的愛，也很尊敬家人，但夏嘎最終還是回絕了家人希望他成家的要求，爲了全心追求修行而離開家園。夏嘎下定決心放棄世俗追逐，在二十歲時領受具足戒，並進行閉關禪修。他遵循閉關者的傳統，讓自己的頭髮再次留長，不浪費時間在非必要的活動。爲了表示已完成某些瑜伽修行，他改披白色披肩，而非傳統的紅色披肩，下身卻仍穿著受具足戒僧人穿的補釘長袍。這種奇特的服裝組合偶爾會引來陌生人的嘲諷與挖苦，夏嘎則會以幽默的歌曲回應。

夏嘎離開故鄉後，前往熱貢以南去見他的主要上師秋嘉阿給旺波法王（1736–1807）。阿給旺波是一位博學且修行有成的蒙古王，據說是馬爾巴譯師的化身，放棄了固始汗遺留下來的龐大王國，成爲一名傑出的寧瑪派上師。

夏嘎在領受法王的全部教示後，獨自於澤松的曠野中修行五年，在那裡他的禪修經驗與修行均得到大幅進步。然後，他在安多青湖中的「海心」（湖心）小島禪修了三年。在那裡，他有過許多上師和本尊的夢境與淨相。

爲了找尋聖地，夏嘎到許多地方獨自閉關，如瑪錢冰川、白猴岩聖洞，並在扎日神山、岡底斯山、拉契雪山進行艱難的轉山朝聖。他也在密勒日巴和其他聖者居住與禪修的洞穴待了多年。

夏嘎的法名爲蔣巴卻扎，「慈氏法稱」（弘法慈者）之意，而措珠讓卓的意思爲「六聚自解脫」。人們稱他爲夏嘎上師，「白足印上師」之意，這是因爲他曾在岡底斯山密勒日巴施展神通的洞穴下方、著名的白足印附近禪修多年，此白足印據說是釋迦牟尼佛當年以神足通來到岡底斯山時所烙下來的四個足印之一，因此世人稱夏嘎爲「白足印」，表示無論他站立於何處，其足下土地都會「因善德而白皙」，意味著通過他的教導，人們的心皆會逐漸轉向正法。

夏嘎像一位無家瑜伽士般浪遊，攝受從土匪到野獸的一切眾生。夏嘎的朝聖之旅遠至尼泊爾加德滿都山谷，在此，他將信徒供養給他的所有財產換成黃金，莊嚴了博達那佛塔（滿願大白塔）的整個塔頂。

一八二八年，夏嘎四十七歲時，回到故鄉安多，在故鄉，他以非凡的慈悲，無有倦怠地利益此地的眾生。在他生命的最後二十年，全部用來教授弟子、促進地方和諧，並於各個聖地閉關禪修，其中主要在位於扎西奇的關房中修行。

雪謙文珠·吉美圖多南嘉（1787–1854）

雪謙文珠·吉美圖多南嘉，或稱蔣揚嘉貝羅卓措吉賢貝達揚，又稱雪謙大班智達，被認爲是松贊干布大臣呑彌桑布扎、玉扎寧波、素爾穹喜饒扎巴及敏林羅千達瑪師利等上師的化身。他是偉大修行者大瑜伽士（托登）僧給饒丹的直接轉世，後者爲具有高證量之大師貝瑪嘉瑟的侄子。

他是佐欽明就南開多傑、嘉瑟賢遍泰耶，和第一世雪謙嘉察·貝瑪桑阿丹增確嘉（1760–1817）的心子，也是偉大的噶陀格澤大班智達·久美澤旺秋珠（1773–1829）及第六世敏林澈清·久美貝瑪旺嘉（約十八世紀）的親近弟子。他總共師承了五十位上師。另外，他也在雪謙寺閉關中心貝瑪沃瑟林進行了六年的閉關。

他最出色的學生包括蔣貢工珠、蔣揚欽哲旺波和巴楚仁波切，以及第五世康祖·竺居尼瑪（1781–1847）和噶陀司徒。

①「擦擦」指以模具製成的小泥佛像。信徒用這些佛像來當作虔敬的對境（裡面含有舍利和咒語紙卷），也有將往生者骨灰摻入泥土製成佛像，置於聖地或清淨的大自然環境中，以這種可積福德的方式來處理先人骨灰。

②《四部心滴》（*The Nyingthig Yazhi*），包含大圓滿極深教義之數函文集。

③《益西喇嘛》為吉美林巴主要的大圓滿法教（見〈悲心起而了悟空〉篇註釋1）。《空行心滴》（空行母之心要）則屬於《四部心滴》的一部分。

④見東杜祖古《大圓滿龍欽寧提傳承祖師傳》頁一百九十五。

⑤在文波．烏金丹增諾布（文波．丹嘎）的傳記中，堪布賢嘎提到賢遍泰耶在他侄子文波丹增諾布十五歲時圓寂。如果賢嘎所言正確，那麼丹增諾布的生卒年應為一八五一—一九一〇（而非一般文獻所引述的一八五一—一九〇〇）。如此推論，賢遍泰耶的圓寂年份就會變成一八六五或一八六六年。有些作者將賢遍泰耶圓寂年份紀錄為一八五五或一八五六年，這麼一來就會與丹增諾布的年紀不符。若是根據藏族學者噶瑪德勒所寫的賢遍泰耶傳記，其圓寂年份為一八六九或一八七〇年，那麼文波．丹嘎在其叔叔圓寂時則應為十八歲或十九歲。

⑥可能為第六世敏林澈清．久美貝瑪旺嘉。

⑦有時候上師對那些尚未有注疏的重要文本，會開創一種特定的論述方式。之後，弟子便不會用自己的方式來解釋這些文本，而是忠實地維持上師所給的論述。有時候弟子們甚至會在文本裡寫上筆記，這些筆記則會代代相傳。

⑧關於「再伏藏」的意思，請參閱名相解釋「伏藏」（terma）一詞。

⑨可能為第三十三任薩迦法王．貝瑪敦都旺秋（在任期間一八〇六—一八四三）。

⑩《貝明點印》（*Tigle Gyachen*），吉美林巴所寫，以龍欽冉江為主尊之上師瑜伽法。

⑪關於巴楚仁波切和堪布袞巴的家族關係，各方有不同意見。這是因為當藏人提到「家族成員」（punkyak）時，他們是指有血緣關係的人。若是姻親關係則另有不同的名詞（nyering），藏人普遍不把姻親關係視為真正的家族親屬一員。根據幾個訊息來源（包括阿日扎五明佛學院的堪布蔣巴多傑），堪布袞巴是巴楚仁波切妹夫切措竹的兄弟切色則之子。由此得知，堪布袞巴與巴楚仁波切之間並非血緣關係，而是因妹妹所結的姻親關係。

⑫《米滂仁波切文集》增訂版，共二十七函，由喇嘛歐竹與謝熱吉美彙編（一九八四—一九九三年，不丹帕羅出版，如今由雪謙出版社出版）。

⑬《黑忿怒文殊烊銅毒面修法類》（暫譯，*'jam dpal khro chu dug gdong nag po'i sgrub skor*）法集中的《壽主手印勝伏》（暫譯，*tshe bdag phyag rgya zil gnon*），是嘉祥沖所取出的一系列伏藏法。

⑭位於鄧柯河谷，米滂仁波切在此閉關多年，最終也在此圓寂。此處同時也是頂果欽哲仁波切的出生地，他出生時的頭一年

皆在米滂仁波切的加持下度過。這個故事以及其他相關故事，都是由米滂仁波切的忠心侍者，也是一位自修有成的大修行者喇嘛沃瑟告訴頂果欽哲仁波切的。

⑮米滂仁波切閉關時所使用的一串金剛菩提子念珠，一直由宜牛寺的堪布雄日保存，直到二〇一五年圓寂，目前由其侄女保管。

⑯一般文獻將烏金丹增諾布的生卒年記載為一八五一—一九〇〇年。然而，根據文波．丹嘎最親近弟子之一堪布賢嘎所寫的上師傳記，文波．丹嘎於藏曆土雄雞年（西元一九一〇年）圓寂，值年六十歲。這點與文波．丹嘎本人自言，其上師授記自己將活到六十歲吻合，那麼文波．丹嘎的卒年應為一九一〇年無須多疑。

⑰堪布賢嘎所寫的傳記裡提到文波．丹嘎於十七歲時值遇巴楚，這點與巴楚仁波切傳記中首次提到文波．丹嘎的時間點吻合，因而推斷當年約為一八六八年。賢嘎亦於著作中提到文波．丹嘎跟隨巴楚仁波切三十年，若前述值遇巴楚年份正確，巴楚仁波切於一八八七年圓寂，則文波．丹嘎跟隨巴楚的時間應更正為二十年。

⑱《滿願寶盆．吉祥無上遍知聖化身（巴楚）文集科判》，參見《巴楚仁波切全集》，第一函。

⑲這段故事由頂果欽哲仁波切口述給馬修．李卡德。

詞彙解釋

【三劃】

三昧耶（梵：samaya，藏：damtsik / dam tshig）：與身、語、意有關之一系列誓言與承諾。金剛乘中，三昧耶為上師和弟子及弟子間之神聖連結。若持守三昧耶，就可確保能夠了悟。若毀損三昧耶，法道上將出現重大障礙與磨難阻礙。

三摩地（梵：samadhi）：三摩地這一詞，根據佛教的定義為「定」或「心一境性」。藏文翻譯為「ting ngedzin」，意思是「持於甚深及確認之所緣」，指進入深沉且全然專注的禪修狀態。也有一說是「tsechik ting ngedzin」，「定於一境」。

三藏（梵：Tripitaka，字義「三個籃子」）：經藏、律藏、論藏，為佛陀教法的三個總集，早期對佛陀教導與對話的紀錄，最初是以巴利文記載。

三寶（英：Three Jewels）：佛、法、僧。向三寶皈依即代表步上法道，並從此成為佛教徒。

上師瑜伽（梵：Guru Yoga）：透過觀想上師，念誦祈願文請求加持，在領受加持後，將自心融入上師之證悟智慧心的一種修法。屬於金剛乘前行的最後一部分，被視為一切後續修法之精髓。

大手印（梵：Mahamudra，字義「大印」）：諸法勝義自性之封印，指噶舉派最高法教之訣要與實修。

大成就者（梵：mahasiddha）：指已證悟，獲得無上成就之高階修行者。關於古印度八十四位大成就者的故事，可參考十二世紀印度學者無畏施所寫之著名作品。

大班智達（梵：mahapandita）：見「班智達」一詞。

大圓滿（英：Great Perfection）：見「佐欽」一詞。

【四劃】

五毒（英：five poisons）：引發痛苦的五種煩惱情緒（梵：klesha），各爲：貪（執著）、瞋（仇恨、憤怒等）、癡（迷惑）、傲慢與嫉妒。

六度、六波羅蜜多（英：six paramitas）：見「波羅蜜多」一詞。

六道（藏：'khor ba rigs drug，英：six realms）：有情眾生在解脫輪迴前所投生的六個存有界剎。其上三道爲〔相較於人類〕壽命很長的天道、善妒的阿修羅道和人道，下三道則是畜生道、餓鬼道和地獄道。

化身（梵：nirmanakaya，藏：tulku）：佛三身之一，化身（應化身）爲〔諸佛菩薩〕具有色相的顯現。

幻輪瑜伽（藏：trulkhor / 'phrul 'khor）：集中於脈、氣、明點觀想的身體瑜伽修練法。

文殊閻摩敵（梵：Yamantaka，藏：gshinrjegshed）：文殊菩薩之忿怒尊，梵文的意思爲「死主閻羅之摧毀者」。

比丘（梵：bhikshu）：受具足戒男出家眾。

【五劃】

本尊（梵：ishtadevata，藏：yidam / yi dam，英：tutelary deity）：金剛乘行者修持之主要所緣。

母犛牛、牝犛（藏：dri）：公犛牛和母犛牛純交所生之母犛牛。

甘珠爾（藏：Kangyur / bka' 'gyur，字義爲「譯典」）：印度佛教經典中，經、律、論三藏之藏文版，德格版收錄共一百零三函，內容包含佛陀所示顯密法教。

立斷（藏：trekchö / khregschod，徹卻）：大圓滿實修中關於「斬斷」執著實有而令本淨彰顯的修持。

【六劃】

伏藏（藏：terma / gter ma）：「取出之寶藏」。蓮師在授予主要弟子灌頂和法教時，會針對每個人託付不同法教。這些法教經由其神通力埋藏在寺院、佛像、天空（曾有羊皮卷憑空落入伏藏師手中）、岩石和湖泊等地。在自然界中取出的伏藏稱爲「地伏藏」（藏：sagter，英：earth treasures）。蓮師曾授記特定弟子的未來轉世將取出（發掘）這些被埋藏的法教，並將它們傳播以利益眾生。這些取藏之轉世者被稱爲「伏藏師」。除了地伏藏，還有「意伏藏」（藏：dgongsgter，英：mind treasures），是指被埋藏的法教不經由實體取出，而是由蓮師加持在伏藏師心中顯現。若該伏藏法爲「再伏藏」（藏：yang gter，英：rediscovered），即表示此伏藏爲蓮師先埋藏，再經由伏藏師發掘。當伏藏被稱爲「再取藏」（英：re-extracted）時，意味它是㈠首先被蓮師埋藏起來；㈡被一位伏藏師取出後，他認爲當時時機不宜開啓，便再次埋藏；㈢之後經由第二位伏藏師再次取出，並傳與世人。我們也可以稱之爲「二次發掘」之伏藏。

伏藏師（藏：tertön / gterston）：「伏藏師」或取（掘）藏者。伏藏師會在經歷淨相或預知徵兆後，得知要如何、於何處取出其所被託付的伏藏。幾世紀以來，直到今天都還有許多這樣的伏藏師出現。另請參閱「伏藏」一詞。

成就者（梵：siddha）：一位已證得悉地或成就的得道者。另見「大成就者」一詞。

【七劃】

佐欽、大圓滿（梵：Atiyoga，藏：Dzogchen）：寧瑪傳承之最高見地。

佛土（梵：buddhakshetra，英：buddhafield）：見「淨土」一詞。

佛性（梵：tathagatagarbha，藏：de gshegssnying po，英：buddha nature）：有情眾生內在皆具有的證悟本質。

佛法，法（梵：dharma，藏：chö / chos）：通稱佛法的名相。來自梵文「dhr」，其意爲「持」，這是因爲佛法可以「執持」眾生而出於輪迴與無明。「法」一詞共有十種含義，最廣義指一切能被知道者。本書中，「佛法/法」一詞專指佛陀法教，分爲兩大部分，一爲「教法」，乃實際傳授之法，二爲「證法」，指透過實修所獲之智慧。

佛塔（梵：stupa，藏：chörten / mchodrten，字義「供養之所依物」）：佛塔內通常裝有佛教聖者之舍利、壇城、數十萬咒語、經書和來自不同聖地之聖土。佛塔象徵佛陀之證悟意，佛像象徵佛陀之證悟身，而經書象徵佛陀之證悟語。佛塔有許多種類，皆要按照特定比例建造。據說佛塔所在之處將爲當地帶來極大的利益，有助於減少世間爭戰、飢荒及其他苦因。

佛學院（藏：shedra /bshadgrwa）：教授佛法哲理的學院。

利美運動（藏：Rime /ris med）：對藏傳佛教八大實修車乘皆予學習和修行的不分宗派做法，此八大車乘爲：寧瑪、噶當、薩迦、噶舉、香巴、斷法、時輪金剛，以及烏金念竹（Orgyen Nyendrub）。

沙彌（梵：shramanera，藏：getsul / dgetshul）：實習僧人之意，其誓言遵守三十三條基本出家戒律，其中一條爲終生獨身。參考「具足比丘」一詞。

身（梵：kaya）：參考「法身」、「報身」、「化身」之解釋。

【八劃】

具足比丘（梵：bhikshu，藏：gelong/dge long）：受具足戒的男出家眾，誓言持守兩百五十三條與行爲有關之戒律。參考「沙彌」一詞。

拙火（梵：chandali，藏：tummo / gtummo，字義「狂野者」，指內在智慧之火）：那洛六法中一法，拙火爲掌握脈、氣、明點運行以生起內熱之修持。

明點（梵：bindu，藏：tigle / thig le）：氣通過脈時所運載的精華能量。

法身（梵：dharmakaya）：佛三身之一，法身指具有證悟功德及證悟究竟面向的無形之身。

波羅蜜多（梵：paramita）：出世或超然之圓滿，是行菩薩道所修的六種行持：佈施、持戒、安忍、精進、禪定與智慧（般若）。前五度的修行乃是爲了達成第六度，智慧度。波羅蜜多的字面含義爲「到彼岸」，意指「已超越輪迴並證得涅槃」。與世間「圓滿」相比，波羅蜜多之所以被認爲是出世或超然的，乃因其修持不執取做者、受者及所做（三輪體空）。

空行文字（英：dakini script）：以象徵性符號書寫的文字，據說爲空行母所使用，只有特定的伏藏師能夠解讀。

空行母（梵：dakini，藏：khandro，字義「空中行走」）：智慧女性的代表相。空行母可分爲具完全了悟的「智慧空行母」，以及具各種威神力的「世間空行母」。

金剛乘（梵：Vajrayana）：基於密續的法教與修行，亦稱密咒乘。金剛乘因其義理極爲深奧，又透過許多善巧法門來迅速輕易地獲得證悟，據說是爲最上等根器者所施設之修行道路。此外，因其主張法道之結果（成佛）原本就在各有情眾生的佛性此一基礎之中，透過認出自心本性便能加以運用，故而又有「果乘」之稱。

金剛薩埵（梵：Vajrasattva）：「一切壇城之主」，化現爲四十二位寂靜尊和五十八位忿怒尊。修持金剛薩埵儀軌以及持誦其百字明咒，可淨化不善念頭、言語與行爲。

阿羅漢（梵：arhat）：已擊潰煩惱敵，證得人無我，得以永離輪迴痛苦者。阿羅漢果爲聲聞乘或小乘等根基乘所追求之果位。

【九劃】

律（梵：Vinaya，毗奈耶）：佛陀三藏法教中專門講述戒律，尤其是僧侶戒律的部分。

持明（梵：vidyadhara，「覺性的持有者」，藏：rigdzin / rig'dzin）：金剛乘裡具高階了證之大師。八大持明指的是印度的八位密乘成就者。

毒（英：poison）：見「五毒」一詞。

虹光身（藏：'ja 'lus）：證得大圓滿的行者圓寂時，其身體有時會逐漸消融爲彩虹光，獨留頭髮與指甲（這兩部分一般認爲屬於身體「無生命」的部位）。

食子（藏：torma / gtor ma）：由麵粉、黏土或珍貴物質所做成的儀式用品。根據不同脈絡，食子可代表供品、象徵本尊、傳遞加持之物，或遣除障礙之武器等。

【十劃】

修心（藏：lojong / blosbyong）：根據阿底峽尊者之《修心七要》及其他著名噶當派上師之法教，透過念誦短偈來訓練心及培養世俗與勝義菩提心。後來，各個學派都有上師撰寫不同的修心偈誦。

格西（藏：Geshe / dgebshes）：格魯派中獲得高等佛學學位者之頭銜，相當於博士學位。

格魯派（藏：Geluk 或 Gelug/ dge lugs）：藏傳佛教四大教派之一。格魯派爲宗喀巴大師（1357–1419）根據阿底峽傳承改革後所創立的教派，格魯派之追隨者稱格魯巴。

氣（梵：prana，藏：lung / rlung）：於身體能量通道「脈」中流動的微細「風」或能量。

班智達（梵：pandita）：學問淵博之上師、學者或佛學哲理教授；瑪哈班智達（mahapandita）意思爲「大班智達」。

祖古（藏：tulku / sprulsku）：爲梵語「化身」之藏文譯詞，字義爲「顯現之身」，也稱爲轉世，用來尊稱已認證的喇嘛轉世或本尊化身。在同一時期，一名上師同時轉世爲多位祖古的情況不算少見，因爲轉世的概念並非指獨立存在、實有個體的化現，而是智慧與慈悲心相續的化現，因此可依照所需而顯現各種樣子來利益眾生。

脈（梵：nadi，藏：tsa-rtsa）：身體內承載氣或說精神能量的通道。

脈氣（梵：nadi-vayu，藏：tsalung / rtsarlung）：高深的瑜伽法，包括微細的脈、氣和明點修習。

般若波羅蜜多（梵：prajnaparamita）：超然圓滿之智（到彼岸智）。

【十一劃】

奢摩他（梵：shamatha）：透過培養內心的穩定、清晰與平靜，進而獲得內在寂止的一種禪修法。

密咒乘（梵：Mantrayana）：見「金剛乘」一詞。

教傳（藏：kahma / bka' ma）：上師將經教傳授給弟子的遠傳承，自本初佛普賢王如來一路傳給蓮花生大士和其他偉大持明，如此毫無間斷地傳到我們這個世代。

淨土（藏：zhingkham / zhingkhams，英：pure land）：諸佛及聖位菩薩憑藉證量所任運化現的世界或剎土。往生淨土的眾生得免墮輪迴下三道之虞，並能朝證悟邁進。淨土亦可稱爲佛土。

【十二劃】

勝者（梵：Jina，英：Victorious One）：佛陀名號之一。

堪布（藏：mkhan po）：主要用於稱呼寧瑪、薩迦和噶舉派中已完成佛教哲理、因明、律儀等九年至十二年傳統佛學主要課程，並獲授權得以執教者。此頭銜也可稱呼四大教派之寺院住持，或傳戒之授戒師。

堪欽（藏：Khenchen / mkhanchen，「大堪布」之意）：學識甚爲淵博之學者的頭銜。

報身（梵：sambhogakaya，「受用身」之意）：佛三身之一。有些報身唯有成佛者才能看見，有些報身則是尚在法道上修行但證量高的行者可以得見。

普巴杵（藏：phurba，梵：kilaya）：一把具有三棱前尖的金剛橛，如本尊普巴金剛手中所持之法器。象徵將三個主要煩惱毒（貪嗔癡）轉化爲佛之三身，並斷除證悟道上的一切外、內、密障礙。

普巴金剛（梵：Vajrakilaya，藏：Dorje Phurba / rdorjephur pa）：亦稱「金剛童子」（梵：Vajrakumāra，藏：DorjeShönnu/ rdorjegzhon nu）。寧瑪傳統中關於智慧尊的主要修法之一。身爲八大嘿嚕嘎其中之一的普巴金剛，象徵證悟的各種面向。普巴金剛法以代表「證悟事業」之忿怒尊爲修行對象，被認爲是遣除證悟道上內外障礙最有力的修法之一。

無垢友（梵：Vimalamitra）：西元八世紀印度八大持明與大師之一，不僅將佛法廣傳於西藏，並在國王赤松德贊的資助下，在桑耶寺主導將佛經自梵文翻譯成藏文，由其開啓的大圓滿傳承法稱爲「無垢心滴」。

菩提心（梵：bodhichitta）：爲利益一切有情眾生而欲證悟成佛的心願。

【十三劃】

嗡嘛呢唄咩吽（Om mani padme hung）：大悲觀世音菩薩之心咒。藏傳佛教最廣爲流傳的咒語，亦稱爲「六字大明咒」，其中「吽」爲梵文「hum」字的西藏發音。

意伏藏（英：mind treasure）：見「伏藏」一詞。

犏牛（藏：dzomo，雌性，單數）：犛牛與乳牛之混種。〔譯註：公黃牛和母犛牛或公犛牛和母黃牛雜交所生者。〕

瑜伽（梵：yoga，藏：naljor / rnal 'byor）：常指佛法修持，字面含義指的是與心的本然狀態「結合」或「合一」。

瑜伽士（梵：yogi，藏：naljorpa / rnal 'byor pa）：密續行者。本書中，瑜伽士是指通達氣、脈、明點修行且於自心本然狀態已達穩定者。

頓超（藏：thögal / thgalrgal，脱噶）：大圓滿法教中關於了悟本覺任成的修法。

【十四劃】

寧瑪（藏：rnying ma）：藏傳佛教四大教派之一，寧瑪派爲歷史最悠久的教派，其追隨者稱爲寧瑪巴。

頗瓦（藏：phowa / 'pho ba）：臨終時的修法儀式，可由喇嘛或瀕臨死亡的行者自己進行，儀式目的爲將亡者神識遷移到一個最終能獲致證悟的淨土。其精要作法是在死亡的那一刻，將自心融入上師證悟之心。頗瓦法也可以在生前搭配長壽法修持，以爲死亡來臨做好充分的準備。

【十五劃】

緣起（梵：pratitya-samutpada，藏：tendrel / rten'brel，「依因緣而起」，英：auspicious coincidence）：吉祥緣起，指各方因緣條件和合而創造加持或福報。

蓮花生大士（Padmasambhava）：印度上師，西藏人稱之爲「咕嚕仁波切」（Guru Rinpoche）。西元九世紀時，應國王赤松德贊之邀請，與寂護大師一同將佛法帶到了西藏。

蓮師（藏：Guru Rinpoche）：見「蓮花生大士」一詞。

【十六劃】

噶舉（藏：Kagyu / bka' brgyud）：藏傳佛教四大教派之一，噶舉派之追隨者稱噶舉巴。

興竹（藏：shingdrup/shing sgrub）：成就淨土修行法，爲投生阿彌陀佛西方極樂世界的一種修行法門。

龍欽心滴（藏：Longchen Nyingthig / klong chensnying thig，「廣界心要」之意）：寧瑪傳承重要的教義與實修法集，由持明吉美林巴於意伏藏中重新發掘。

【十七劃】

薈供（梵：ganachakra，藏：tshogs）：密乘中所進行的一種法會盛宴或供養儀式，將加持成智慧甘露之食物及飲品，獻供給本尊及行者自身之壇城。

隱密瑜伽士（英：hidden yogi）：外表樸素、行爲低調避免引人注目的了悟者。這個名詞可以用來形容巴楚仁波切和羅薩．索南巴給等行者，也可用來指居住在僻靜處的隱士，其修行證量不爲世人得知。

【十八劃】

薩迦（藏：Sakya / saskya）：藏傳佛教四大教派之一。薩迦派之追隨者稱爲薩迦巴。

轉心四思量（藏：lodoknamshyi/ blodogrnambzhi，英：four thoughts that turn the mind to dharma）：㈠ 思量人身難得與珍貴 ㈡ 思量無常與死亡 ㈢ 思量因果與業力 ㈣ 思量輪迴之過患。

資料來源

故事提供者

頂果欽哲仁波切（Dilgo Khyentse Rinpoche，1910–1991），大乘與金剛乘大圓滿之著名禪修上師、詩人兼學者。本身為藏傳佛教寧瑪傳承的主要持有者之一，亦為不分教派主義的倡行者，一生除近三十年的時間專注於禪修閉關外，亦孜孜不倦地致力於出版文典、修建寺院及佛塔，並教導數以千計來自世界各地的行者，以延續藏傳佛教法教。其藏文著作總集為二十五函。

多智・丹貝尼瑪（Dodrup Tenpai Nyima，1865–1926），第三世多智欽・吉美丹貝尼瑪，為巴楚仁波切修行傳記《甘露朝露》作者。參見本書簡傳說明，頁三百七十五。

噶千仁波切・昆秋堅贊（Garchen Rinpoche・Könchog Gyaltsen，一九三七年生），直貢噶舉的大師。於一九九〇年終於得以離開西藏前，有二十三年的時間被中共囚禁，在監獄期間，有二十年的時間與其上師堪布門色（Khenpo Munsel，1916–1994）一起度過。離開西藏後，即孜孜不倦地在世界各地教學與弘法。

堪布蔣巴多傑（Khenpo Jampel Dorje，一九七〇年生），康區雜曲卡阿瑞匝寺之上師。

堪布昆秋孟藍（Khenpo Könchog Mönlam，一九四〇年生），生於康區囊謙。在逃難至印度以前，於西藏直貢噶舉寺學習，到了印度後向本達堪布、喇嘛旺多、堪欽土登沃瑟、昆努仁波切等許多上師學習。目前在印度馬納利其寺院直貢噶舉佛學院及尼泊爾其所設立的閉關中心教學。

堪布袞巴（Khenpo Kunpel，約一八六二—一九四三年），又稱堪布袞桑巴滇，巴楚仁波切修行傳記《信心妙藥》之作者。參見本書簡傳說明，頁三百七十九。

堪布阿旺巴桑（Kangpo Ngawang Palzang，1879–1941），亦稱堪布阿瓊或堪布阿格，爲一位具影響力的寧瑪上師，被認爲是無垢友尊者的化身。主要上師爲紐修・龍多，其他上師有伏藏師索甲、堪布賢嘎、噶陀司徒確吉嘉措、堪布袞巴，和第五世佐欽仁波切・圖登確吉多傑。弟子有夏扎仁波切、祖古烏金千秋和紐修謝竹丹貝尼瑪。堪布阿瓊共留下十三函著作，其自傳爲《阿格旺波尊者自傳・奇妙幻化戲論》（*Wondrous Dance of Illusion*，參見本書書面資料來源之英文著作介紹）。

堪布巴嘎（Khenpo Palga，一九三三年生），全名堪布巴登多傑（Khenpo Palden Dorje），爲堪布托嘎三位仍在世的學生之一。多年來，一直在距離雪謙寺兩小時車程的果岔寺關房進行半閉關修行。

堪布貝瑪旺嘉（Khenpo Pema Wangyal，一九二九年生），任教於格孟寺，目前康區最受尊崇的上師之一，是堪布袞巴與堪布托嘎少數仍在世的弟子之一，其他上師尚有貝瑪悉地與佐欽寺堪布袞利，同時也是頂果欽哲仁波切和多智欽仁波切的親近弟子。

堪布雄日（Khenpo Shönri，1938–2015），宜牛寺的堪布雄努東珠爲堪布托嘎（堪布土登秋佩）弟子，也是米滂仁波切和巴楚仁波切許多遺物的保管者。

堪布次仁貢波（Khenpo Tsering Gonpo，約一九七〇年生），畢業於色達喇榮五明佛學院，爲吉美彭措法王之弟子，目前駐錫於上雜曲卡的雜加扎瑪礱隱修處。

昆努仁波切・丹增堅贊（Kunu Rinpoche Tendzin Gyaltsen，約一八九四—一九七七年），亦稱昆努喇嘛丹增堅贊，出生於印度喜馬偕爾邦庫魯縣，昆努於二十歲時由錫金前往中藏向一位佛法導師學習。二十七歲時，前往康區向噶陀司徒確吉嘉措、堪布賢嘎、竹蔣揚扎巴（蔣揚欽哲旺波之嫡傳弟子）、堪布袞巴及堪布阿旺巴桑學習。一九三八年，回到印度，於卡林邦和瓦拉納西進行十五年的閉關修行。在十四世達賴喇嘛法王籲請他教授《入菩薩行論》後，便開始大量教學，主要待在菩提迦耶，仁波切最終回到了庫魯，並在那裡圓寂。

紐修堪仁波切・蔣揚多傑（Nyoshul Khen Rinpoche，1932–1999），人稱紐修堪布，是一位極爲博學的寧瑪上師，根本上師爲紐修・龍多之轉世，紐修謝竹丹貝尼瑪（紐修祖古）。紐修堪布爲《龍欽心滴》傳承持有者，特別是《大圓滿竅訣部之口傳續部》（*Mengak Nyengyu Chenmo*）的持有者。此外，他也是敦珠仁波切、頂果欽哲仁波切和第十六世大寶法王的弟子。紐修堪布在印度和法國大量傳法，其中尤其在法國香特鹿佛學中心（Centre d'Études de Chanteloube）附近居住了七年。堪布於歐美廣泛行旅，並大量在當地的佛法中心給予教授。堪布以藏文撰寫了一本詳細介紹大圓滿傳承歷史的書，中文書名《大圓滿傳承源流藍寶石》（*A Marvelous Garland of Rare Gems*）。

紐修・龍多・丹貝尼瑪（Nyoshul Lungtok Tenpai Nyima），巴楚仁波切之心子。許多由堪布阿旺巴桑（《阿格旺波尊者自傳・奇妙幻化戲論》一書作者）講述的故事都是逐字引用紐修・龍多的彙整。見本書簡傳介紹，頁三百九十。

措噶瓦仁波切・局美阿旺（Trogawa Rinpoche・Gyurme Ngawang，1931–2005），著名的藏醫執業者與老師，受訓於著名的拉薩「藥王山利眾醫學院」（Lhasa Chakpori medical college），後來應十四世達賴喇嘛之請，於印度達蘭薩拉之藏醫曆算院任教，並在大吉嶺度過了許多年，於該處創立藥王山中心，以紀念同名的拉薩醫學院。主要佛法上師爲宗薩蔣揚欽哲確吉羅卓，同時也是敦珠仁波切、甘珠爾仁波切和頂果欽哲仁波切的弟子。

措尼仁波切（Tsoknyi Rinpoche，一九六六年生），阿旺措尼嘉措，經第十六世噶瑪巴認證爲第三世措尼仁波切，從學於幾位竹巴噶舉和寧瑪派的偉大上師，包括康祖仁波切敦居年瑪、父親祖古烏金仁波切、頂果欽哲仁波切、紐修堪仁波切與囊謙阿德仁波切。著作有《大圓滿之道》（*Fearless Simplicity*）等眾多書籍，目前大量在世界各地傳授佛法。

祖古烏金督佳仁波切（Tulku Orgyen Tobgyal Rinpoche，一九五一年生），第三世乃旦秋林仁波切的較長之子，被認爲是達香紐丹多傑之轉世。其父親圓寂後，負責管理位於印度比爾省的貝瑪欽旺秋噶久美林多年，隨後再交由第四世乃旦秋林仁波切。他是宗薩欽哲確吉羅卓和頂果欽哲仁波切的弟子，以能大量記憶祖師生平而聞名，例如《秋吉林巴傳》（暫譯，*The Life of Chokgyur Lingpa*）就是經由他向艾瑞克貝瑪昆桑口述寫成。

祖古貝瑪旺嘉（Tulku Pema Wangyal，一九四七年生），達隆澤珠貝瑪旺嘉之簡稱，偉大寧瑪上師兼伏藏師甘珠爾仁波切．隆千耶謝多傑（1898–1975）之長子。自父親於大吉嶺圓寂後，就不遺餘力地保存和弘揚其傳承，不僅親自前往法國香特鹿佛學中心教學，還邀請許多上師前往教學，自身也指導蓮師翻譯小組，翻譯重要的印度和藏傳佛教文本並出版眾多書籍。

祖古東杜仁波切（Tulku Thondup Rinpoche，一九三六年生），出生於青海果洛，自幼年被認證爲堪布貢卻卓美（一八五九—一九三六年）之轉世後，就在多智欽寺裡接受訓練。目前住在美國馬薩諸塞州之劍橋市，在佛乘基金會的資助下從事寫作與翻譯。其英文著作部分已有翻譯成中文出版，《大圓滿龍欽寧提傳承祖師傳》、《證悟生活》（暫譯，*Enlightened Living*）、《心靈神醫》、《藏密臨終寶典：藏傳佛教三十則還陽實證暨投生淨土指南》和《無私的愛》（暫譯，*The Heart of Unconditional Love*）。

祖古烏金千秋（Tulku Urgyen Chemchog，約一九一五—約二〇〇三），堪布阿旺巴桑最親近的弟子之一，也是敦珠仁波切．吉札耶喜多傑的弟子。他在中共勞改營的二十年時間裡，秘密教導了幾位弟子，被釋放後，定居康區貢覺爲當地人轉動法輪。其身體在圓寂後，縮小到如手臂般的長度，這種現像被視爲與成就虹光身無別。

祖古烏金仁波切（Tulku Urgyen Rinpoche, Tsewang Chokdrup Pelbar，1919–1996），祖古烏金仁波切．策旺秋珠邊巴出生於康區囊謙，很小的時候就在父親奇美多傑的指導下開始修持，隨後便從學於伯父兼根本上師桑天嘉措。仁波切與許多噶舉和寧瑪上師都非常親近，包括第十六世噶瑪巴、敦珠仁波切和頂果欽哲仁波切，後者更與他互傳許多法教。年輕的時候曾經進行長達二十年的閉關修行，後來又在尼泊爾納吉尼院之僻靜處住了三十年，仁波切有許多西方學生，其中一些人收集了他的法教集結成許多書籍，包括一本他的傳記《大成就者之歌》，該傳記亦深入描述其他上師的生平故事。

揚唐仁波切（Yantang Rinpoche，1930–2016），出生於錫金，因被認證爲多芒寺多傑德千林巴伏藏師的轉世而行旅至西藏康區。約於一九五九年，即使身爲錫金公民，仍然被中共監禁在勞改營約二十二年。一九八一年被釋放後，終於得以回到錫金。在印度與尼泊爾和不丹，他接受頂果欽哲仁波切、多智欽仁波切和貝諾仁波切的教導。曾在世界各地廣爲弘揚寧瑪之法教與口傳。

故事來源

此「故事來源」與以下「簡傳來源」之所載書目，皆以簡稱表示。完整藏文或英文書目請參考「引用書目」。以下故事標題（包含簡介及巴楚仁波切作品摘述）以英文字母順序排列。

致阿拉董阿勸言：頂果欽哲仁波切口述，並參考《內外寂靜雙運：巴楚仁波切致阿拉董阿嘉措勸言》，亞當皮爾西英譯，www.academia.edu/14932720/Uniting_Outer_and_Inner_Solitude_Patrul_Rinpoche_s_Advice_for_Alak_Dongak_Gyatso，於二〇一六年十月引文。

給嘉莫絨東谷之噶旺的建言：《巴楚仁波切全集》第八函，頁317，二〇〇三。

自我教言：《巴楚仁波切全集》第八函，頁286，二〇〇三。

安章．竹巴的兩難：堪布貝瑪旺嘉口述、阿宗嘉瑟局美多傑所著之安章．竹巴傳記。

巴楚圓寂後：多智．丹貝尼瑪《甘露朝露》、堪布袞巴《信心妙藥》。

在您們三位大師間：紐修堪仁波切口述、祖古烏金仁波切《大成就者之歌》頁51–52。

有無生命之舞：堪布阿旺巴桑《阿格旺波尊者自傳‧奇妙幻化戲論》頁30–31摘錄微修。

另一件銀供品：紐修堪仁波切口述。

乞士與嘛呢石匠：堪布袞巴《信心妙藥》。

序幕：多智‧丹貝尼瑪《甘露朝露》、堪布袞巴《信心妙藥》。

巨石的提醒：堪布袞巴之《信心妙藥》。

遙喚上師文：《巴楚仁波切全集》第五函，頁94–99，二〇〇三。

秋英讓卓施展不共成就：紐修堪仁波切口述。

修行至要：《巴楚仁波切全集》第三函，頁127，二〇〇三。

大悲悟空：紐修堪仁波切口述。

來自多欽哲的一記棒喝：多智‧丹貝尼瑪《甘露朝露》、頂果欽哲仁波切與紐修堪仁波切口述。

多欽哲的盛情款待：頂果欽哲仁波切與紐修堪仁波切口述、多智‧丹貝尼瑪《甘露朝露》、堪布袞巴《信心妙藥》。

用石頭驅趕他們：《巴楚仁波切全集》第八函，頁280，二〇〇三。

伯仲之間：頂果欽哲仁波切口述。

巴楚教學影響深遠：紐修堪仁波切口述、摘錄堪布阿旺巴桑《阿格旺波尊者自傳——奇妙幻化戲論》頁29。

第三世多智欽首次開示：祖古東杜仁波切口述。

神變花開：紐修堪仁波切口述、多智‧丹貝尼瑪《甘露朝露》。

一日之糧足矣：堪布袞巴《信心妙藥》。

龍多之母的饋贈：紐修堪仁波切口述、摘錄堪布阿旺巴桑《阿格旺波尊者自傳——奇妙幻化戲論》頁29。

大師巴楚：紐修堪仁波切口述。
嘉華強秋之預言：紐修堪仁波切口述。
鬧鬼古堡：頂果欽哲仁波切口述。
巴楚於江瑪隱修苑傳法：該故事由昆努仁波切口述給堪布昆秋孟藍再轉述給本書編譯團隊。
幼年巴楚：多智．丹貝尼瑪《甘露朝露》、堪布袞巴《信心妙藥》。
洞悉巴楚之心：多智．丹貝尼瑪《甘露朝露》。
簡介：傳記資料摘自頂果欽哲仁波切《證悟者的心要寶藏》，蓮師翻譯小組英譯，波士頓：香巴拉出版社，一九九二。
蔣揚欽哲旺波撤消巴楚的指示：摘自祖古烏金仁波切《大成就者之歌》頁253－254、確吉尼瑪《大手印大圓滿雙融》（暫譯，*The Union of Mahamudra and Dzogchen*）頁158。
吉美嘉威紐固與惡鬼：頂果欽哲仁波切口述。
只是坐在床上：堪布蔣巴多傑口述。
噶美堪布仁千達杰請求教導：紐修堪仁波切口述。
修行之鑰：摘自堪布阿旺巴桑《阿格旺波尊者自傳．奇妙幻化戲論》頁28。
堪欽扎西沃瑟求見巴楚：頂果欽哲仁波切口述、堪布袞巴《信心妙藥》、祖古烏金仁波切《大成就者之歌》。
堪布貢卻卓美求見巴楚：摘自祖古東杜仁波切《大圓滿龍欽寧提傳承祖師傳》頁231－232。
食蟲之域：英譯自紐修堪仁波切藏文著作《大圓滿傳承源流藍寶石》第二函，對開頁153a，加德滿都：桑耶紀念佛學院，一九九六。
最後時日：多智．丹貝尼瑪《甘露朝露》、堪布袞巴《信心妙藥》。
小沙彌：紐修堪仁波切口述。

洛昂祖古與巴楚的地毯：紐修堪仁波切口述。

渴求蘭若靜修：《巴楚仁波切全集》第八函，頁275，二〇〇三。

蓮苑之遊：頂果欽哲仁波切口述、譯自巴楚仁波切《巴楚仁波切全集》第一函，頁301－355〈蓮苑之遊〉，二〇〇三。

龍多告別上師：摘自堪布阿旺巴桑《阿格旺波尊者自傳．奇妙幻化戲論》頁198，並參考部分祖古烏金千秋資料。

龍多倒著走學習：紐修堪仁波切口述。

龍多與土匪頭子：噶千仁波切口述。

龍多值遇根本上師：紐修堪仁波切口述。

龍多於古冰蝕地修行：摘自堪布阿旺巴桑《阿格旺波尊者自傳——奇妙幻化戲論》頁27－28。

龍多之夢：摘自堪布阿旺巴桑《阿格旺波尊者自傳．奇妙幻化戲論》頁82，及紐修堪仁波切之口述。

龍多之母：紐修堪仁波切口述。

遇見第三世多智欽：堪布袞巴《信心妙藥》。

兩心交會：多智．丹貝尼瑪《甘露朝露》、堪布袞巴《信心妙藥》。

遇見一名瑜伽士：祖古烏金仁波切《大成就者之歌》頁256。

僧人的深深懺悔：昆努仁波切口述給堪布昆秋孟藍，再由後者轉述給本書編譯團隊。

令巴楚歡喜的九兄弟：頂果欽哲仁波切口述。

一件銀供品：頂果欽哲仁波切口述。

關於自心本性：取自《巴楚仁波切全集》第五函，頁179－181及193，〈勝乘阿底瑜伽之竅訣．明示實相〉，二〇〇三。

一味：《巴楚仁波切全集》第八函，頁286，二〇〇三。

巴給傳承：多智．丹貝尼瑪《甘露朝露》、堪布袞巴《信心妙藥》。

巴楚祖古獨樹一格：多智．丹貝尼瑪《甘露朝露》。

巴楚隨緣受供：頂果欽哲仁波切與紐修堪仁波切口述、多智．丹貝尼瑪《甘露朝露》、堪布袞巴《信心妙藥》。

巴楚與秋吉林巴：《大成就者之歌》頁83－84，及紐修堪仁波切口述。

巴楚與秋吉林巴的黃皮卷：頂果欽哲仁波切口述。

巴楚與蔣揚欽哲旺波：紐修堪仁波切口述。

巴楚與喇嘛米滂：頂果欽哲仁波切口述。

巴楚與博學格西：我已不記得這個故事是誰告訴我，有可能是倉薩工布祖古欽饒嘉措。

忍辱波羅蜜多：紐修堪仁波切口述。

巴楚與一名先知僧人：揚唐仁波切口述。

巴楚與三名大金寺僧人：紐修堪仁波切口述。

巴楚與被放生的蝨子：堪布蔣巴多傑口述。

巴楚與禿鷹盤旋處：祖古烏金千秋口述。

巴楚與寡婦：紐修堪仁波切口述。

巴楚請偉大的噶陀司徒幫忙：頂果欽哲仁波切與紐修堪仁波切口述。

巴楚懇求有更多乞士前來：堪布袞巴《信心妙藥》。

巴楚表述他對秋吉林巴的信心：紐修堪仁波切口述、多智．丹貝尼瑪《甘露朝露》、堪布衰巴《信心妙藥》、祖古烏金仁波切《大成就者之歌》頁84。

難忍之苦：摘錄自堪布阿旺巴桑《阿格旺波尊者自傳．奇妙幻化戲論》頁77。

巴楚送走一只精美曼達盤：由堪布托嘎口述給頂果欽哲仁波切，再由後者轉述給本書編譯團隊。

巴楚於森林傳法：紐修堪仁波切口述、堪布阿旺巴桑《阿格旺波尊者自傳．奇妙幻化戲論》頁30。

巴楚托缽化緣：頂果欽哲仁波切及其他人口述。

巴楚驚嘆：堪布雄日口述。

巴楚爲龍多直指心性：摘錄自堪布阿旺巴桑《阿格旺波尊者自傳．奇妙幻化戲論》頁82，及紐修堪仁波切口述。

安章．竹巴向巴楚求賜不共法教：堪布貝瑪旺嘉口述，加上部分取自阿宗嘉瑟局美多傑所著之安章．竹巴傳記。

巴楚憂心如焚：堪布次仁貢波口述。

巴楚領受自身法教：紐修堪仁波切口述。

一戶牧民計誘巴楚：昆努仁波切口述給堪布昆秋孟藍，再由後者轉述給本書編譯團隊。

另一戶牧民計誘巴楚：昆努仁波切口述給堪布昆秋孟藍，再由後者轉述給本書編譯團隊。

巴楚惱火神隱：紐修堪仁波切口述。

巴楚評比一場盛大辯經：頂果欽哲仁波切口述。

巴楚笑看老人屍：紐修堪仁波切口述、堪布袞巴《信心妙藥》。

巴楚離開佐欽寺：頂果欽哲仁波切口述。

巴楚訓斥自己的修持缺失：措噶瓦仁波切口述。

巴楚遇見典範僧：紐修堪仁波切口述，其中巴楚造訪壤塘部分取自多智．丹貝尼瑪《甘露朝露》。

巴楚遇上兩名殺人兇手：頂果欽哲仁波切口述，部分資料來自格孟寺堪布貝瑪旺嘉。

巴楚憶前世：多智．丹貝尼瑪《甘露朝露》、堪布袞巴《信心妙藥》。

巴楚觀積財：頂果欽哲仁波切口述。

巴楚平息家族世仇：紐修堪仁波切口述，其中巴楚於該地傳法取自多智．丹貝尼瑪《甘露朝露》。

巴楚爲食子上色：紐修堪仁波切口述。

再次經過大金寺：堪布蔣巴多傑口述。

巴楚於鬧鬼的屍陀林修行：紐修堪仁波切口述。

於阿瑞森林野地實修：紐修堪仁波切口述。

巴楚於風雪中修練拙火：祖古烏金千秋口述。

巴楚修行瑜伽：堪布袞巴《信心妙藥》。

巴楚洞悉索甲伏藏師的心：紐修堪仁波切口述。

巴楚領受特別口傳：多智．丹貝尼瑪《甘露朝露》、堪布袞巴《信心妙藥》、頂果欽哲仁波切口述。

巴楚接待一位超凡訪客：噶千仁波切口述。

巴楚接見洛昂祖古：頂果欽哲仁波切口述。

巴楚受教於老喇嘛：昆努仁波切口述給堪布昆秋孟蘭，再由後者轉述給本書編譯團隊。

巴楚受教於昌區大成就者：紐修堪仁波切口述。

巴楚挺身對抗強勢對手：堪布袞巴《信心妙藥》。

巴楚與女童共享茶杯：頂果欽哲仁波切口述。

巴楚教導堪布雲丹嘉措：堪布托嘎口述給頂果欽哲仁波切，再由後者轉述給本書編譯團隊，部分細節來自格孟寺堪布貝瑪旺嘉。

巴楚於扎瑪礱傳授大圓滿法：多智．丹貝尼瑪《甘露朝露》。

博學多聞的巴楚：祖古烏金仁波切《大成就者之歌》頁253、確吉尼瑪之《大手印大圓滿雙融》（暫譯），頁157。

巴楚以特別的方式旅行：堪布巴嘎口述。

巴楚求見夏嘎巴：頂果欽哲仁波切及紐修堪仁波切口述。其中夏嘎巴所作之偈頌第一句取自《夏嘎巴生平：一位西藏瑜伽士之自傳》（暫譯，*The Life of Shabkar: The Autobiography of a Tibetan Yogin*），頁102－103，奧爾巴尼：紐約州立大學出版社，一九九四年，雪獅出版社二〇〇一年再版。第二句取自頁535，馬修·李卡德翻譯。

巴楚欲獻頂禮：頂果欽哲仁波切口述。

巴楚排隊領受加持：紐修堪仁波切及祖古貝瑪旺嘉口述。

巴楚一心修行：摘自堪布阿旺巴桑藏文著作《阿格旺波尊者自傳——奇妙幻化戲論》頁77。

巴楚營地：措尼仁波切《大圓滿之道》，艾瑞克貝瑪昆桑英譯本，頁29、《普賢上師言教》頁130。

巴楚贈送的茶：頂果欽哲仁波切口述。

巴楚最後一次公開的大薈供：堪布袞巴《信心妙藥》。

巴楚奇蹟般地復元：多智·丹貝尼瑪《甘露朝露》。

巴楚向馬蠅供養：堪布袞巴《信心妙藥》、紐修堪仁波切口述。

巴楚之痛：紐修堪仁波切口述。

巴楚高貴的行止：祖古東杜仁波切口述。

巴楚給老牧民的直指口訣：紐修堪仁波切口述。

巴楚敬重四大元素的自然運行之道：堪布袞巴《信心妙藥》、《巴楚仁波切全集》第一函，頁520－521，二〇〇三。

巴楚的根本上師：多智．丹貝尼瑪《甘露朝露》、堪布袞巴《信心妙藥》。

巴楚粗魯的行止：揚唐仁波切口述。

巴楚的上師現神通：頂果欽哲仁波切口述。

巴楚言教鼓舞眾生：多智．丹貝尼瑪《甘露朝露》。

巴楚之獨有功德：多智．丹貝尼瑪《甘露朝露》、堪布袞巴《信心妙藥》。

一席忠告：《巴楚仁波切全集》第八函，頁358－359，二〇〇三。

思緒敏捷之喇嘛：堪布巴嘎口述。

旺秋多傑的歸來：當時九十高齡的貝瑪聽列，將故事告訴年紀還很小的祖古烏金仁波切，內容參見祖古烏金仁波切《大成就者之歌》頁69，其餘來自烏金督佳仁波切口述。

盜賊覬覦銀供品：紐修堪仁波切口述。

三世多智欽再次來訪：祖古東杜仁波切口述。

求見一位重量級喇嘛：紐修堪仁波切口述。

求見另一位重量級喇嘛：紐修堪仁波切口述。

有人喜亦有人畏：堪布蔣巴多傑口述。

「就是這樣！」：堪布阿旺巴桑《阿格旺波尊者自傳——奇妙幻化戲論》頁29。

扎瑪祖古領受教誡：堪布袞巴《信心妙藥》。

改名的祖古：堪布巴嘎口述。

雷同的倆人：頂果欽哲仁波切口述。

瑜伽法的顯著效用：頂果欽哲仁波切《明月》頁87。

旺秋多傑的出離：祖古烏金仁波切《大成就者之歌》頁67－69、烏金督佳仁波切《秋吉林巴傳》頁26及烏金督佳仁波切口述。

告誡之詞：《巴楚仁波切全集》第八函，頁143，二〇〇三。

「被你給毀了！」：東杜祖古《大圓滿龍欽寧提傳承祖師傳》頁209–210。

簡傳來源

以下僅就簡傳介紹之上師、弟子作來源說明。

安章．竹巴：根據亞歷山大加德納（Alexander Gardner）與桑登群培（Samten Chhosphel）二〇〇九年於傳記寶庫（The Treasury of lives）對第一世安章．竹巴．卓度巴沃多傑的介紹，http://treasuryoflives.org/biographies/view/Adzom-Drukpa-Pawo-Dorje/8574（本書於二〇一六年十月引用）。

阿拉董阿嘉措：根據亞當皮爾西（Adam Pearcey）二〇一四年於傳記寶庫中對賈巴董阿嘉措（Japa Dongak Gyatso）之介紹，http://treasuryoflives.org/biographies/view/Japa-Dongak-Gyatso/12785（本書於二〇一六年十月引用）。

秋吉德千林巴：《秋吉林巴傳》，該傳記由烏金督佳仁波切口述，祖古吉美欽哲與艾瑞克貝瑪昆桑翻譯，自生智佛學院以電子書出版，http://padmasambhavagururinpoche.com/wp-content/uploads/2015/11/Chok- gyur_Lingpa_Life-1.pdf（本書於二〇一六年十月引用）。

秋英讓卓：穹竹才旺多傑（Kyungtrul Tsewang Dorje）所作之秋英讓卓傳《rgyal ba kah thog pa'i snyanbrgyud' dzin pa kun gyi gtsug rgyan mtsho phu sgrub chen 'gyur med chos dbyings rang grol gyi rnam thar snying bsdus dad pa'i chu gter》，新龍措吉寺（Nyakrong Tsozig Monastery）出版中心約於二〇〇三年出版。

多欽哲・益西多傑：東杜祖古《大圓滿龍欽寧提傳承祖師傳》、多欽哲自傳《欽則益西多吉密傳》（*rig 'dzin 'jigs med gling p'ai yang srid sngags 'chang 'ja lus rdo rje'i rnam thar mkha' 'gro'i zhal lung*），四川民族出版社，一九九七。

多喇吉美格桑：吉拉堪布（Kyala Khenpo）與頂果欽哲仁波切口述、東杜祖古《大圓滿龍欽寧提傳承祖師傳》頁172－173。

嘉瑟賢遍泰耶：凱尊桑波（Khetsun Zangpo）《西藏和藏傳佛教人物傳記辭典》、噶瑪德勒（Karma Delek）《嘉瑟賢遍泰耶傳》（*rgyal sras gzhan phan mtha'yas kyi mdzad rnam mdor bsdus in rgyud sgyu 'phrul drwa ba rtsa rgyud gsang ba snying po'i'grel pa kun bzang thigs kyi ti ka*），西藏人民出版社，二〇〇八、堪布賢嘎《文波・丹增諾布傳》（*dpal ldan dam pa'i thun mong phy'i rnam par thar pa mdor bsdussu bkod pa dad pa'i 'jug ngogs*），格孟寺，二〇〇七、本覺維基（RigpaShedra Wiki）對嘉瑟賢遍泰耶之介紹，www.rigpawiki.org/（本書於二〇一六年十月引用）。

久美貝瑪南嘉・第三世雪謙嘉察：馬修・李卡德爲《雪謙嘉察・貝瑪久美南嘉文集》所寫序言。德里，雪謙出版社，一九九七。

蔣貢工珠羅卓泰耶：根據頂果欽哲仁波切之開示文稿、琴恩史密斯（E. Gene Smith）《置身西藏典籍中：喜瑪拉雅高原之歷史與文學》（暫譯，*Among Tibetan Texts: History and Literature of the Himalayan Plateau*，麻薩諸塞州薩默維爾，智慧出版社，二〇〇一）、理察巴倫（Richard Barron）英譯之《彩色寶石：蔣貢工珠自傳》（暫譯，*The Autobiography of Jamgön Kongtrul: A Gem of Many Colors*，紐約州綺色佳，雪獅出版社，二〇〇三）、亞歷山大加德納二〇一五年於傳記寶庫對蔣貢工珠羅卓泰耶之介紹，http://treasuryoflives.org/biographies/view/Jamgon-Kongtrul-Lodro-Taye/4358（本書於二〇一六年十月引用）。

蔣揚欽哲旺波：馬修阿開斯特（M. Akester）翻譯之蔣貢工珠著作《蔣揚欽哲旺波傳》，新德里，雪謙出版社，二〇一二；理察巴倫翻譯之紐修堪布蔣揚多傑著作《大圓滿傳承源流藍寶石》，貝瑪出版社，二〇〇五；亞歷山大加德納二〇一〇年於傳記寶庫對於蔣揚欽哲旺波之介紹，http://treasuryoflives.org/biographies/view /Jamyang-Khyentse-Wangpo/4291（本書於二〇一六年十月引用）；以及頂果欽哲仁波切口述。

吉美嘉威紐固：引用嘉威紐固官網 http://www.gyalwai-nyugu.com/jigme-gyalwai-nyugu/，及藏文版吉美嘉威紐固傳記《'gro mgon bla ma rje'i gsang gsum rnam thar rgya mtsho las thun mong phyi'i mngon rtogs rgyal sras lam bzang》，新德里，雪謙出版社，二〇〇四。

吉美林巴：根據眾多藏文文本與頂果欽哲仁波切開示內容。

吉美俄嚓嘉措：根據口述資料及吉龍寺官網《吉龍寺故事》www.kilung.org/the-story-of-kilung-monastery/（本書於二〇一六年十月引用）。

吉美彭措炯乃：東杜祖古《大圓滿龍欽寧提傳承祖師傳》頁211–214，及一些口述資料。

吉美丹貝尼瑪：東杜祖古《大圓滿龍欽寧提傳承祖師傳》頁237–250、紐修堪仁波切《大圓滿傳承源流藍寶石》。

吉美欽列沃瑟：根據口述資料與榮恩蓋瑞（Ron Garry）二〇〇七年於傳記寶庫對第一世多智欽・吉美欽列沃瑟之介紹，https://treasuryoflives.org/biographies/view/Jigme-Trinle-Ozer/ P293（本書於二〇一六年十月引用）。

噶美堪布仁千達杰：根據傳記寶庫對於噶美堪布仁千達杰之介紹，http://rywiki.tsadra.org/index.php/Karmey_Khenpo_Rinchen_Dargye（本書於二〇一六年十月引用）。

噶陀司徒：取自《印度及西藏佛教祖師簡略年表》（*Petit compendium chronologique de maîtres spirituels et grands érudits du bouddhisme tibétain*），www.matthieuricard.org/articles/petit-compendium-chro nologique-de-maitres-spirituels-et-grands-erudits-du-bouddhisme-tibetain。其中天珠故事來自紐修堪仁波切口述。

堪欽扎西沃瑟：根據自生智維基（Ragjung Yeshe Wiki）對堪欽扎西沃瑟之介紹，該資料摘錄自堪布羅卓東由之《時輪金剛史》（*dus 'khor chos 'byung indra ni la'i phra tshom*）頁555–558。自生智維基，http://rywiki.tsadra.org/index.php/Khenchen_Tashi_Ozer（本書於二〇一六年十月引用）。

堪布袞桑巴滇：根據作者資料及桑登群培二〇一二年於傳記寶庫對袞桑巴滇之介紹，www.treasuryoflives.org/biographies/view/Kunzang-Pelden/9593（本書於二〇一六年十月引用）。

堪布貝瑪多傑：根據亞當皮爾西二〇一二年於傳記寶庫對貝瑪班雜（Pema Vajra）之介紹，http://treasuryoflives.org/biographies/view/Pema-Vajra/9355（本書於二〇一六年十月引用）。

堪布賢遍確吉囊哇：馬修．李卡德爲堪布賢遍確吉囊哇註疏之《十三部大論》所寫的序言。德里，昆秋拉哲巴，一九九三。

堪布雲丹嘉措：馬修．李卡德於許多地方的介紹文字。

喇嘛米滂仁波切：根據眾多書面與口述資料，包含頂果欽哲仁波切以藏文所寫之喇嘛米滂蔣揚南嘉嘉措傳（參考以下引用書目）。

龍欽冉江：蔣巴麥堪哲史都爾（Jampa Mackenzie Stewart）編纂之《法界遍智全知法王：龍欽巴傳》，波士頓，香巴拉出版社，二〇一四、史蒂芬．阿吉耶（Stephane Arguillère）《Profusion de la vaste sphère: La vie et l'oeuvre de Klong-chen rab 'byams》，比利時魯汶，皮特爾斯出版社，二〇〇七。

明就南開多傑：東杜祖古《大圓滿龍欽寧提傳承祖師傳》頁175–178、頂果欽哲仁波切口述、桑登群培二〇一一年於傳記寶庫對第四世佐欽竹旺．明就南開多傑之介紹，http://treasuryoflives.org/biographies/view/Dzogchen-Drubwang-04-Mingyur-Namkai-Dorje/3020（本書於二〇一六年十月引用）。

木雅．昆桑索南：根據馬修．李卡德於許多地方之介紹文字。

紐修．龍多．丹貝尼瑪：根據本覺維基對紐修．龍多．丹貝尼瑪之介紹編寫，www.rigpawiki.org/index.

php?title=Nyoshul_Lungtok_Tenpé_Nyima（本書於二〇一六年十月引用）。

文波・烏金丹增諾布：擷取自堪布賢遍囊哇（賢嘎）應米滂仁波切要求而寫的文波・丹嘎傳記，堪布賢嘎陪伴文波・丹嘎十三年之久。該傳記由馬修・李卡德翻譯。

貝瑪德欽桑波：頂果欽哲仁波切口述、自生智維基對穆日仁波切之介紹，http://rywiki.tsadra.org/index.php/Mura_Rinpoche（本書於二〇一六年十月引用）。

羅薩・索南巴給：根據達巴祖古所寫之竹旺羅薩・索南巴給傳略，http://tdr.bio/previous-life/，及其他口述資料。

夏嘎・措珠讓卓：根據馬修・李卡德翻譯之《夏嘎巴生平：一位西藏瑜伽士之自傳》，奧爾巴尼，紐約州立大學出版社，一九九四，雪獅出版社於二〇〇一年再版。

雪謙文珠・吉美圖多南嘉：參考多傑饒登之《雪謙文珠傳》（*mkhas shing dngos grub brnyes pa'irdo rje slob dpon 'jam dbyangs dgyes pa'iblo gros mtsho skyes bshad pa'isgra dbyangs kyirtogs brjod mdor bsdus pa skal bzang mgul rgyan*，《博學且得成就之金剛阿闍梨・文・蔣揚杰貝羅追措介謝貝札央之本生略傳・有緣項飾》），新德里，雪謙出版社，二〇〇〇、丹增昆桑龍多丹貝尼瑪之《snga 'gyur rdzogs chen chos 'byung chen mo snga 'gyur grub dbang rgyal ba rdzogs chen pa'igdan rabs chos brgyud dang bcas pa'ibyung ba brjod pa'i gtam yid bzhin dbang gi rgyal po'i phreng ba》，北京，中國藏學出版社，二〇〇四。

引用書目

藏文著作

阿宗嘉瑟久美多傑《安章．竹巴傳》：rje btsun grub pa'i dbang phyug rig 'dzin 'gro 'dul dpa' bo rdo rje'i rnam thar skal bzang yid kyi gdung sel，該傳記由安章．竹巴之子阿宗嘉瑟仁增久美多傑（1895－約 1959），於藏曆木雞年（西元一九四五年）在宗薩欽哲確吉羅卓等上師指導下，於紐修安章札西貢波林撰寫。

頂果欽哲仁波切《喇嘛米滂蔣揚南嘉嘉措傳》：gsang chen chos kyi shing rta 'jigs med smra ba'i seng ge kun mkhyen bla ma mi pham 'jam dbyangs rnam rgyal rgya mtsho'i rnam thar snying po bsdus pa ngo mtshar bdud rtsi'i snang ba，全一百四十四頁。新德里，雪謙出版社，二〇一四。

多智．丹貝尼瑪——第三世多智欽．吉美丹貝尼瑪《甘露朝露》（巴楚仁波切傳記）：mtshungs bral rgyal ba'i myu gu o rgyan 'jigs med chos kyi dbang po'i rtogs brjod phyogs tsam gleng ba bdud rtsi'i zil thigs，收錄在多智欽吉美丹貝尼瑪文集中，第四函，頁115－146。錫金甘托克，多智欽仁波切，一九七四－一九七五。

吉美林巴《遍知吉美林巴冉江多傑欽哲沃瑟全集》：由安章寺編輯，共十四函。不丹帕羅，喇嘛哦珠與喜饒德米，一九八五，目前由雪謙出版社出版。

噶瑪德勒《嘉瑟賢遍泰耶傳》：rgyal sras gzhan phan mtha'yas kyi mdzad rnam mdor bsdus in rgyud sgyu 'phrul drwa ba rtsa rgyud gsang ba snying po'i 'grel pa kun bzang thigs kyi ti ka。拉薩，西藏人民出版社，二〇〇八。

堪布袞巴——堪布袞桑巴滇《信心妙藥》（巴楚仁波切傳記）：rdza dpal sprul gyi rnam thar dad pa'i gsos sman bdud rtsi'i bum bcud。新德里，昆秋拉哲巴，一九九七。

堪布阿旺巴桑《阿格旺波尊者自傳——奇妙幻化戲論》：ngag dbang dpal bzang gi rnam thar: 'od gsal snying po padma las 'brel rtsal gyi rtogs brjod ngo mtshar sgyu ma'i rol gar。印度比爾，宗都僧給，一九八三。

堪布賢嘎——堪布賢遍確吉囊哇《文波・烏金丹增諾布傳》：dpal ldan dam pa'i thun mong phy'i rnam par thar pa mdor bsdus subkod pa dad pa'i 'jug ngogs。格孟寺堪布東宜出版，二〇〇七。

凱尊桑波編纂《西藏和藏傳佛教人物傳記辭典》：bod du sgrub brgyad shing rta mched brgyad las，共十三函，西藏檔案文獻圖書館，一九七三—一九八一。

紐修堪布・紐修堪仁波切・蔣揚多傑《大圓滿傳承源流藍寶石》：rang bzhin rdzogs pa chen po'i chos 'byung rig'dzin brgyud pa'i rnam thar ngo mtshar nor bu'i bedurya'i phreng ba，共兩函。加德滿都，桑耶紀念佛學院，一九九六。英譯本由理察巴倫翻譯《*A Marvelous Garland of Rare Gems: Biographies of Masters of Awareness in the Dzogchen Lineage*》，加州章克申市，貝瑪出版社，二〇〇五。法文譯本由克里斯丁布魯耶（Christian Bruyat）翻譯《*L'Avènement de la Grande Perfection naturelle, ou La Merveilleuse Guirlande de joyaux des lignées des vidyadharas*》，法國普拉札克，蓮師出版社，二〇一六。

巴楚仁波切《巴楚仁波切全集》：dpal sprul o rgyan 'jigs med chos kyi dbang po'i gsung 'bum。共八函。中國成都，四川民族出版社，二〇〇三及二〇〇九。

英文著作

確吉尼瑪《大手印大圓滿雙融》：噶瑪恰美仁波切之註疏《修行精要：大悲者直指要訣》（暫譯，*The Quintessence of Spiritual Practice: The Direct Instructions of the Great Compassionate One*），艾瑞克貝瑪昆桑翻譯，馬西亞賓德舒密特編輯。香港，北大西洋圖書公司，二〇〇四。原藏文本書目《'phags pa thugs rje chen po'i dmar khrid phyag rdzogs zung 'jug gi nyams len snying po bsdus pa bzhugs so》。

頂果欽哲仁波切《明月：頂果欽哲法王自傳與訪談錄》：尼師金巴帕嫫（Ani Jinpa Palmo）翻譯。波士頓，香巴拉出版社，二〇〇八。

敦珠仁波切《西藏古代佛教史：藏傳佛教寧瑪傳承》：久美多傑藏譯英，藏文書目《snga 'gyur rdo rje theg pa'i bstan pa rin po che'i ji ltar byung ba'i tshul》。馬薩諸塞州薩默維爾，智慧出版社，二〇〇五。

蔣巴麥堪哲史都爾編輯之《法界遍智全知法王：龍欽巴傳》：波士頓，香巴拉出版社，二〇一四。

堪布袞桑巴滇（堪布袞巴）《入菩薩行論詞句釋・妙音上師言教甘露滴》：《*The Nectar of Manjushri's Speech: A Detailed Commentary on Shantideva's Way of the Bodhisattva*，文殊語甘露：寂天入行論詳解》，蓮師翻譯小組英譯。波士頓，香巴拉出版社，二〇一〇初版。

堪布阿旺巴桑《阿格旺波尊者自傳・奇妙幻化戲論》：海蒂尼文（Heidi L. Nevin）與雅各萊學利（J. Jakob Leschly）藏文翻譯，久美多傑編輯。紐約州綺色佳，雪獅出版社，二〇一三。（參考先前藏文書目）。

龍欽巴《三休息論》第一論《大圓滿心性休息論》：蓮師翻譯小組翻譯。波德市，香巴拉出版社，二〇一七。

龍欽巴《三休息論》第二論《大圓滿禪定休息論》：蓮師翻譯小組翻譯。波德市，香巴拉出版社，二〇一八。

烏金督佳仁波切《秋吉林巴傳》（一九八三）：祖古吉美欽哲與艾瑞克貝瑪昆桑翻譯，全四十七頁。自生智出版社，二〇〇〇，http://padmasambhavagururinpoche.com/wp-content/uploads/2015/11/Chokgyur_Lingpa_Life-1.pdf（本書於二〇一六年十月引用）。

「本覺維基」：www.rigpawiki.org。

寂天《入菩薩行論》：《入菩薩行論》之校訂譯本，蓮師翻譯小組翻譯。波士頓，香巴拉出版社（香巴拉古典文學部），二〇〇六。

「傳記寶庫」：http://treasuryoflives.org，介紹西藏、亞洲內陸和喜馬拉雅地區之人物傳記百科。本書引用亞歷山大加德納、桑登群培、亞當皮爾西和榮恩蓋瑞所寫之傳記介紹。

措尼仁波切《大圓滿生活》：艾瑞克貝瑪昆桑翻譯。香港，北大西洋圖書公司，二〇〇三。

東杜祖古《證悟生活》：暫譯，*Enlightened Living: Teachings of the Tibetan Buddhist Masters*。波士頓，香巴拉出版社，一九九〇。

東杜祖古《大圓滿龍欽寧提傳承祖師傳》：波士頓，香巴拉出版社，一九九九。

祖古烏金仁波切《大成就者之歌》：祖古烏金仁波切回憶錄。加德滿都，北大西洋圖書公司，二〇〇五。

致謝文

馬修・李卡德

深切感謝我的根本上師依怙主甘珠爾仁波切、依怙主頂果欽哲仁波切與達隆澤珠貝瑪旺嘉仁波切，以及許許多多偉大的上師、學者與行者們，正是因爲有他們，我才得以了解巴楚仁波切的生平與法教。一切都是出自他們的恩德，我才會對這位十分獨特的上師抱持大虔敬與大信心，進而渴望更加了解他的人生故事並閱讀他的法教。

對於自己能夠在一九八七年那年，於竹旺貝諾法王南印度的南卓林寺院裡，從我的根本上師依怙主頂果欽哲仁波切處領受巴楚仁波切全集口傳，我感到非常幸運。（頂果欽哲仁波切於班禪寺，從堪布索巴塔欽處領受巴楚仁波切全集口傳。）從欽哲仁波切那裡，我聽到了許多巴楚的故事，都已收錄在本書中。

此外，我還要特別感謝紐修堪・蔣揚多傑仁波切，當我們一起在不丹普那卡宗，於頂果欽哲仁波切面前，他慈悲地花了好幾個晚上的時間，鉅細彌遺地告訴我很多收錄在本書中的故事。也因爲這樣，我才得以錄音並翻譯這些口述內容。

我也非常感謝堪布烏金，他將這些錄音檔的藏文繕寫下來，加上部分堪布袞巴所寫的巴楚傳記，於二〇一一年在尼泊爾出版成一本小冊子。由於他的繕寫，讓我能更精準地修正幾個翻譯上的問題。

另外還有那些不斷被我詢問巴楚仁波切事蹟的諸多上師、堪布、喇嘛和資深行者，尤其是在康區的諸位善知識，對於他們，我深深地致上謝意。

同時我也要感謝我在西藏的朋友，自一九八五年以來，我曾多次前往康區和安多，一路走訪巴楚仁波切和他的上師、弟子曾經待過的地方。透過他們的協助，我得以在旅程中見到幾位巴楚仁波切親傳弟子的直接學生，以及巴楚仁波切的妹妹炯乃的第四代子嗣。

達波祖古·索南堅贊仁波切是當代最博學的學者之一，他耐心地回答了我的許多問題，幫助我釐清故事中的許多疑點，以及法教上的一些困難之處，讓我對本書最終樣貌的可靠性多了些信心。

感謝祖古東杜仁波切仁慈地閱讀我的手稿，並給予我們一些最有力的建議。

我非常感謝吉爾基金會在多年前就資助本書的初步編輯工作，近期則要感謝艾瑞克卡倫伯（Eric Colombel）及雜札基金會（Tsadra Foundation）對本書最後編輯階段的支持。

還要感謝以下人士無私地讓我們引用他們的著作內容：艾瑞克貝瑪昆桑和馬西亞舒密特之《祖古烏金仁波切——大成就者之歌》，海蒂尼文和雅各萊學利之《阿格旺波尊者自傳——奇妙幻化戲論》，祖古東杜仁波切《大圓滿龍欽寧提傳承祖師傳》，確吉尼瑪仁波切及譯者艾瑞克貝瑪昆桑《大手印大圓滿雙融》，著名網站「傳記寶庫」團隊和文章提供者——尤其是亞歷山大加德納、桑登群培、亞當皮爾西和榮恩蓋瑞。

此外還有佛教數字資源中心（http://tbrc.org/）網站，這個由我們珍貴、無可取代的已故朋友琴恩史密斯所創立的網站，一直都是我們最寶貴的資源引用處。

另外，我還要對露西亞娜基雅瓦利（Luciana Chiaravalli）表達無盡的感謝，她以優雅、善巧的方式耐心地繪製了巴楚仁波切的傳承法脈及血脈圖。

我也非常感謝久美多傑、邁克法瑪爾（Mike Farmer）和凱文費尼（Kevin Feeney）允許我們使用《西藏足跡手冊：旅行指南》（暫譯，*Footprint Tibet Handbook: The Travel Guide*）中精美的地圖，作爲標示巴楚仁波切相關地點的地圖基礎，並授權我們根據本書進行修改與簡化。

最後，最重要的是，我要對主編康斯坦斯威爾金森（Constance Wilkinson）表達深深的謝意。她在尼泊爾期間，曾協助我擔任厚達七百多頁之《夏嘎巴生平：一位西藏瑜伽士之自傳》的主編工作長達四年。一九九三年，她和家人離開尼泊爾後，我們就一直沒有聯繫。直到二〇一二年，我正好打電話給一位在紐約的朋友蘇珊，當時，我聽到蘇珊在電話那頭叫康斯坦斯的名字，便說：「你說的是康斯坦斯威爾金森？」蘇珊將話筒遞給了她，我們已經有幾十年未交談了，但不知怎麼的，我們卻聊到了巴楚仁波切，以及我所收集的許多故事和翻譯過的法教內容。突然間她說願意協助我完成這個工作，這個幾十年來我念茲在茲卻一直無法完成的工作。

在這個吉祥緣起後，我將繕寫的初稿及我所聽到的故事譯文寄給她看，她花了幾年的時間幫忙重組這些一手資料，並編輯了我所翻譯的幾篇詩詞及忠告。後來，我們又添加了一些從其他來源所獲得的故事。期間，只要有任何初稿成形，儘管我們各處地球兩端，我們仍想辦法一起努力。在接下來的一年半裡，我們透過無數次的電子郵件，在各大洲之間來來回回地傳送著草稿檔案，以Skype不斷地討論內容、潤飾譯文、編排故事與法教順序、與其他藏文或英文資料交相印證，使本書盡可能地按照時間順序排列，最後終於呈現出現在的樣子。

沒有她的技能與毅力，這些故事可能會繼續凋零、尚未出版。在共同爲《夏嘎巴生平》這本書合作後，很高興我們能夠再次以如此鼓舞人心的作品合作，並希望本書的問世能爲眾人帶來利益。

我們非常感謝香巴拉出版社，尤其是尼可奧迪修斯（Nikko Odiseos），感謝他們熱切地接下此計畫並發行此書。

最後要由衷地感謝肯德拉克羅森柏洛茲（Kendra Crossen Burroughs），非常嚴謹、專業地校閱所有文稿，仔細檢查無數人名、地點與文本名稱的一致性，確保任何需要解釋或澄清的地方都有註釋，大幅地改善本書的完整度。

康斯坦斯威爾金森

深切感激我的上師。

同時謝謝我的家人與朋友。

非常感謝雜札基金會的艾瑞克卡倫伯，提供我們及時且慷慨的資助。

感謝艾瑞克貝瑪昆桑絕對不可或缺的「自生智／正知」（Rangjung Yeshe/Nitartha）線上藏英字典，讓我們得以查詢諸多優秀譯者的作品，這些譯者包括吉姆瓦爾比（Jim Valby）、艾伍士沃爾多（Ives Waldo）和理察巴倫等。我還要感謝東尼杜夫（Tony Duff）的「明燈藏英辭典」（Illuminator Tibetan-English Dictionary，www.tibetanlanguage.org/PDF/illuminator.pdf），和其PKTC線上辭典（www.pktc.org/dictionary/），這兩部辭典著實是我們的一盞明燈。

另外我還要感謝，我那具有耐心又幽默的丈夫葛雷莫斯卡（Greg Moscatt），爲我接下這項工作的吉祥緣起發揮了重要作用。

感謝安忍又慈悲的馬修・李卡德，讓我有幸能為本書貢獻一己之力，而得以親近這位不凡大師的一言一行。

在這些真實故事中，我們看見各種樣子的巴楚：智慧謙和且毫無偽裝的巴楚、不留情面又促狹淘氣的老江湖巴楚、和不假言詞、絕不妥協、堅毅精進的巴楚。巴楚一生絕不虛度一分一秒，以其慈悲之行，透過教學、寫作、斥責、嘲諷等鼓舞人心的善巧行為，隨機利益一切有緣眾生。

無論是善巧地智勝欺負弱小者、還是訓斥自己、或以鮮血餵養馬蠅、又或仁慈地清理老婦便盆，大圓滿上師巴楚仁波切，皆以寬坦開放、勇敢覺知、放鬆卻機警的態度面對任何時刻所遇到的挑戰。

無論誰在這裡——都棒！

無論發生何事——都好！

這就是大圓滿的瑜伽士。

乃至有虛空，
以及眾生住，
願吾住世間，
盡除眾生苦！

寂天菩薩

圖片一覽表

橡樹林文化 ❖❖ 成就者傳紀系列 ❖❖ 書目

JS0001	惹瓊巴傳	堪千創古仁波切◎著	260 元
JS0002	曼達拉娃佛母傳	喇嘛卻南、桑傑・康卓◎英譯	350 元
JS0003	伊喜・措嘉佛母傳	嘉華・蔣秋、南開・寧波◎伏藏書錄	400 元
JS0004	無畏金剛智光：怙主敦珠仁波切的生平與傳奇	堪布才旺・董嘉仁波切◎著	400 元
JS0005	珍稀寶庫——薩迦總巴創派宗師貢嘎南嘉傳	嘉敦・強秋旺嘉◎著	350 元
JS0006	帝洛巴傳	堪千創古仁波切◎著	260 元
JS0007	南懷瑾的最後 100 天	王國平◎著	380 元
JS0008	偉大的不丹傳奇・五大伏藏王之一 貝瑪林巴之生平與伏藏教法	貝瑪林巴◎取藏	450 元
JS0009	噶舉三祖師：馬爾巴傳	堪千創古仁波切◎著	300 元
JS0010	噶舉三祖師：密勒日巴傳	堪千創古仁波切◎著	280 元
JS0011	噶舉三祖師：岡波巴傳	堪千創古仁波切◎著	280 元
JS0012	法界遍智全知法王——龍欽巴傳	蔣巴・麥堪哲・史都爾◎著	380 元
JS0013	藏傳佛法最受歡迎的聖者—— 瘋聖竹巴袞列傳奇生平與道歌	格西札浦根敦仁欽◎藏文彙編	380 元
JS0014	大成就者傳奇：54 位密續大師的悟道故事	凱斯・道曼◎英譯	500 元

橡樹林文化 ❖❖ 朝聖系列 ❖❖ 書目

JK0001	五台山與大圓滿：文殊道場朝聖指南	菩提洲◎著	500 元
JK0002	蓮師在西藏：大藏區蓮師聖地巡禮	邱常梵◎著	700 元
JK0003	觀音在西藏：遇見世間最美麗的佛菩薩	邱常梵◎著	700 元
JK0004	朝聖尼泊爾：走入蓮師祕境努日	郭怡青◎著	450 元
JK0005	蓮師在西藏 2：大藏區蓮師聖地巡禮	邱常梵◎著	750 元

橡樹林文化 ❖❖ 圖解佛學系列 ❖❖ 書目

JL0001	圖解西藏生死書	張宏實◎著	420 元
JL0002	圖解佛教八識	洪朝吉◎著	260 元

橡樹林文化 ❖❖ 善知識系列 ❖❖ 書目

JB0118	狂智	邱陽創巴仁波切◎著	380 元
JB0119	療癒身心的十種想——兼行「止禪」與「觀禪」的實用指引，醫治無明、洞見無常的妙方	德寶法師◎著	320 元
JB0120	覺醒的明光	堪祖蘇南給稱仁波切◎著	350 元
JB0121	大圓滿禪定休息論	大遍智　龍欽巴尊者◎著	320 元
JB0122	正念的奇蹟（電影封面紀念版）	一行禪師◎著	250 元
JB0123	一行禪師　心如一畝田：唯識 50 頌	一行禪師◎著	360 元
JB0124	一行禪師　你可以不生氣：佛陀的情緒處方	一行禪師◎著	250 元
JB0125	三句擊要：以三句口訣直指大圓滿見地、觀修與行持	巴珠仁波切◎著	300 元
JB0126	六妙門：禪修入門與進階	果煜法師◎著	360 元
JB0127	生死的幻覺	白瑪桑格仁波切◎著	380 元
JB0128	狂野的覺醒	竹慶本樂仁波切◎著	400 元
JB0129	禪修心經——萬物顯現，卻不真實存在	堪祖蘇南給稱仁波切◎著	350 元
JB0130	頂果欽哲法王：《上師相應法》	頂果欽哲法王◎著	320 元
JB0131	大手印之心：噶舉傳承上師心要教授	堪千創古仁切波◎著	500 元
JB0132	平心靜氣：達賴喇嘛講《入菩薩行論》〈安忍品〉	達賴喇嘛◎著	380 元
JB0133	念住內觀：以直觀智解脫心	班迪達尊者◎著	380 元
JB0134	除障積福最強大之法——山淨煙供	堪祖蘇南給稱仁波切◎著	350 元
JB0135	撥雲見月：禪修與祖師悟道故事	確吉・尼瑪仁波切◎著	350 元
JB0136	醫者慈悲心：對醫護者的佛法指引	確吉・尼瑪仁波切 大衛・施林醫生◎著	350 元
JB0137	中陰指引——修習四中陰法教的訣竅	確吉・尼瑪仁波切◎著	350 元
JB0138	佛法的喜悅之道	確吉・尼瑪仁波切◎著	350 元
JB0139	當下了然智慧：無分別智禪修指南	確吉・尼瑪仁波切◎著	360 元
JB0140	生命的實相——以四法印契入金剛乘的本覺修持	確吉・尼瑪仁波切◎著	360 元
JB0141	邱陽創巴仁波切 當野馬遇見上師：修心與慈觀	邱陽創巴仁波切◎著	350 元
JB0142	在家居士修行之道——印光大師教言選講	四明智廣◎著	320 元
JB0143	光在，心自在 〈普門品〉陪您優雅穿渡生命窄門	釋悟因◎著	350 元
JB0144	剎那成佛口訣——三句擊要	堪祖蘇南給稱仁波切◎著	450 元

成就者傳記　JS0015

證悟的流浪者——巴楚仁波切之生平與言教
Enlightened Vagabond: The Life and Teachings of Patrul Rinpoche

作　　者／馬修・李卡德（Matthieu Ricard）
譯　　者／普賢法譯小組
特約編輯／劉玉芳
協力編輯／丁品方
業　　務／顏宏紋

總 編 輯／張嘉芳
出　　版／橡樹林文化
城邦文化事業股份有限公司
104 台北市民生東路二段 141 號 5 樓
電話：(02)2500-7696　傳眞：(02)2500-1951
發　　行／英屬蓋曼群島商家庭傳媒股份有限公司城邦分公司
104 台北市中山區民生東路二段 141 號 2 樓
客服服務專線：(02)25007718；25001991
24 小時傳眞專線：(02)25001990；25001991
服務時間：週一至週五上午 09:30 ～ 12:00；下午 13:30 ～ 17:00
劃撥帳號：19863813　戶名：書虫股份有限公司
讀者服務信箱：service@readingclub.com.tw
香港發行所／城邦（香港）出版集團有限公司
香港灣仔駱克道 193 號東超商業中心 1 樓
電話：(852)25086231　傳眞：(852)25789337
Email: hkcite@biznetvigator.com
馬新發行所／城邦（馬新）出版集團【Cité (M) Sdn.Bhd. (458372 U)】
41, Jalan Radin Anum, Bandar Baru Sri Petaling,
57000 Kuala Lumpur, Malaysia.
電話：(603) 90578822　傳眞：(603) 90576622
Email：cite@cite.com.my

封面設計／走路花工作室
內文排版／歐陽碧智
印　　刷／韋懋實業有限公司

初版一刷／ 2021 年 2 月
ISBN ／ 978-986-99764-1-1
定價／ 580 元

城邦讀書花園
www.cite.com.tw

國家圖書館出版品預行編目（CIP）資料

證悟的流浪者：巴楚仁波切之生平與言教 / 馬修・李卡德作；普賢法譯小組譯．-- 初版．-- 臺北市：橡樹林文化，城邦文化事業股份有限公司出版：英屬蓋曼群島商家庭傳媒股份有限公司城邦分公司發行，2021.02
面；　公分．--（成就者傳記；JS0015）
譯自：Enlightened vagabond : the life and teachings of Patrul Rinpoche
ISBN 978-986-99764-1-1（平裝）

1. 巴楚仁波切　2. 藏傳佛教　3. 佛教傳記

226.969　　110000156

104 台北市中山區民生東路二段 141 號 5 樓

城邦文化事業股份有限公司
橡樹林出版事業部 收

請沿虛線剪下對折裝訂寄回，謝謝！

橡樹林

書名：證悟的流浪者——巴楚仁波切之生平與言教　書號：JS0015

橡樹林文化
讀者回函卡

感謝您對橡樹林出版社之支持，請將您的建議提供給我們參考與改進；請別忘了給我們一些鼓勵，我們會更加努力，出版好書與您結緣。

姓名：＿＿＿＿＿＿＿＿＿＿ □女 □男 生日：西元＿＿＿＿＿年

Email：＿＿＿＿＿＿＿＿＿＿＿＿＿＿＿＿＿＿＿＿

● 您從何處知道此書？

□書店 □書訊 □書評 □報紙 □廣播 □網路 □廣告 DM □親友介紹

□橡樹林電子報 □其他＿＿＿＿＿＿＿

● 您以何種方式購買本書？

□誠品書店 □誠品網路書店 □金石堂書店 □金石堂網路書店

□博客來網路書店 □其他＿＿＿＿＿＿＿

● 您希望我們未來出版哪一種主題的書？（可複選）

□佛法生活應用 □教理 □實修法門介紹 □大師開示 □大師傳記

□佛教圖解百科 □其他＿＿＿＿＿＿＿

● 您對本書的建議：

＿＿＿＿＿＿＿＿＿＿＿＿＿＿＿＿＿＿＿＿

＿＿＿＿＿＿＿＿＿＿＿＿＿＿＿＿＿＿＿＿

＿＿＿＿＿＿＿＿＿＿＿＿＿＿＿＿＿＿＿＿

＿＿＿＿＿＿＿＿＿＿＿＿＿＿＿＿＿＿＿＿

＿＿＿＿＿＿＿＿＿＿＿＿＿＿＿＿＿＿＿＿

非常感謝您提供基本資料，基於行銷及客戶管理或其他合於營業登記項目或章程所定業務需要之目的，家庭傳媒集團（即英屬蓋曼群商家庭傳媒股份有限公司城邦分公司、城邦文化事業股分有限公司、書虫股分有限公司、墨刻出版股分有限公司、城邦原創股分有限公司）於本集團之營運期間及地區內，將不定期以MAIL訊息發送方式，利用您的個人資料於提供讀者產品相關之消費與活動訊息，如您有依照個資法第三條或其他需服務之業務，得致電本公司客服。

我已經完全瞭解左述內容，並同意本人資料依上述範圍內使用。

＿＿＿＿＿＿＿＿＿＿＿＿（簽名）